经典与解释（55）

亚历山大与西方的大一统

■ 古典文明研究工作坊 编

顾问／刘小枫 甘 阳

主编／娄 林

华夏出版社

鸣谢：本辑由北京粉笔蓝天科技有限公司赞助出版

目　录

思想史发微

旧文新刊

评　论

论　题

论亚历山大大帝与大一统

塔　恩（W. W. Tarn）撰

纪　盛　译

我想谈论人类思想的一次伟大变革。① 古典时期的希腊人大致把人分为两类：希腊人和非希腊人；后者也被称为蛮族（barbarians），通常被视作劣等人，虽然偶尔也会有人——比如希罗多德和色诺芬——可能表示过某些蛮族具有值得尊敬的品质，比如埃及人的智慧和波斯人的勇气。但到了公元前 3 世纪及稍晚的时期，我们遇到了一批类似的意见或主张，可以称其为普遍主义（universalist）；认为全人类是一个整体，四海之内皆兄弟，或者无论如何应该如此。

是谁在这些人的思维方式上开创了如此伟大的变革？多数著作家达成的共识是：享有这一荣誉的人是廊下派哲学的创始人芝诺（Zeno）。但有些希腊作家——如果他们的记载确实可信——明确指

---

① 在《剑桥古代史》（*Cambridge Ancient Histor.*，vi，p. 437）中，我对这里将要进一步考察的内容作了简要说明。我尚不清楚是否还有关于这个论题的任何公开研究。

出，第一个真正思考这一问题的人不是芝诺，而是亚历山大。从来没有人真正仔细地审视过这个问题，一些著作家也只是置之不理。我想，这意味着他们不认为那些作品段落里谈论的内容有什么历史意义；①另一些人则明确肯定地认为，我们只能以此证明，亚历山大源自廊下派的思想具有次一级的重要性。②

我今天要考察的，不是那些段落里谈论的内容是否具有历史意义，或者是否真实可信；而是亚历山大是不是推崇并思考了人类大一统（the unity of Mankind）的第一人。这与许多问题相关，但我主要考察一个概念，希腊人称之为和睦（Homonoia），拉丁译文为 concord；但前者的意味更加丰富，更接近团结与和谐，是一种精神上的一致，或是如我们钟爱的这句短语——万众一心（a union of hearts）。③ 从根本上讲，这近乎一种象征，一种比人世间持续不断的纷争美好的东西。为了讨论的方便，我将保留使用和睦这一希腊文术语。

在谈论亚历山大的思想之前，我必须简要地说明该新思潮产生的背景，且不论谁是这一思想的始作俑者；应当说，我主要进行理论思考，而不是考虑实践问题。④ 我们可能会发现，公元前 5 世纪或

---

① U. Wilcken, *Alexander der Grosse*, 1931, p. 207，似乎也持此立场，正如我在《剑桥古代史》卷六中所言。

② J. Kaerst, *Geschichte des Hellenismus*, i³, 1927, p. 501; J. Jüthner, *Hellenen und Barbaren*, 1923, p. 49（如果我对他的理解没错）; Max Mühl, *Die antike Menschheitsidee in ihrer geschichtlichen Entwickliing*, 1928, p. 44（一部极其优秀的著作）。

③ 因此，从政治的角度讲，Homonoia 的含义是一种协约，比 συμμαχία［同盟］的程度略低：亚历克西斯（Alexis），辑语 244, Kock（ii, p. 386）, Ditt.³, 434 - 435, 行 32；即使是一个 κοινόν［不洁的］村庄，Sir W. M. Ramsay, *J. H. S.*, IV, pp. 386 - 388。将和睦（Homonoia）作为女神进行崇拜的现象，参 H. Kramer, *Quid valeat ὁμόνοια in litteris Graecis*, Diss. Gött., 1915, p. 50; Tarn, *Hellenistic Civilisation*², 1930, p. 84。

④ 我有意忽略了所有的社会问题。

更早，一个间或出现的措辞，看起来像是在摸索某些比在希腊人和
蛮族之间做一成不变的划分更好的做法；只是其影响微乎其微，几
乎没有历史重要性可言，因为这类做法已被那些观念论哲学扼杀。①

---

① Mühl（*Die antike Menschheitsidee in ihrer geschichtlichen Entwickliing*，前
揭，pp. 3 - 12）细致分析了这一问题，这意味着亚里士多德之后发生的事是一
种复兴。我几乎没有见过这方面的证据。恩培多克勒（Empedocles）与一些毕
达哥拉斯主义者无疑都认为存在一条共通（χοινωνία）的纽带，贯穿于诸神、凡
人、动物之间，因为所有的存在物都呼吸空气（恩披里柯 [Sext. Empir]，*adv.
Math.*，9.127）；但这并没有比智术师安提丰（Antiphon，*P. Oxy.*，1364，行
275 - 299）更进一步，安提丰以为，自然并没有在希腊人与蛮族之间制造任何
真正的区别，因为他们都用鼻子呼吸；他的意思是说，所有人在生理上都属于
同一个物种 *Homo sapiens* [智人]，但这并不意味着彼此就是兄弟。

毕达哥拉斯学派首要考虑关乎自己的团体问题，正如他们所说（杨布利柯，
《毕达哥拉斯传》[*Vit. Pyth.*]，章237 [译按：塔恩此处只写了《毕达哥拉斯
传》而没提作者，古代有多篇 *Vit. Pyth.*，根据章节编码推测为杨布利柯所
作]），所有智慧的人都是朋友，无论他们相距多远；柏拉图《高尔吉亚》508A
处οί σοφοί [智者们] 的φιλία [爱]，不是把天地万物联结在一起的纽带，真正的
纽带是恩培多克勒的φιλότης [友爱]，正是护持和消弭两个法则中的一个，共同
维系世界的平衡。智术师希庇阿斯（Hippias）那句广为引用的（柏拉图，《普
罗塔哥拉》337C）"我们彼此都是亲人和同胞"，如其上下文所示，仅仅意味着
一小撮围聚在桌边的雅典公民，这是他们之间的称呼；J. Mewaldt（*Das
Weltbürgertum in der Antike，Die Antike*，ii，1926，p.177）也指出了这一点，但
他竟然进一步认为希庇阿斯的意思是全人类！欧里庇德斯的名言：

> 优秀的人，即使他在遥远的彼方
> 即使我无法见到，我也视如挚友。（辑语 1047）

要点在于第1行；这并不是主张人类的大一统，而是认为只有高尚的人才
能像雄鹰般展翅翱翔，漫游世界；他当然知道每只鹰都有固定的岩穴（home -
rock）。德谟克利特（Democritus）的语录编辑者也如此理解（辑语 247，Diels，
暂且不论这话的真伪）："对于智慧之人，整个大地朝他开放。对于一个优秀
的灵魂，整个宇宙都是他的故土。"有一件事确实属于前柏拉图时期，《法义》
中说得很清楚。赫拉克利特（Heraclitus）有个很不寻常的说法（辑语 114，

　　柏拉图和亚里士多德对各自所持的观点毫不怀疑。柏拉图曾说，所有蛮族从本质上讲都是敌人；对他们发动任何战争都正当合理，甚至奴役或灭绝他们也合乎情理。①亚里士多德则说，所有蛮族都是天生的奴隶，尤其是那些亚洲的蛮族，他们没有资格成为自由民，把他们当作奴隶正当且合理。②他的理想城邦只关心自己的城邦民；是一个少数希腊公民贵族统治多数蛮族农民的城邦，③他们为自己的主人耕种土地，但不享有城邦的一切——亚里士多德曾在小亚细亚的某些城邦中目睹过这一情况。④当然，柏拉图和亚里士多德并非完

Diels = 辑语91，Bywater）："所有人类的律法都靠一种法，神圣礼法。"这可能影响了芝诺；而希庇阿斯似乎认为，存在着不成文的神圣礼法，任何国家都一致遵守（色诺芬，《回忆苏格拉底》，4.4.19；参 Mühl, *Die antike Menschheitsidee in ihrer geschichtlichen Entwickliing*，前揭，pp. 9 – 10）。Mühl 承认（p. 11），在这一时期，任何一个关于人类共同之爱的想法都缺乏历史事实。

　　① 柏拉图，《王制》，卷五，470c – 471a；亚里士多德也同意这个看法；《政治学》，卷一，1256b25。

　　② 亚里士多德，《政治学》，卷一，1252b9；"蛮族与奴隶在本性上一致"；卷三，1285a20（关于亚洲的蛮族）；辑语658，Rose（普鲁塔克，《伦语》，329 B），"如主人般对待蛮族……视之如动物和植物"。

　　③ 亚里士多德，《政治学》，卷七，1330a 25 及以下；关于这一非希腊的基础，参 W. L. Newman, *The Politics of Aristotle*, i, Oxford, 1902, p. 125。

　　④ 如普列涅（Priene）的佩迪俄斯人（Pedieis），米利都（Miletus）的戈尔格提斯人（Gergithes），赫拉克里亚（Heraclea）的马里安蒂尼人（Mariandyni），泽勒亚（Zeleia）的弗里吉亚人（Phrygians）。Swoboda 的文献收集，*κώμη*［村镇］载 *P. W. Supp.*, Band IV, col. 962。

　　［译注］普列涅，忒拜的殖民地，今土耳其西南，"佩迪俄斯"的意思是"平地民"。戈尔格提斯人被认为是杀死特洛伊王子戈尔古提昂（Gergythion）的希腊人透克洛斯（大埃阿斯之兄）的一支后裔，族名取对手之名是古时候缓和矛盾的一种方式，参《伊利亚特》，8. 292 – 305。古代赫拉克里亚城有十几座，从区域角度看，此处所提之城当为黑海南岸的赫拉克里亚，即 Heraclea Pontica，墨伽拉的殖民地；马里安蒂尼人是黑海西南岸的古老部落。泽勒亚位于小亚的伊达山麓，参《伊利亚特》，2. 824。

全一致；柏拉图视埃及祭司为智慧的源泉，亚里士多德可能认为迦太基政制值得研究，但是他们的主要观点都十分清楚，同样让人印象深刻的是，亚历山大肯定会受其导师亚里士多德的影响。

当然也存在其他观点。当色诺芬打算描绘一位理想的人民领袖（shepherd）时，他以波斯为例：波斯王者是波斯人民的领袖。还有早期的犬儒主义，但犬儒主义者并没有思考过希腊人与蛮族之间实现任何形式的联合或友谊；他们并非建设性的思想家，不过是表达了对文明社会中罪恶和愚昧的抗议与讽刺。当第欧根尼（Diogenes）声称自己是世界公民（cosmopolite）时，他创造的这个可怕词汇几个世纪后再也无人提及，① 他要表达的本意，并非他乃是某个想象中的世界城邦（world – state）的公民——此事他从未想过，而在于他是一名不属于任何希腊城邦的公民，这是一种纯粹的否定。② 犬儒派的

---

① 在早期廊下派的辑语中，只有来自斐洛（Philo）的两段文字中有提及（von Arnim，辑语 *Stoicorum veterum fragmenta*，卷三，辑语 336、337），这并不能表明克吕希波斯（Chrysippus）实际使用了这个词，在卷三，辑语 323 中他的词是 μεγαλόπολις［巨型城邦］。斯特法诺斯（Stephanus）没有给出这个词在斐洛之前的其他使用情况。

② 第欧根尼在回答问题 πόθεν εἴη［从哪里来］时，称自己是 κοσμοπολίτης［四海为家者］（拉尔修，《名哲言行录》，6.63）；这是消极的意思。可以很明确地从他的自称中得到解释（同前，38），他是 ἄπολις, ἄοικος, πατρίδος ἐστερημένος［远离城邦、无家可归、背井离乡的流浪汉］。强调犬儒派的消极面，可参 Kaerst, *Geschichte des Hellenismus*, ii², 1926, p. 88；另参 Helm, "Kynismus", in *P. W.*。Wilcken（*Alexander der Grosse*，前揭，pp. 10 – 11）说安提斯忒涅斯（Antisthenes）持有这一理想——"一个包括所有人的世俗社会"（einer umfassenden Gemeinschaft aller Menschen），但我不敢苟同；他明确提到了 περὶ πολιτείας［具有城邦民身份］，但我们不知道这是否不只是他文章中的论点（拉尔修，《名哲言行录》，6.11）："智慧的人治理城邦不根据成文法，而根据德性的律令。" Mühl, *Die antike Menschheitsidee in ihrer geschichtlichen Entwickliing*，前揭，pp. 19 – 21，对此话题作了非常公正的分析。

贡献还有赫拉克勒斯（Heracles）的理想形象，这位努力从怪物横行的世界中解放希腊的英雄，直到亚历山大出现之后也仅仅是一位希腊人民的领袖，[1]只有经过了廊下派的粉饰与修缮后，他才变成了一位人类理想的领袖（benefactor）。所有这些，色诺芬或犬儒主义者提供的理想领袖形象，并非属于全人类，而是仅仅针对某个民族。

更重要的是，在同一时期，比亚里士多德年长的伊索克拉底（Isocrates）提出了他自己的和睦概念。在希腊世界，无论具体的实践情形如何，人们从来没有怀疑过，统一于一个城邦之下的理论是极为可取的；[2] 和睦一词已被当时的希腊人共同使用，主要指没有派系争斗的情况，[3]这一相对消极的意义贯穿了整个希腊化时期的诸城

---

[1] 伊索克拉底说他（伊索克拉底，《颂词》[*Panegyr.*]，56）"成为人们的领袖"，可以对比《致腓力》（*Philippus*，114），"去爱人类……带给所有希腊人"，表明"所有人"指"所有希腊人"。同样，吕西阿斯（Lysias）有两段话，被 E. Skard（*Zwei religios – politische Begriffe*：*Euergetes – Concordia*，1932，p. 43）所援引，一则说到"希腊人"，另一则提到"所有人"。这一用法并不寻常，最好的例证是狄奥多罗斯（Diod.），《史籍》，13. 26. 3，雅典已经立法规定尊重祈援人，παρὰ πᾶσιν ἀνθρώποις [所有弱势群体]，换言之，适用于整个希腊世界。

在 Gruppe 所汇集的赫拉克勒斯的一系列行为中（Gruppe，《赫拉克勒斯》["Herakles"] 载 *P. W. Supp.* Band III），只有两个行为惠及了蛮族，且相关证据都比亚历山大晚出：一是他疏通了奥隆特斯河（Orontes），使之流入大海；一是他消灭了利比亚（Libya）的野兽（这惠及了昔兰尼 [Cyrene]）。[译注：奥隆特斯河从今黎巴嫩往北经叙利亚过土耳其向西入地中海，繁荣了该河东岸的安提俄克城（Antioch）；昔兰尼与安提俄克是有名的希腊殖民城市，长期处于希腊化王朝的统治下。所以，这两项功绩也并非"惠及了蛮族"。] 这些事迹晚于亚历山大显而易见；参狄奥多罗斯，《史籍》，1. 2. 4（关于赫拉克勒斯）："全民族全人类的领袖。"显然，赫拉克勒斯可以获取几乎任何新的功绩。

[2] 色诺芬，《回忆苏格拉底》（4. 4. 16）："对城邦而言，和睦是最大的幸福。"关于古典时期的更多讨论，参 Kramer，*Quid valeat ὁμόνοια in litteris Graecis*，前揭，p. 18 及各处。

[3] 一长串消极的定义，见伊索克拉底，《泛雅典娜节献词》（*Panath.*），259。

邦之间，这一点可以从众多的纪念性法令中看出，那些司法委员会派人从一个城邦到另一个城邦传达法令，由于试图调解内部的不和，所以他们得到人们的纪念和称赞。①和睦一词几乎丝毫不包含稍后获得的更积极意义——一种心智的态度，这种态度可以避免战争或派系纷争，因为冲突各方原本是一个整体。

伊索克拉底只是让这个词的应用范围更广一些，但没有改变它的意义。他化用了智术师高尔吉亚的意见，建议将整个希腊世界视作一个整体，而城邦间徒劳的战争和城邦内持续的派系争斗都是无意义的纷争——试图将和睦运用于整个希腊民族。②为了达到这个目的，伊索克拉底运用了柏拉图关于蛮族是天生敌人的观念，③ 并明确地表明，团结希腊人的方式就是向波斯人发动战争；他说：“我要倡导两件事：同蛮族作战，在我们之间形成和睦。”（伊索克拉底，《颂词》，节 3）

但是，需要实际有人去推进这一联合，伊索克拉底想起了犬儒派的赫拉克勒斯，希腊民族的领袖，并力劝马其顿王腓力（King Philip of Macedonia）——赫拉克勒斯的后裔——来承担这一角色。④但是，如果腓力想要成为赫拉克勒斯，并给希腊世界带来和睦，其

---

① Tarn, *Hellenistic Civilisation* , 前揭，p. 84。

② Kramer, *Quid valeat ὁμόνοια in litteris Graecis*, p. 38f. .

③ 伊索克拉底，《颂词》，节 184，伊索克拉底，《泛雅典娜节献词》，节 163。

④ 伊索克拉底，《致腓力》，114，116；Skard, *Zwei religios - politische Begriffe*, 前揭，pp. 56 - 57；Wilcken, *Alexander der Grosse*, 前揭，pp. 30 - 33；Kaerst, *Geschichte des Hellenismus*, 前揭，pp. 42 - 49。无论希腊人如何看待马其顿人，腓力在他们眼中已经属于希腊人之列，因为他的祖先很早就已参加过奥林匹亚竞技会。可以说明的事实是，罗马人从未被允许参加竞技会，就目前所掌握的资料来看，这一情况一直持续到奥古斯都统治时期（Jüthner, *Hellenen und Barbaren*, 前揭，p. 69）。

方法就是准备好稍后出现的两个重要观念：王者必备的本质是 φιλανθρωπία［爱人类］，正是这一品质驱使赫拉克勒斯不畏苦役；① 而王者的本己之事则是促进和睦，②到目前为止，这种用法只适用于 希腊世界，但即便它的意义得到深化，也仍旧是王者的分内之事。 这一切的实际结果，是腓力领导下的科林斯联盟，但伊索克拉底所 梦想的并非完全如此。

　　这是亚历山大出现的背景。一个马其顿王者的职责是成为希腊 民族的领袖，最大程度地防止城邦间的战争；他要在所有的希腊人 中促进并实现和睦，并以对蛮族的仇恨作为团结的纽带；而蛮族本 质上依然是天生的敌人和奴隶，亚里士多德对他的学生强调这一观 点，并建议他们待希腊人如自由民，视蛮族为奴隶。

　　我现在要谈一谈亚历山大曾经应该说过或思考过的东西，而这 些与我之前勾勒的背景之间有着深刻的鸿沟，所以，即便有人不 相信任何亚历山大曾经说过或思考过的这类东西，我们也不能过 分指责。这里有五段文字需要考察：一是阿里安（Arrian）的记 载，③ 一是斯特拉博（Strabo）引用的埃拉托斯忒涅斯（Era-

---

　　① 伊索克拉底呼吁，腓力应该像赫拉克勒斯那样展现φιλανθρωπία［爱人 类］的品质（伊索克拉底，《致腓力》，114）。对爱人类一词发展的概论，见 S. Lorenz, *De progressu notionis φιλανθρωπίας*, Diss. Leipz, 1944, pp. 14 – 35（对 此必不可少的修正来自 Mühl, *Die antike Menschheitsidee in ihrer geschichtlichen Entwickliing*, 前揭, p120, n. 55, 犬儒派在亚历山大之前并不知晓任何有关博爱 的概念）；另参 S. Tromp de Ruiter, *Mnemosyne*, LIX, 1931, p. 271。论爱人类 作为希腊化君王特有的德性，见 Kaerst, *Geschichte des Hellenismus*, 前揭, p. 321 及其参考部分，并参 F. Schroeter, *De regum hellenisticorum epistulis in lapidibus servatis quaestiones stilisticae*, 1932, p. 26, n. 1, p. 45。

　　② 伊索克拉底（《致尼科克勒斯》[Nicocles], 41）制定了这一原则："善 于统治的君主……懂得维持城邦的和睦。"

　　③ 阿里安，《亚历山大远征记》，7.11.9："祈祷马其顿人与波斯人之间和 睦并成为伙伴。"

tosthenes）之言，①另外三段来自普鲁塔克，其中一处与斯特拉博所
引的段落极其相似，我们时代的一位敏锐的校勘者推测，这个内
容很可能也源自埃拉托斯忒涅斯，② 我亦作如是观。

阿里安的记载中提到，马其顿军队在俄庇斯（Opis）发生哗变
并与亚历山大和解之后，亚历山大宴请了马其顿人和波斯人，当
时，他祈祷这两个民族之间实现和睦并成为统治上的伙伴。埃拉
托斯忒涅斯所言与此十分接近。亚里士多德告诉亚历山大，待希
腊如友，视蛮族为兽；但亚历山大理解得更出色，他首先把人分
成善恶两类，而不考虑他们的种族，由此进一步贯彻亚里士多德
的真正意图。因为亚历山大认为自己肩负着一项神圣的使命：实
现人类的普世和谐，成为世界的调律师（Reconciler），③在爱之杯

---

① 斯特拉博，《地理志》，卷一，C.66。［译按］原文为"I, 66"，罗马
数字为卷，阿拉伯数字为卡索邦（Casaubon）编码，C66 = Leob I, 231，故在
数字前加上 C，以示区分，后文同。

② E. Schwarz，《莱茵博物馆语文学刊》（*Rhein. Mus.*），XL，1885，
pp. 252 – 254，探讨普鲁塔克的《论亚历山大的机运》（*de fortuna Alexandria*）
第一章第六节；后续的研究有 Susemihl, *Gesch. d. griech. Literatur in der Alexan-
drinerzeit*, i, p. 411, n. 13；Kaerst, *Geschichte des Hellenismus*，前揭，ii, p. 124,
n. 1。Schwarz 以与斯特拉博（《地理志》，卷一，C66）的比较为基础，断定
《论亚历山大的机运》第一章的整个第六节都是埃拉托斯忒涅斯的叙述。关于
亚历山大的那部分我完全同意，即从"他不是因为亚里士多德的那些设想"这
段文字到结尾；但那段文字之前的——芝诺的《政制》（*Republic*）及其与亚历
山大的关系——已经与斯特拉博的记载完全无关了，而且，我认为这一部分是
普鲁塔克本人的论点。我也不认同 Schwarz 有关犬儒派的观点。

③ "成为人类的和睦使者，世界的调律师。" Ἁρμοστής［和睦使者］在这
里不指军事首领和统治者，其意思直接源自ἁρμόζειν［"整肃者""协调人"］，含
义等同于"实现ὁμόνοιά［和睦］者"；因为在廊下派的文献中，这两个词都用来
描写对宇宙进行调律，对此的通常说法，参普鲁塔克，《伦语》，144 A，
ἁρμόζεσθαι专指"实现ὁμόνοιά［和睦］"。［译按］Harmost Ἁρμοστής本意为军事统
帅，这里遵循塔恩的解释译为和睦使者。

中调和人的生活和习俗，① 待善者如亲，视恶者如陌客；因为他认为有德性的人才是真正的希腊人，而身怀恶习之人无异于蛮族。②

至于普鲁塔克的两段文字，他在第一处提到，亚历山大的意图是要在人类中间实现普遍的和睦、和平、友谊，并使人类形成一个整体；③另一处，此处我将先不提及上下文而直接引用，亚历山大说："神乃众生之父。"（普鲁塔克，《亚历山大传》［Life of Alexander］，章27）

显而易见，无论这一切来自何处，我们正在审视一场思想上的伟大革命。换言之，四海之内皆兄弟，虽然恶人并不算在内；和睦不再是局限于希腊人和希腊人之间的关系，而是一种团结希腊人与蛮族的精神；而且，亚历山大的目标是用和平取代战争，让所有仇敌——在他的权力所及之处，他帝国内的所有民族——彼此和解，同心同德，就如同有血脉亲缘的一家人，他们应该在心灵和精神上也成为一个整体。思想上发生了这样一场革命是毫无疑问的；但问题是，亚历山大是否真的是始作者，或者，他的这些思想是否源自芝诺或其他人。要尝试回答这个问题，我建议目前

---

① 我尚未见到对 *κρατήρ φιλοτήσιος*［爱之杯］的解释，（参雅典纳乌斯，《席间群贤》，11.106）；但论及宴饮健康的类比（Tarn, *JHS*, XLVIII, 1928, 页211；参 G. Macurdy, *A. J. Phil.*, LIII, 1932, p.168），其中可能还存在一些不确定。当 A 要敬祝 B 健康时，他会倒一勺酒，说到"属于 B"然后喝掉；但如果用爱之杯向 B 祝酒，他会倒两勺，说"属于 A"和"属于 B"，并将之混合后喝掉。亚历山大将倒酒与混合比喻成多民族的混同。

② 我省略了这一节（329 C），"一个人父辈居住之地比什么都重要"，似乎不是亚历山大就是埃拉托斯忒涅斯援引了欧里庇德斯的辑语1047。没有取决于 *οἰκουμένην*［居住］，这也是亚里士多德的用法（《政治学》，卷七，1327b22）。

③ 普鲁塔克，《论亚历山大的机运》，1.8，330E、330D；"打算实现所有人的和睦、和平、和善"（330E），"希望让世界上所有的人都服从同一套理性的律法和同一个政治体制，视所有人为一个整体"（330D）。［译按］原文330E处标为300E，该文本无此编号，系误标。

搁置亚历山大，转而首先探究之后的时代中和睦与王权（king-ship）的联系，① 并（就目前我们掌握的零星材料而言）追溯王权的谱系，只关注其中显著的要点，观察它的导向；然后我建议考察廊下派，我们有必要审视，刚才推测的归于亚历山大的思想是否可能来自廊下派；接着，梳理清楚从亚历山大到芝诺之间的那段历史时期到底发生了什么。最后，我们才可能来讨论以上五段文字。

亚历山大之后，王权变得极其重要，有相当一段时间，几乎所有哲人都有讨论王权的作品，并提出他们对王权理论和王者职责的观点。很可惜，几乎所有的文献都已湮灭，但是我们碰巧从两个不知名的作家处发现了具有启发意义的辑语，一位是狄奥托戈涅斯（Diotogenes），另一位的作品归之于一位古代毕达哥拉斯者埃克凡托斯（Ecphan-tus）。② 人们通常以为，二者都是毕达哥拉斯学派，他们自己如此自称，而这也足以说明，无论如何他们肯定不是廊下派。他们都活跃于公元前 3 世纪初，这是王权理论仍处于建设性的阶段；狄奥托戈涅斯与攻城王德墨特里俄斯（Demetrius the Besieger）是同时代人。③

---

① 对这个问题更为详尽的处理，是为了补充和强调我在《太阳神亚历山大与黄金时代》（"Alexander Helios and the Golden Age"，*J. R. S.*，XIII，1932，p. 135）一文中提到的内容。

② 这些辑语保存于斯托拜俄斯（Stobaeus），《选集》，4. 7. 61 – 66，相关讨论参 E. R. Goodenough，*The Political Philosophy of Hellenistic Kingship*，Yale Class. Studies，i，1928，p. 55。

③ 除了这些作家的说法，公元前 3 世纪初，斯托拜俄斯（《选集》，4. 7. 62 [4，p. 268H]）似乎有狄奥托戈涅斯所处年代的确切证据。王者必须不再唯我独尊，不再无视他人的烦恼，不再视自己是仅次于诸神的人；正是攻城王德墨特里俄斯，因对臣民高高在上不易接近而臭名昭著（*τὸ δυσόμιλον καὶ δυσπρόσοδον* [不合群且难接近]，普鲁塔克，《德墨特里俄斯传》[*Dem.*]，42）。他的傲慢（出处同前）以及模仿神明的举止，（有关整个事件）见 Tarn，*Antigonos Gonatas*，页 90 – 91；K. Scott，*A. J. Phil.*，XLIX，1928，p. 226。但是（辑语还提到）他的外貌、行走时的模样和乘坐的马车，以及 *ᾖθος* [气质]，

托名埃克凡托斯（Pseudo‑Ecphantus）提出的理论是：王者是活的律法，① 是与宇宙相对应的世界的神圣统治者，作为尘世国家之中的存在，没有友谊和爱，他就不可能存在，王者的职责正是促进这些作为宇宙（天上的）和睦在大地上的对应物（斯托拜俄斯，《选集》，4.7.64 整节，尤参 p.275H）。狄奥托戈涅斯的理论与之非常相似。王者是活的律法，他和国家的关系与神和宇宙的关系一样；因为通过协调不同元素而形成的国家，是对宇宙秩序与和谐的模仿，所以王者必须促进国家的协调。②

两人都同意，一个国家能否具备良好的环境，能否被称为协和或和睦，是王者的职责。还有一位稍晚时候的作家缪索尼俄斯（Musonius），间接提到这一已被广泛接受的观点（斯托拜俄斯，《选集》，4.7.67，p.283H）。两位作者想到的王者都是希腊化的君主，统治着许多不同的民族，希腊人和蛮族；对那些被团结在一起的人，王者要毫

这些必定震慑了旁观者，让他们既充满敬畏又感觉惊奇；这就是德墨特里俄斯（关于他的外貌和ἦθος［打扮］，参普鲁塔克，《德墨特里俄斯传》，章2），陌生人看见他的样子（狄奥多罗斯，《史籍》，20.92.3）。除了ἦθος［气质］，还存在大量此类措辞，参狄奥托戈涅斯的κατακοσμαθῆμεν καταπεπλαγμένως［整顿气质］与狄奥多罗斯的κεκοσμημένην［整顿］以及普鲁塔克的ἔκπληξιν［惊异］，另有关于整体印象的总结，如狄奥多罗斯使用的εὐπρέπειαν［良好的外形］以及狄奥托戈涅斯使用的ἐπιπρέπηαν［仪容端正］。这些修饰德墨特里俄斯的词汇，用以描绘其王权形象，表明狄奥托戈涅斯是他同时代的人，或年代极为接近。

① 活的律法是亚里士多德的观念，《政治学》，卷三，1284a13："他们自己就是律法。"（相对于παμβασιλεύς［全能的王］，θεὸς ἐν ἀνθρώποις［人中之神］而言）Goodenough, *The Political Philosophy of Hellenistic Kingship*，前揭，p.85，追溯了这一概念的波斯起源，可能发挥了部分作用，将παμβασιλεύς［全能的王］运用到了每一位王者身上；但狄奥托戈涅斯在第61节提到（p.265H）"他们是活的律法，超越众人的神"，毋庸置疑，他完全是在引用亚里士多德。

② 斯托拜俄斯，《选集》，4.7.61，p.265H："王者，作为凡人中的神，必须协调各个国家之间的关系。"（p.264）

无保留地致力于实现无差别地对待所有臣民。①

现在，我们要注意与此相关的最后一件事（鉴于我们已暂时搁置了亚历山大）：伊索克拉底敦促马其顿的腓力去促进希腊城邦之间的和睦，以便向波斯开战；但这里的两位作家则表示，王者必须在他权力所及之处促进希腊人和蛮族之间的和睦，即和睦已不再局限于希腊世界，其范围已经扩展至所有民族。当然，这并不是两位默默无闻的作家的发现，因为他们都说了同样的话，所以，在伊索克拉底和他们之间，必定发生过一些重要的事情。

下一位标志性人物是杨布罗斯（Iambulus），② 最著名的古希腊共产主义乌托邦的发起者，他的乌托邦坐落于印度洋某处的太阳岛。杨布罗斯的年代晚于麦加斯忒涅斯（Megasthenes），早于阿里斯托尼克斯（Aristonicus），介于公元前 290 年至公元前 133 年之间；但他的时代也属于［王权理论的］建设时期，因此，他应该活跃于公元前 3 世纪。③

---

① 王者把所有臣民一起联合在 κοινωνία［伙伴关系］中，这意味着，只有处于他的臣民中所有组织之上或之外的王者，才可以联结希腊和蛮族。与此相关的是希腊化时期的思想：王者是所有人的领袖，这一思想虽然在稍晚时期才变得普遍，但在公元前 3 世纪就已出现在托名阿里斯提亚斯（Pseudo – Aristeas）笔下（《致斐洛克拉底》，281）。

② 狄奥多罗斯(Diodorus)，《史籍》，2.55–60；Susemihl, *Gesch. d. griech. Literatur in der Alexandrinerzeit*, 前揭, p. 324；E. Rohde, *Der griechische Roman*², 1900, pp. 241ff；W. Kroll, *Iambulus*, in *P. W.*；R. von Pöhlmann, *Gesch. der sozialen Frage und der Sozialismus in der antiken Welt*, 3rd ed., F. Oertel, ed., 1925, i, p. 404 – 409；ii, p. 570, n. 3；Tarn, *J. R. S.*, XXII, p. 140, p. 147；J. Bidez, *La cité du monde et la cité du soleil chez les Stoiciens*, Paris 1932, p. 39ff. 。

③ 应该晚于麦加斯忒涅斯，因为他已经知道了恒河（Ganges）的入海口。这一事件发生在孔雀王朝（Mauryas）三伟王之一的统治时期，但是 Rohde 经过准确的分析（*Der griechische Roman*, 前揭, p. 241, n. 1），认为这并不能证明什么。

　　我并不关注杨布罗斯的乌托邦本身，因为他对我话题的主要意义在于阿里斯托尼克斯对其思想的实践；但是，既然杨布罗斯已被视为廊下派，①如果这与王权谱系的问题确实无关，我就必须略过其主要部分。在他的乌托邦里，人民按照体系进行划分，每个体系由一位管理者统治，且似乎具有绝对的权力，②但他必须在一个既定的年龄死去。妻子们为人民共同所有。杨布罗斯没有提到奴隶制，每个体系的每个成员都依次出任每一个重要的职位，从仆人到总督；这得益于岛上农作物一年四季的自然生长，其中一些无需人为的照料。人们崇拜天空（Heaven）和太阳，尸体掩埋在海滨的沙中；人们珍视和睦高于一切，③所有人都生活在完美的统一与和谐之中。

　　这个乌托邦中缺少了廊下派的等级概念；这里甚至没有人的平等；因为在每个职位都轮流担任的情况下，每个人都完全相同，但没有哪一个廊下派会声称，"平等"——作为精神取向的"平等"——意味着生活条件的相似。④ 杨布罗斯提到的轮流任职也与廊下派的思想无关，而是源自亚里士多德，后者曾接触并批评过这

---

　　① Susemihl, *Gesch. d. griech. Literatur in der Alexandrinerzeit*, 前揭, p. 325; Rohde, *Der griechische Roman*, 前揭, pp. 258 – 259, 对此有详尽的说明; Bidez, *La cité du monde et la cité du soleil chez les Stoiciens*, 前揭, p. 46; Kroll, 上述引文（实践上的）。我在《希腊化文明》（*Hellenistic Civilisation*, 前揭, p. 113）中错误地延续了这个观点。没有明确的外在证据——比如法院和神庙——可以证明，因为我们无法知晓完整的记述可能包含的其他信息。

　　② 狄奥多罗斯，《史籍》，2. 58. 6，"所有这些建议"。

　　③ 狄奥多罗斯，《史籍》，2. 58. 1，"将和睦视作一切当中的最高者"。

　　④ 克吕希波斯将世界比作剧院，对所有人都开放，每个人都有自己的位置（Arnim, 卷三，辑语 371），这暗示了人们需接受环境的差异，因为有些位置必然好于别的位置。那么，芝诺了接受安提戈诺斯（Antigonus）的 ἴσον καί ὅμοιον ［平等和相同］（Arnim, 卷一，辑语 24），意思是所有人都不 ὅμοιοι ［相同］。杨布罗斯所持的平等观点则源自他认为人的身体在总体上的相似。

种思想。① 没有奴隶制也不是廊下派的根本信条——虽然有人希望如此。在某个年龄段强制管理者死亡，这也与廊下派思想中的自愿赴死无关，而是源自基俄斯岛（Ceos）的古老传统和类似的其他故事②共有妻子的构想可能来自芝诺，但同样也可能来自柏拉图或某个"自然民族"（nature - people），比如亚里士多德的"利比亚部落"。③自然生长的庄稼也与廊下派无关，而是取自黄金时代的故事。④廊下派不祭天，不拜日（见原文注 134），也不击败任何与之有关的其他神明；他们敬畏——人们不能称其为崇拜——至高无上的权力（Supreme Power）、宇宙律法（Universal Law），亦即命运和自然、天道（Providence）和神。最后，虽然这种随意处置尸体的行为可能与廊下派的学说相符，但至少有三个其他哲学流派也持不重视埋葬尸体的态度。⑤

杨布罗斯事实上只是在拼凑，他采纳并运用了他在各处所见的材料；然而，我们根据他的描述所获得的最重要的认识，是人们对和睦的珍视，没错，还有和睦与王权的关系；因为狄奥多罗斯也将统治者与王者作了类比。⑥ 可惜的是，这是我们能够从杨布罗斯处获得的全部材料了，这份记载并不完善：例如，他没有说明如何协调

---

① 亚里士多德，《政治学》，卷二，1261a35 以下；卷七，1382 b24 以下。

② 关于基俄斯岛，参斯特拉博，《地理志》，卷十，C486，与之相似的例子参 Rohde, *Der griechische Roman*，前揭，p. 247。

③ 亚里士多德，《政治学》，卷二，1262a19；另一则关于"自然民族"的例子，参 Tarn, *Hellenistic Civilisation*，前揭，p. 330，n. 1。

④ 柏拉图，《王制》，272 A；狄凯阿科斯（Dicaearchus），《古希腊史家辑语》（*F. G. H.*），ii，p. 233，辑语 1。

⑤ 关于廊下派，参 Arnim，卷一，辑语 253；卷三，辑语 752；另参 Rohde, *Der griechische Roman*，前揭，pp. 259 - 266。此亦为犬儒派的观点（西塞罗，《图斯库兰论辩集》[*Tusc. Disp.*]，1. 43、1. 104 中的第欧根尼），关于昔兰尼学派（Cyrenaeans）（西塞罗，《图斯库兰论辩集》，1. 102 中的忒奥多罗斯 [Theodorus]）和伊壁鸠鲁（Usener，《伊壁鸠鲁著作辑语》（*Epicurea*），辑语 578）。

⑥ 狄奥多罗斯，《史籍》，2. 58. 6，"正如一位王者"。

那几种不同的人民体系；没有提到统治者的职责就是维护人们所珍视的和睦，虽然肯定会维护。但其间的联系已十分明确，当然，绝对的统治者或王者也不见于廊下派的学说。①

公元前133年，罗马试图占领帕加马王国（Pergamon）；一个奴隶立刻揭竿而起，还有王位的合法继承人阿里斯托尼克斯，他们一同掀起了举国反抗罗马的起义，阿里斯托尼克斯释放了许多自己的奴隶，给予他们自由。他的混编军队由希腊人、小亚细亚人、雇佣军以及种族各异的奴隶组成，这支军队给罗马人制造了诸多麻烦；我们可以看到，他们行动背后有广为人知的思想支柱；他们被称为 Heliopolitai［太阳国邦民］（斯特拉博，《地理志》，卷十四，C646），② 正是杨布

---

① 廊下派从未认为君主制是理想的政制形式。他们的世界城邦脱胎于 πόλις［城邦］，并且只是一个 πόλις［城邦］，只知道一位王者，宇宙律法（Universal Law）就是神和"包括一切神明与凡人在内的王者"（Arnim，卷三，辑语314，参辑语327、329）。芝诺说，"杰出的人既不主宰他人也不被他人主宰"（Arnim，卷一，辑语216）；但克吕希波斯（Arnim，卷三，辑语691）则说，哲人不会轻易回避王位，倘若他被选中的话（换言之，是出于责任）；当然，王者必须像其他人一样接受教育，这就是为什么芝诺向安提戈诺斯引荐了珀尔塞俄斯（Persaeus），为什么克吕希波斯（Arnim，卷三，辑语691）建议哲人应身处王座之后，即 συμβιώσεται βασιλεῖ［劝谏君王］。

对于现实政制，廊下派淡泊无意；个别廊下派主义者可能确实如此，但这取决于他个人也取决于君王。斯淮罗斯（Sphaerus）扶持他的学生克里奥墨涅斯三世（Cleomenes III），但却公然蔑视托勒密四世（Arnim，卷一，辑语625）；芝诺是安提戈诺斯的友人，而克吕希波斯（Arnim，卷二，辑语1）却不喜欢任何王者；廊下派反对罗马帝国，但却有一个廊下派主义者坐上了王位［译注：即奥勒留］。屡被援引的廊下派表达——"高贵如王者之人"（kingly man，βασιλικός），或者智慧之人应为王者，这些仅仅是一种方法，以表明人们相信应当区别看待统治者的德性和品质；克吕希波斯（Arnim，卷二，辑语618）说，一位统治者应是具有 βασιλικὴν ἐπιστήμην［君王智慧］的人。

② "国内聚集了大量的人民，包括奴隶，许以他们自由，统称太阳国的城邦民。"

罗斯所言的太阳国。①阿里斯托尼克斯利用杨布罗斯的灵感鼓舞他的
追随者，并且，他打算建立的这个和睦王国，不太可能是杨布罗斯
那个不切实际的乌托邦，而是以人人平等为基础，即如他所宣扬，
奴役不复存在，更不用说种族差异了。这是在古代世界中唯一的一
次，和睦不仅得到了横向的发展——从一个种族到另一个种族——
还有纵向的扩展，延伸至奴隶世界的深处，而这一运动的精神领袖
则是一位王者。②但罗马人最终扼杀了这一尝试。

　　下一个具有里程碑意义的，是《西比拉神谕》（*Oracula Sibylli-na*）卷三中嵌入的有关克里奥帕特拉（Cleopatra）的希腊预言，③该
则神谕出自她的一位希腊支持者，正值她与屋大维交战之时。简而
言之，预言提到，当她把罗马从天上扔到地下，她会再度将罗马从
大地升于天上，并开创一个黄金时代，届时，亚洲和欧洲将共享平

———————

　　① Pöhlmann（*Gesch. der sozialen Frage und der Sozialismus in der antiken Welt*，前揭，i，p. 406）是首位发现这个名字借鉴了杨布罗斯的城邦的人，并非
如 Mommsen 所以为的，是借鉴了叙利亚的赫利奥波利斯（Heliopolis in Syria
[译注] 今巴尔贝克 Baalbek）；另参，H. M. Last，*C. A. H.*，ix，1932，p. 104。
这一点之所以正确，证据在于，阿里斯托尼克斯的追随者中有许多奴隶，并许
以他们自由（见上注），而且杨布罗斯作为希腊作家，我们确信他设想的那座
太阳国是一个没有奴隶的城邦。关于阿里斯托尼克斯的真实意图，参 Oertel，in
Pöhlmann，*Gesch. der sozialen Frage und der Sozialismus in der antiken Welt*，ii，前
揭，p. 570，n. 3；Tarn，*J. R. S*，XXII，p. 140，n. 5。

　　② 奴隶问题表明，阿里斯托尼克斯的思想来源不是廊下派，或说布洛希
俄斯（Blossius）（参 Bidez，*La cité du monde et la cité du soleil chez les Stoiciens*，
前揭，p. 49），严格地说，克里奥墨涅斯三世（Cleomenes III）的思想没有来自廊
下派的斯淮罗斯；因为在现实中，一个哲学思想怎么可能产生并指导两个截然不
同的目标？布洛希俄斯内心的触动，无疑是他同情那些比狗还低贱的人，也可能
源自其对罗马贵族派充满敌意的家庭传统（*C. A. H.*，ix，p. 21）。

　　③《西比拉神谕》，3. 350 - 361、367 - 380；相关讨论参 Tarn，*J. R. S.*，
XXII，p. 135。

等，正义与爱将统治大地，并有和睦相伴，这"超越一切世俗之物"
的和睦（《西比拉神谕》，卷三，行375）。换言之，克里奥帕特拉调
和了双方，由此而结束了东方与西方的长期仇恨，合亚洲人和欧洲
人为一体。

克里奥帕特拉自己是否真的这么想过，这对于我的话题而言无
关紧要；重要的是，预言者很自然地把建立和睦、超越国界的统一
和团结归于一位君主。普世和睦和王权之间的联系，此前从未得到
如此强烈而明确的传达，而且，预言向我们传达的远不止这些。任
何关于黄金时代的构想，必然要构设一个充满和平与友善的时代；
但是，这则预言在某种程度上描绘了一个充满公义（righteousness）
的黄金时代，和睦就是其核心特征；这也就意味着，从此之后，任
何关于黄金时代的构想，其核心特征都很难不是和睦与人类的大
一统。或许，奥古斯都焚毁的其他两千则神谕中也存在与之类似
的预言。

虽然奥古斯都可能烧掉了预言，但在某种意义上，他的整个
事业却直接着手实施了克里奥帕特拉预言中曾要实现的大业。①
罗马人现在声称，在希腊人和蛮族之外，还要构建第三个等级，
但希腊人只承认希腊人与蛮族的区分。②希腊和罗马这两个民族有
一个共同点，即都厌倦了长期内战及其带来的痛苦；如果希腊人
渴望的和平与和解必须由一位君主来实现，那对罗马人来说也同
样如此。

———————

① 阿庇安（Appian），《内战记》（*Bella Civ.*），1.24，将元首制的产生与
实现和睦联系在一起。有一枚安东尼努斯·庇乌斯（Antoninus Pius）的铜币，
B. M. Coins, *Alexandria*, Pl. XXI, no. 1167, 铜币表现了台伯河（Tiber）与尼
罗河（Nile）的汇流，并刻有传说的*Τίβερις ὁμόνοια*［台伯和睦］，这显然与克里
奥帕特拉的预言无关

② Jüthner, *Hellenen und Barbaren*, 前揭，p. 62, p. 79。

和睦，公元前 2 世纪初以其拉丁名称协和（Concordia）与一名女神的形象传入罗马；①而且，虽然在奥古斯都之前，对罗马人而言，协和的含义似乎也只是伊索克拉底之前的希腊人对和睦的理解——即停止罗马人之间的内部纷争，最好的补救办法就是一个外敌——但他们设法将协和与王权联系起来，如罗穆卢斯（Romulus）② 和努玛（Numa）（普鲁塔克，《努玛传》[Numa]，章 20）等传说中具有神话色彩的王者。

因此，对这两个民族而言，奥古斯都正是一位应该去实现这个目标的人，他也确实着手实施了。他是救主（Saviour）、领袖、众生之父，那些有着亚洲饮食文化的希腊化城邦③对此意义的理解并不亚于罗马诗人；这些世俗活动，以及它们同拉丁传统和希腊形式的混合，是糟糕的旧社会的终结和崭新时代的开始；维吉尔在《埃涅阿斯纪》（6.791–794）中声称，奥古斯都将带来一个黄金的时代、一个不再局限于个人的时代、一个完全和解与统一的时代。事实上，一个新的时代确实开始了，这是一个环地中海世界中的各个民族之间逐步走向统一的时代。

我没有必要追问，奥古斯都在多大程度上实现了这一伟业，这一行动实际触及了多少不起眼的百姓。我主要谈论的是理论。我认

---

① Skard, *Zwei religios – politische Begriffe*，前揭，p. 72。

② 哈利卡纳索斯的狄俄尼索斯（Dion. Hal.），《罗马古事纪》，ii. 3；这一节的主题关于"政治意见的共识"。

③ 两条关于亚洲融合（Koinon of Asia）的法令：《希腊铭文补遗》（*S. E. G.*），IV，490，大约公元前 9 年；《大英博物馆所藏铭文》（*B. M. Inscr.*），IV，no. 894，大约公元前 2 年。另参《萨尔迪斯铭文》（*Sardis*），VII，i，no. 8，l. 101："他同是所有人类种族的父。"王者作为人类之父的思想脱胎于王者仿效或代表神明的观念，"诸神与凡人之父"这一思想，撇开托名埃克凡托斯以及狄奥托戈涅斯不论，还被这一圈子中的另一位作家斯忒尼达斯（Sthenidas）清楚地阐明过，（斯托拜俄斯，《选集》，4.7.63，p. 270 H）：王者必须"迅速地模仿神"。

为，这个理论就体现于帝国协和神庙（Imperial Concord）①——协和至尊女神（Concordia Augusta），提伯里乌斯（Tiberius，又译提比略）作为普通人曾向她发誓，作为皇帝则向她献祭。协和至尊女神在帝国钱币上是一则普通的短语，偶尔会有政治含义②——比如伽尔巴（Galba）发行的货币上的各行省和谐（Concord of the Provinces，同上，页 cciv，页 309），但通常仅仅指皇帝家族的幸福，正如希腊词和睦最早的含义之一就是表达家族亲情。③

但我不认为，提伯里乌斯耗费 17 年营建一座神庙，只是用来纪念奥古斯都与他妻子的幸福生活。我认为，从神庙入口两侧的两尊雕像中可以一窥其用意，即墨丘利（Mercury）与赫耳库勒斯（Hercules）。④竖立的墨丘利神像肯定是为了帝国的贸易。⑤帝国治下的亚洲希腊化城市，铸造了无数钱币来强调自己和其他城市之间的和睦关系，而且已有学者证明，这指的是贸易关系；⑥人们普遍认为，城

---

① 迪奥·卡西乌斯（Dio Cassius），《罗马史》，35.8.9；36.25；苏维托尼乌斯（Suet.），《提伯里乌斯传》（*Tiberius*），20；《古代拉丁铭文集》（*C. I. L.*），i², p. 231，于普拉尼斯特历（*Fasti Praenestini*）公元 10 年 1 月 16 日。完整的描述，参 Sir J. G. Frazer，《奥维德的〈岁时纪〉》（*The Fasti of Ovid*），ii，p. 238sqq.；p. 240，神庙内的女神名为 *Concordia Augusta*，"毫无疑问是在向奥古斯都致敬"。

② H. Mattingly，*Coins of the Roman Empire in the British Museum*，i，p. ccxxv.

③ Kramer，*Quid valeat ὁ μόνοια in litteris Graecis*，前揭，p. 45 – 49。

④ 论奥古斯都与墨丘利之间的联系，参 K. Scott，*Hermes*，LXIII，1928，p. 15；与赫拉克勒斯之间的联系，参 E. Norden，*Rh. Mus*，LIV，1899，p. 473。

⑤ Mattingly，*Coins of the Roman Empire in the British Museum*，前揭，p. ccxxxviii.

⑥ L. Weber，*Die Homonie – münzen des phrygischen Hierapolis*，*J. I. d' A. N.*，XIV，1912，p. 65.

市间的贸易活动能促进团结和友善。① 但我自己没有见过对赫耳库勒斯的解释。但他几乎只可能是希腊化哲学思想下的赫拉克勒斯，一位理想的统治者和人类领袖——不再像亚历山大以前那样只属于希腊人，而属于全人类。帝国协和神庙所纪念的，是一种新时代的精神，一个友善和团结的时代。

我不需要细数罗马帝国的历史，或讲述罗马公民特许权如何平稳地发展，直到 3 世纪早期，每一个具有高度自治权的行省中，任何种族的人都可以成为罗马公民；我也无需讲述，这又如何提升了各行省的司法地位，直到戴克里先（Diocletian）最终取消了意大利地区的特权地位，并使整个帝国都基于一个平等的基础。

我想要提请大家注意的是，有人完全意识到了帝国已经实现；而且，也许我可以引用克劳迪安（Claudian）为罗马和皇帝所赋的伟大悼词，② 这是哥特人兵临城下时西罗马帝国的绝命诗（swan-song）。他说，正是这个罗马，一直照顾着人类并赋予他们一个共同的名字；她像母亲一样把被征服者拥入怀中，不称其为臣民，而是公民；她以感情为纽带团结起了遥远的民族。和平，我们感激她带给每一个人，帝国的每一个部分都是我们的祖国；无论身处罗纳河（Rhone）还是奥隆特斯河（Orontes），我们共饮一国之水；我们属于一个民族。

这是对罗马皇帝的盖棺定论，最引以为荣的或许是任何人在帝国的任何地方都曾声称：我们属于一个民族。我的主题一直是，君主的职责就是促进和睦、大一统与协和，在他们的所有臣民中间，即使出现过个别统治者的错误，君主制亦被视作一个整体，他们都曾试图促

----

① 除此钱币以外，参金嘴狄翁（Dio Chrys.），《演说集》，40.30 – 31，论 ὁμόνοια［和睦］与贸易之间的关联。

② 克劳迪安，《摄政斯提里科》（De consulatu Stilichonis），24.3，l. 130。下文简要地复述了第 150 – 159 行。

进这一目标。我们始于亚历山大的希望——他的帝国能够实现大一统，终于克劳迪安的声言——这个目标早已实现，这难道是巧合吗？

相信王者的职责就是在他的臣民中促进没有种族差别的和睦关系，这一信念通过数世纪的王权流传下来；但是，你应该还记得，这个王权世系尚未开始，没有人会认为它开始于作家如狄奥托戈涅斯或托名埃克凡托斯的那些鲜为人知的著作。这个发端必须与某位特定的君王明确相关，并且这位君主必定晚于伊索克拉底和腓力，又早于狄奥托戈涅斯和德墨特里俄斯。如此看来，似乎只有一位君主是可能的；我们应该假设亚历山大是这个谱系的起点，即使没有一个明确的传统，但这只能是他。换言之，普鲁塔克的下述说法应该属实：亚历山大的目的是实现人与人之间的普世和睦——即他权力所及之处的所有人；除非我们能找到明确的拒绝理由。

现在，我要转向廊下派，并考察下述观点：亚历山大的和睦思想来自廊下派。

如果我们要询问廊下派对宇宙持何种观点，那么，在西塞罗的对话中很容易找到答案：宇宙，是一座诸神与凡人共有之城。① 但不幸的是，那是西塞罗个人意气风发时期的话，并非早期廊下派的真实情况。芝诺在他著名的《政制》(*Republic*) 中描绘的世界城邦，并不是诸神与凡人共有之城，而是诸神与某些人的城邦，这是完全不同的概念。

芝诺的材料来源驳杂，有赫拉克利特、犬儒派、巴比伦的、斯巴达的，还有黄金时代的古老传说，但他的主要来源则是亚里士多德。因为他把人分为 σπουδαῖοι [杰出的] 和 φαῦλοι [卑劣的] 两类，正如亚里士多德在《政治学》中的区分。但芝诺深化了亚里士多德的对立，他认为，杰出的人具有所有德性，没有丝毫恶习，而卑劣的人则满身恶习而毫无德性 (Arnim，卷一，辑语 216)，并且只有杰出者才是他的世界城邦的

---

① 西塞罗，《论法律》，1. 7. 23；《论诸神的本质》，2. 62 (154)。

公民。①由于拥有所有德性且毫无恶习的人不可能是一个数量庞大的阶层，我们看到的这个城邦非常像亚里士多德的城邦，这是一座贵族政制的城邦，有一个很小的公民阶层和一群庞大的非公民阶层；撇开芝诺的普遍主义，两者的主要区别是，在亚里士多德的城邦中，公民治理并剥削着非公民，芝诺那里则不存在这一情况。

当然，在某些方面，芝诺已经远远超过了亚里士多德；世俗的等级差别以及种族差异都已消失，不存在希腊人和蛮族之分。但就将人分为两类而言，他依旧受缚于亚里士多德，受缚于亚里士多德受到的束缚，即斯巴达政制：由一小群城邦民维系着一个异常残酷的农奴制体系。斯巴达对希腊哲人充满了吸引力，即使这些哲人是一群思想极为敏锐的警醒者，他们仍旧是那个文明中的一员，奴隶制的观点早已深入他们的骨髓，他们几乎无法想象任何其他形式。

为了避免我令这位高贵者给人一种错误的印象，请允许我补充一下，在私人生活方面芝诺并非如此，他乐于接纳穷人和贱民（拉尔修，《名哲言行录》，7.16），甚至对自己的敌人也表现出关爱之情（Arnim，卷一，辑语297）。他创造的哲学，其力量在于道德伦理方面，但我此处只谈论他的政治学说，他的伦理学说无法遮掩其政治

---

① Arnim，卷1，辑语222，拉尔修，《名哲言行录》，7.1.33："他在《政制》中再次得出相反的结论，说唯有城邦民……才是美好的。"参辑语228，芝诺说卑劣者没有 ἰσηγορία［平等］和 ἀστεῖοι［教养］。这已经十分清楚地解释了为什么普鲁塔克（《吕库古传》[Lycug.]，章31）将芝诺的城邦与柏拉图的《王制》以及吕库古的斯巴达放在一起比较。因为晚期廊下派主张的世界城邦几近荒谬，所以晚期廊下派既无法实现芝诺《政制》中的构想，又不接受犬儒派的个性特点，这些问题都集中在克吕希波斯那里。普鲁塔克的《论亚历山大的机运》（329B）提到，所有人都是芝诺城邦的城邦民，在他那个时代，这肯定是一个错误的表述。当然，克里恩忒斯在他的颂诗中称，所有人都是宙斯的孩子；但那是因为神就是（不是别的）自然，所有生命的源泉，包括对克里恩忒斯而言无异于动物的卑贱之人（Arnim，卷一，辑语517）。

学说的弱点。

诚然，芝诺确实已经迈出了巨大的一步，废除了希腊人与蛮族之间的差异；但他只是替换掉了人与人之间一系列鸿沟中的一个。他的城邦并未体现出人类的大一统，并没有将和睦带给卑贱之人，他视他们为一群完全无法与同伴齐心共事之人。① 而且芝诺的后继者克里恩忒斯（Cleanthes）还说，他们与动物之间只存在身体形状上的差别（Arnim，卷一，辑语 517）。正如亚里士多德对亚历山大的告诫——应视蛮族为兽，我们其实看到的是卑贱之人替代了蛮族，但依旧被排斥在外。并且，克吕希波斯完全继承了这一点，他像芝诺一样，主张排除具有公民身份的卑贱者；② 这显然有待中期廊下派（Middle Stoa）帕奈提俄斯（Panaetius）和波塞多尼俄斯（Poseidonius）的继续发展，进一步强调人类的共同本质，③ 并让世界城邦真正成为属于全人类的城邦。因此，当普鲁塔克将实现全人类和睦的想法归于亚历山大时，可以肯定，不管这一思想来自何处，一定不是公元前 3 世纪的廊下派。

但还有一件更重要的事情。无论廊下派的世界城邦是否包括这一观念，有一点可以肯定，从芝诺到爱比克泰德（Epictetus）都是如此：世界城邦一直以来都是一种为神力（Divine Power）所号令的统一与和谐；宇宙就是神自身的显现，而他自身就是和睦。④ 廊下派用

---

① Arnim，卷一，辑语 226；卷三，辑语 625、630。这正是亚里士多德曾经说过的，《尼各马可伦理学》，卷九，1167b10："卑贱之人除了琐事，无法和睦。"

② Arnim，卷三，辑语 355：φαῦλοι 不是指自由民而是奴隶。于是乎，这指的似乎并不是城邦民。

③ 论塞涅卡在道德价值上认为所有人的平等，见 Mühl, *Die antike Menschheitsidee in ihrer geschichtlichen Entwickliing*，前揭，p. 85。

④ Arnim，卷二，辑语 1076（克吕希波斯）。

以下几个名字称呼这种统一——和睦 (homonoia)①、和谐 (harmony)②、和同 (sympathy)；③但无论使用哪个术语，世界城邦与宇宙相伴而生，和谐共存，从诞生伊始就是如此。无论世界城邦是不是以不属于它自身实质的某种东西而联结为整体，比如芝诺的"爱"的概念，④ 无论世界城邦是不是一个有机的整体，神通过这一整体而喷薄出跃动的生命力量——这是波塞多尼俄斯的看法，和谐，或者和睦，都已经存在 (was) 其中。"这是你，"克里恩忒斯在他颂扬神力的伟大颂歌中说，"是你创制了这一和谐。"⑤而神曾经创制的，不会再为人类重新创制。

我们已经看到，实现和睦是王者的职责；但这不是廊下派的职责，因为对于他们而言，和睦已经由神实现了，并且存在于所有的完整性之中，人类应该做的是去看见这种和睦。绝大多数人还无法

---

① 芝诺使用了这个词 (Arnim, 卷一, 辑语 263), 当他称宇宙为 εὐνομωτάτη πολιτεία [秩序良好的城邦] 时，也暗示了这个意思 (Arnim, 卷一, 辑语 98)。对于克吕希波斯来说，他认为神就是 Homonoia (参上注) 的主张，也可以得出相应结论；但尚不清楚他两卷 περὶ ὁμονοίας [关于和睦] 的书的内容。概论 ὁμόνοια [和睦] 以及 ἁρμονία [协和]，参 Skard, *Zwei religios - politische Begriffe*,, 前揭, pp. 85 – 86。稍晚，ὁμόνοια [和睦] 作为天体的看法变得十分常见；金嘴狄翁，《演说集》, 40. 35sqq。

② 克里恩忒斯，《颂诗》(*Hymn*) (见下数第四个注释)，亦见于波塞多尼俄斯 (Poseidonius)。

③ 波塞多尼俄斯的术语之一，另参 Arnim, 卷一, 辑语 475、534。

④ Arnim, 卷一, 辑语 263。在此则辑语中，和睦的实际创造者应该是爱若斯 (Eros)。关于芝诺对其地位的讨论，参 Arnim, 卷一, 辑语 104、105；是 φιλία [爱] 而非 συνουσία [性爱], Arnim, 卷一, 辑语 716。

⑤ Arnim, 卷一, 辑语 537 (克里恩忒斯献给宙斯的《颂诗》), 行 16、17：

　　自然通过自己的行动让万物走到各自的终点，
　　在你的指引下，认识自己正确的天性。

看见——在尘世建立渺小城邦的人，① 为非作歹的人；②但最热忱的廊下派的职责不是去解决不良行为造成的后果、消除纷争、促进统一，他的职责是教育个体的人，③教他如何正确思考。如果能让所有的人都正确思考，就会获得所有其他的一切；纷争与错误，公民城邦和奴役制度——这些东西就会自动消失，只剩下人类的统一与和谐，虽然人们还无法看见，但这种统一与和谐一直存在。

这正是为什么廊下派不提倡世俗改良，比如废除奴隶制之类；④这也是为什么廊下派的文献——就我所知——从来没有在任何地方或任何事情上谈论与此相关的问题：是否存在一个人，他的职责是去促进统一与和谐；他们不可能有这样的言论，因为这否定了他们的第一个假设，即宇宙的统一与和谐已经借由神律而存在。这可能就是原因之一，导致那两位廊下派主义者君临天下，却并没有去促进大一统；安提戈诺斯·戈那塔斯（Antigonus Gonatas）⑤ 只关心他自己的马其顿王国，而奥勒留（Marcus Aurelius）又走到另一个极端，最终开放了罗马公民特权，人们可能会期待由他更加彻底地贯彻自己的决定。

这正是我要指出的要点，廊下派思想与王权理论之间存在不可调和的矛盾，二者持有的信念也存在不可调和的矛盾，前者坚信统一与和谐实际存在，必须努力让人发现它的存在，后者相信统一与和谐并不存在，世俗统治者的职责就是试图去实现这种统一与和谐。

---

① 克吕希波斯，Arnim，卷三，辑语 323，称这些只是世界城邦的"附加物或附属品"，因为他们缺乏对同胞的归属感。

② 克里恩忒斯的《颂诗》，行 13：恶人与普世的和谐相抵触，不属于其中的一部分。

③ "教育众人"，Arnim，卷三，辑语 611。

④ 关于奴隶问题，毫无疑问，另一个理由是（他们认为）只关乎人的身体，因此是一项无关紧要之事。

⑤ ［译注］戈诺伊的安提戈诺斯，即马其顿的安提戈诺斯二世，攻城王之子。

我们可以在罗马帝国早期看到这对立的现实情形；帝国虽然实际存在各种弊端，但在很大程度上实现了构成帝国的各民族间的大一统，但同时也有许多热忱的廊下派人士，比如忒腊塞亚·帕俄图斯（Thrasea Paetus），他们视这种大一统为专制统治而强烈反对。①

因此，埃拉托斯忒涅斯说，亚历山大渴望成为世界的和睦使者与调律师，普鲁塔克称亚历山大希望在他权力所及之处为人类带来爱与和谐，当他们这么说时，无论这些想法源自何处，都不可能来自廊下派；在这一思想与廊下派思想之间存在一条巨大的鸿沟，且无任何沟通的桥梁。这本身固然不能证明亚历山大持有这些观念；我们所能做的，只是让那些曾经被严肃考虑过的选择不再有效，同时搁置我在考虑王权理论时已经搁置的问题，即我们可以作一个有力的推论，亚历山大就是这一思想的创始人。

不过，我想我还应该思考的是，亚历山大这些观念尽管不能回溯到廊下派的思想，为何不可能是罗马帝国回溯到亚历山大身上的投射。很显然，这不可能是哈德良及整个安托尼王朝（Antonines）时期，这对于普鲁塔克而言为时过早，这就意味着只存在一种由奥古斯都向亚历山大回溯投射的解读。但向来无人如此主张，这也不会是一个很有希望的主张；因为虽然奥古斯都开了个头，但他自己并没有沿着亚历山大已经指明的道路前进得更远；如果说，早奥古斯都两个世纪的埃拉托斯忒涅斯，确实用短语"世界调律师"描述亚历山大，那么，这个回溯投射的主张就不可能成立。

我不能确定，奥古斯都自己是否会否认这一主张。当他成为元首（princeps）后，曾将亚历山大的头像刻于自己的印戒（苏维托尼

---

① J. Kargl, *Die Lehre det Stoiker vom Staat*, Diss. Erlangen, 1913, pp. 72 - 74。麦希纳斯（Maecenas）建议奥古斯都应该提防哲人，参迪奥·卡西乌斯，《罗马史》，52. 36. 4。

乌斯，《奥古斯都传》［*Aug.*］，章50）。这当然不是波斯征服者亚历山大，奥古斯都本人从一开始就宣布放弃一切征服亚洲的念头。这难道仅仅是一位伟人向另一位伟人致敬？① 或者，有没有可能是世界调律师亚历山大？这可能会让人充满无限的遐想。但是，有可能拒绝这一主张的是——如果有谁采纳我刚才所做的回溯，我关于王者的职责即促进和睦而勾勒的理论，就不会开始了，或者说，发端于狄奥托戈涅斯和托名埃克凡托斯的人，这可就真不值得考虑了。

在结束讨论廊下派之前，我必须暂时回到芝诺关于杰出者与卑贱者的区分上；正如我们所知，据说，亚历山大以善恶的标准来区分人类，并将恶人排除在人类的普世亲属关系之外，认为他们才是真正的蛮族。至少，这一区分有没有可能来自廊下派？反对的理由似乎证据确凿，至于舍弃埃拉托斯忒涅斯这样稳健而科学的评论者的看法具有怎样的困难，此处暂不谈论。

首先，廊下派从未将卑贱者等同于蛮族，因为在他们那里不存在蛮族一说。其次，和亚里士多德一样，芝诺所谓的卑贱者是人类的大多数；而亚历山大的"恶人"则不是，如埃拉托斯忒涅斯所言，他们是四散在各处的细小残渣，早已到了朽木不可雕的程度。② 亚历山大在俄庇斯的祈祷这个故事从未有人质疑，他祈祷马其顿民族和波斯民族（没有不包括在内的例外）可以和睦地团结在一起，不过在这个故事里，我们可以清楚地看到上述差异。第三，我们知道这个想法从何而来：有些人说，善者是绝对的自由人而恶人则是真正的奴隶，亚里士多德批评了这种看法，而亚历山大转而批评了亚里士多

① 传统所能提供的说法只是，他曾被称作"爱亚历山大的人"，斯特拉博，《地理志》，卷十三，C594。

② 斯特拉博（《地理志》，卷一，C66）记载的埃拉托斯忒涅斯："他们是那些在礼俗、教养、得体言谈上欠缺的人，是无药可救的目无法纪之人。"

德，正如埃拉托斯忒涅斯所说，尽管他没有引用亚里士多德的原话。这并不是重要的问题，除了关于埃拉托斯忒涅斯自身的信誉之外，它可能仅仅意味着亚历山大超越了亚里士多德的那一刻的思想；这并不矛盾，就像芝诺关于卑贱者的概念，也带有某种关乎人类大一统的一般信念。

现在可以转向第三个也是我不得不考虑的最后一个问题：在亚历山大和芝诺之间的那段历史时期，是否有某个人萌发了这样的念头？亚历山大死于公元前 323 年，芝诺于公元前 301 年开创了自己的学派；但他开始的发展十分缓慢，直到公元前 277 年，他的学生兼友人安提戈诺斯·戈纳塔斯成为马其顿国王后，他才真正拥有影响力。如果目前对一份残损的赫库兰尼姆古卷（Herculanean papyrus）内容的解读正确的话（Arnim，卷一，辑语 42），那么，当芝诺发表自己的《政制》时，廊下派业已存在；无论如何，发表的时间基本不可能是在公元前 301 年后的几年内。①

在亚历山大和芝诺之间，有两个人尤其值得着重考察——忒奥弗拉斯托斯（Theophrastus）和亚历克萨尔科斯（Alexarchus）。忒奥弗拉斯托斯是亚里士多德的学生，公元前 322 年，即亚历山大死后的那一年，他继承了逍遥学派的领袖位置，他卒于公元前 288 年。因此，他的晚年与芝诺的时代有所重叠；但忒奥弗拉斯托斯曾经做

---

① Arnim，卷一，辑语 2。没有可信的依据能够说明，芝诺在写作自己的《政制》时还是犬儒派。因为，倘若如此，我们也可以认为（相同的说法），他在开创自己的学派前已经写就其所有的论著！Armin 对这段话提出了正确的疑问。这份充满争议的陈述出自伊壁鸠鲁学派的斐洛德摩斯（Philodemus）对芝诺的抨击（参 Bidez, *La cité du monde et la cité du soleil chez les Stoiciens*，前揭，p. 28）：他的《政制》"不过是被新的泡沫覆盖而已"。这只意味着（这一点无人质疑）这部著作在他的作品中创作时间较早。

过十年雅典政府背后的智囊，①在芝诺这个来自腓尼基而又毫无知名度的初来乍到的陌生人身上，他不可能去学习和借鉴什么。②现在我们看到了一个狭隘的观点，亚里士多德严格地区分希腊人和蛮族；忒奥弗拉斯托斯则相反，他直言声明所有人都是一家人，人与人彼此都是亲属。③

──────────────

① 从公元前317年到公元前307年，法勒隆的德墨特里俄斯（Demetrius of Phalerum），一位逍遥派学者，亦是卡山德的友人。

② 我的意思并不是说《论虔敬》（περὶ εὐσεβείας）创作于晚年，但详细时间还不清楚。

③ 现在有两份文献：一是据说属于忒奥弗拉斯托斯的辑语《论虔敬》，出处是波菲利（Porphyry）《论节制》（de abstinentia），3.25，Nauck 编（J. Bernays 的最早辑本，《忒奥弗拉斯托斯论虔敬的文本》［Theophrastos' Schrift über Frommigkeit］，1866，p. 96sqq.）；另一份的摘录出现于斯托拜俄斯，《选集》，2.7.13（卷二，p. 120 W），标题为《亚里士多德和其他逍遥学派论伦理》；因为这份晚出的文献给出的链条与波菲利所提的相同，而且直到晚近都没有发现其他文本，所以几乎没有疑问的是，尽管有这样一个标题，它的出处仍然是忒奥弗拉斯托斯（Spengel 在很早之前就发现了这一点，参 Wachsmuth，p. 116），与波菲利的记录有着相同的来源。

年代稍晚的一份，追溯了φιλία［爱］的观念的发展，从亲属的家族关系到个人的公民同胞，再到自身的种族，直到全人类；其最终包括了其他家族和族类的所有其他人。斯托拜俄斯所提炼的φιλία［爱］，以相同的形式从家族成员到公民同胞，再到同一个种族，最后到所有人，于是我们就都成为爱人类者。人们对这种爱人类的观念提出了各式各样的看法，但都认为这并非出自忒奥弗拉斯托斯个人。Mewaldt，（Das Weltbürgertum in der Antike，前揭，p. 182）认为源自安提丰。Mühl（Die antike Menschheitsidee in ihrer geschichtlichen Entwickliing，前揭，p. 56）认为出自恩培多克勒和毕达哥拉斯学派，这完全源自他自己坚持认为他们都表现出一种普遍主义，但是他为此加入了廊下派的影响（p. 57），并援引了 Kaerst（Die antike Idee der Oikoumene，前揭，p. 32，n. 22）；但其中没有将忒奥弗拉斯托斯的链条追溯到廊下派的思想，并且从他所处的年代来看，在任何情况下其受到廊下派的影响都微乎其微。Lorenz（De progressu notionis φιλανθρωπίας，前揭，p. 35f.）准确地指出该思想完全属于前廊下派；但将这一思想同时归于亚里士多德和忒奥弗拉斯托斯，这正是斯托拜俄斯摘录的标题

　　忒奥弗拉斯托斯自己不太可能去思考这件事。他确实是一位博学之人，事实上，他的思考和他的文稿里涵盖了各种学科的大量资料，他所属学派的研究方法是收集事实材料并做出推论；我怀疑如果那些材料属于精神范畴，也就是心理学那一类，将能立刻易如反掌地掀起思想上的巨大变革。

　　对这件事通常的认识是，亚里士多德和忒奥弗拉斯托斯之间发生了一些事情；至于相关材料，他现存的作品中经常提到亚历山大探险的成果。他的论述绝非廊下派的思想，因为他探索出了一条连锁递进的观念，从对家族的感情延伸到对自己的同胞，进而对本族类，再进一步涵盖所有人——"爱"可能是一个更好的翻译；而这

所反映的信息。我认为这绝不可能。亚里士多德的著作中只有两段可能与此有关的话，Lorenz 援引了这两处；我认为，只要仔细地审查，便可知这两处都无法成立。

　　第一处是《尼各马可伦理学》，卷八，1155a21：可以看到，如果一个人旅行在外，"似乎所有人都相亲相爱"。这与人类的亲属关系或与φιλία［爱］所有人无关，这仅仅意味着旅行者通常都会得到很好的款待（一个类似语句源自欧里庇得斯，辑语1047，前揭），再考虑到亚里士多德对蛮族的偏见，所以这最多只适用于希腊世界；同样，在 1161b5 一定也是如此，"作为人类，当然存在爱"。前亚历山大时代对"所有人"的表达，经常指的是"所有希腊人"；并且，对亚里士多德而言，蛮族不属于人，就其充分意义而言（辑语依旧是辑语658）更接近"动物植物"。

　　另一处是《尼各马可伦理学》，卷八，1155a18：φιλία［爱］被很自然地植入飞禽和走兽，"鸟兽也不例外，同类之间相互友爱，人类亦然"，其意思明显是，同一个物种的走兽彼此友好，所以同一种族的人——仍旧是希腊人和希腊人——亦然。在亚里士多德那里不存在普遍主义，他确实走在了那个时代的前列，甚至将φιλία［爱］延伸到了ἔϑνος［族群］，因为德墨斯忒涅斯（Demosthenes）的φιλανϑρωπία［爱人类］只接受自己的城邦同胞（参 Lorenz, *De progressu notionis φιλανϑρωπία*, p. 21）。我个人并不认为，指望撇开同时代的亚历克萨尔科斯能够解释清忒奥弗拉斯托斯，而且我毫不怀疑他的链条关系属于前廊下派，源自和睦概念的历史发展，而这正是亚历山大思想的巅峰。

一连串的连锁递进对廊下派来说尚属未知的观念，虽然这也是和睦概念在历史中的发展历程：始于家族的团结，①继而扩展到希腊城邦、希腊民族（由伊索克拉底提出），最后涵盖所有人——最后一点正是我们关心的问题。

忒奥弗拉斯托斯称人类是乌拉诺斯（Ouranos）和盖亚（Ge），②广天和大地的孩子，这对廊下派来说也是完全陌生的；这在希腊神话中也属常见，但此处存在一个区别，神话中只有某些家族是诸神的后裔，但对忒奥弗拉斯托斯而言，所有人都是诸神的孩子。他从特殊到一般的感情发展，被后来的阿什凯隆的安提俄科斯（Antiochus of Ascalon）记录了下来，③这位历史上首位折中主义者，经西塞罗而被众人所知，④廊下派则从未如此。

我发现我很难让自己去相信，忒奥弗拉斯托斯关于情感的连锁递进，竟然没有采纳实际历史发展中的和睦概念，而且，关于所有人彼此都是亲属和关于爱的宗旨这一惊人表述的背后，竟然不是我们所看到的那个归于亚历山大的思想；⑤他打算促进人类的和睦，善待如亲（他事实上吸纳了一些波斯人进入古老的马其顿家系和门第之中）（阿里安，《亚历山大远征记》，7.2.6），最重要的是，他说神乃众生之父，

---

① Kramer, *Quid valeat ὁμόνοια in litteris Graecis*，前揭，pp. 45 - 49。另参卡里同（Chariton）记载的关于米利都和睦（Homonoia）神庙的故事，Zwicker，"Homonoia"，in *P. W.*，VIII，2，col. 2266，文章援引了相关内容。

② 在波菲利的辑语中："所有的一切都是广天和大地的后代。"

③ 西塞罗，《论善恶的极限》［*de fin.*］，5.6；整个第五卷都在讨论安提俄科斯。

④ 西塞罗，《论善恶的极限》，3.62；5.65；《论义务》［*de Off.*］，1.17、53 及以下。

⑤ 忒奥弗拉斯托斯的目标是知识。他本人对亚历山大个人的回忆中充满敌意，因为他处决了卡里斯忒涅斯（Callisthenes）；但这并不影响他的求知态度，他照例重现了亚历山大所获得或所引起的新知。

意思就是所有人彼此都是亲属。我马上就会进入这个话题的讨论。

回到忒奥弗拉斯托斯之前，我必须提及亚历克萨尔科斯，[①] 他生活的年代也比芝诺早。亚历克萨尔科斯是卡山德（Cassander）的兄弟，后者从公元前 316 年开始统治马其顿，直到前 298 年去世。卡山德为他的兄弟们颇为尽力；至于亚历克萨尔科斯，他虽然很有想法，但似乎是单纯无害的人物——他表面上是语文学家。[②]

卡山德在阿托斯（Athos）半岛的地峡上给了亚历克萨尔科斯一小块领地，在那里他可以像一个王者一样。他在那里建立了一座大城市，取名乌兰诺波利斯（Ouranopolis），[③] 天空之城，还发行了一套

---

① 我尚未见到任何有关亚历克萨尔科斯的讨论，除了 O. Weinreich（*Hermes*，LXVII，p. 362 n）。

② 卡山德这位兄弟是一位语文学家（philologist, *γραμματικός*），如他在信中所言。毫无疑问，Droysen 首先注意到，由于他发行的钱币，他就是克莱门特（Clement）在《劝勉希腊人》（*Protr.*）36A 处提到的亚历克萨尔科斯，他是一位语文学家，并"把自己称作太阳"。我认为，他同时也是普鲁塔克在《伊西斯与俄赛里斯》（*de Iside et Osiride*，37，365E）提到的亚历克萨尔科斯，据阿里斯通（Ariston）获得的可靠说法，"一封亚历克萨尔科斯写的信"，他曾按字母顺序写过奇妙的宗教性名称；虽然 Mühl，（辑语 *F. H. G*，IV，p. 298）表示还需要进一步的讨论。我无法将此追溯至阿里斯通，而且，Susemihl 和 Christ 也不知道这个人；他可能是公元前 3 世纪逍遥派的基俄斯的阿里斯通（Ariston of Ceos），但他并无此类著作。克莱门特的资料源自著有《亚历山大史》的阿里斯托斯（Aristos），值得注意的是，他可能以某种方式将亚历克萨尔科斯混入亚历山大的故事。

③ 斯特拉博，《地理志》，卷七，辑语 35。城墙有 30 圈跑道（1 圈 = 192 米）那么长，即使城邦联合统一了一些已有的小城，无论是萨涅（Sane）或阿克拉通（Acroathon），都将混合来自不同地方的定居者。［译注］当时可能有两座同名的 Sane 城邦，均位于今希腊东北哈尔基季基地区，那里有三个并列伸向大海形如三叉戟的半岛。其中一座 Sane 在最西边的半岛（今卡山德拉半岛）；另一座在最东边的半岛上，今圣山僧侣自治国境内。因 Acroathon，位于今圣山僧侣自治国的东南海岸。故推测此处 Sane 是后者的可能性较大。

奇特的货币；①他的人民不是被称作 Ouranopolitai［乌兰诺波利斯邦民］，而是 Ouranidai［广天的孩子］，雅典纳乌斯（Athenaeus）的著作中有类似的短语，他甚至没有说亚历克萨尔科斯创建了乌兰诺波利斯，而称他创建了一座"被称为天空之城（city of Heaven）"的城邦。②这表明了亚历克萨尔科斯的作为；他其实建立了一个小型的世界城邦缩影，而且要早于芝诺的《政制》。③

在亚历克萨尔科斯发行的货币上，图案有太阳、月亮和星辰，主要是些自然的宇宙神灵，④对于与他同时代的理性主义者欧希墨洛斯（Euhemerus）而言，这些也算是诸神（狄奥多罗斯，《史籍》，6.1.7），但毫无疑问，这些形象也象征着他自己、他的妻子和城邦内的公民；因为星辰也是广天的孩子，而他又自称太阳，⑤意思是他是一位世界的统治者。他的货币上整齐地出现了乌拉诺斯女儿的形象，即柏拉图所谓的伟大的属天的阿弗洛狄忒（Aphrodite Ourania），⑥象征

---

① B. V. Head, *Historia Nummorum*², p. 206；R. S. Poole, *B. M. Coins*, *Macedon*, p. 133, cxxxii.

② 雅典纳乌斯，《席间群贤》，卷三，98D："人们称之为乌兰诺波利斯。"

③ 毫无疑问，创建天空城（Ouranopolis）是在公元前316年后不久，正值卡山德大兴土木之际，包括忒撒罗尼卡（Thessalonica）、卡山德里亚（Cassandreia）、忒拜。

④ 柏拉图，《克拉底鲁》，397c；狄奥多罗斯，《史籍》，6.1.2；普鲁塔克，《伊西斯与俄赛里斯》，377 F。

⑤ 见原文注109。

⑥ 柏拉图，《会饮》，180D；关于阿弗洛狄忒的讨论，参 L. R. Farnell, *Cults of the Greek States*, ii, p. 659f.。有一件绘满繁星的披风上有她的形象出现（p. 685），《俄耳甫斯祷歌》（*Orphic Hymm*, 55.5, p. 761）中有对她的祈祷，"赋予一切生命"（［译按］原文为54首，可能系误标）。但 Farnell 提到她在乌兰诺波利斯被解释成"一种神秘的术语，专统治着太阳、繁星和大地的宇宙力量"（p. 678），我对此持怀疑态度。我不认为这是阿弗洛狄忒发挥的作用，她可能是创造者而非统治者，就像在欧希墨洛斯（辑语7）所言；或者是维系着宇宙的爱

弥漫在宇宙中的爱；芝诺可能是从他那里把他关于爱的观念与普遍主义联系起来，但这是一个很快就被廊下派抛弃的思想。

现在，一个世界城邦，作为一个理想城邦，应该有其自己的语言，就像巴别塔之前的世界——普鲁塔克曾举一例；①此外，以"各种方言"——即奇怪的言辞——言说，也给了希腊人一个神圣灵感的暗示。②所以，这位语文学家为他的小宇宙创制了一套语言。但他可能对外国语言的了解并不比其他马其顿人知道得更多，除了克里奥帕特拉；所以，他就像孩子发明自己的秘密暗号一样创造了一套新词，赋予所有东西另外的名称。在一封致卡山德里亚（Cassandreia）城市治安官的信件里，他使用了那异常奇特的语言（雅典纳乌斯，《席间群贤》，卷三，98 E），当然没人读懂。

但是，这封信开头部分十分不平常：常规的问候语被替换，"亚历克萨尔科斯问候卡山德里亚的治安官"被写作"亚历克萨尔科斯问候同胞们（Brethren）的某位带头人"。卡山德里亚的居民与乌兰诺波利斯的定居者之间并不存在互为同胞的理由，③ 亚历克萨

（如果芝诺这一思想来自亚历克萨尔科斯）。《希腊铭文集》（C. I. G. ，2641）中将她与和睦联系在一起。普鲁塔克认为，宇宙的统治者是"太阳、月亮""闪烁光芒者"（《伦语》，601A），也就是金星（Venus），但对我而言这一说法十分晦涩。

① 普鲁塔克，《伊西斯与俄赛里斯》，370 B："一种政治体制，人类幸福且只讲一种语言。"

② 关于"奇怪的言辞"，参 W. von Christ, *Gesch. d. griech. Literatur*, 6th, Schmid ed. , II, i, p. 116。

③ 在更晚近的时期，拥有共同创建者的政治共同体之间有时会互称同胞，例如，塞琉古建立的叙利亚四镇（Syrian Tetrapolis）的钱币上有 ἀδελφῶν δήμων ［人民同胞］（Head, *Historia Nummorum*, 前揭，p. 778）（［译注］即安提俄克、拉塔基亚、阿帕米亚、塞琉西亚，前三座城分别以其父、母、妻子的名字命名）；以及帝国时期的一段碑文（《东方希腊铭文选集》［O. G. I. S.］，536）中吕斯特拉（Lystra）称安提俄克向皮西底亚（Pisidia）的 ἀδελφήν ［兄弟］问候。

尔科斯就像这个微型世界城邦的元首，我从中看到了他的信仰，在
他的梦想世界里，所有人都是他的世界城邦的成员，所有人都是兄
弟。但没有人会认为，历史会直接从伊索克拉底跳跃至亚历克萨尔
科斯，或者这位单纯的人独立思考了这一问题；这或可作为证据，
证明有人曾获得了这类观念，它源自亚历山大关于人类大一统和四
海之内皆兄弟的真实想法，此为亚历克萨尔科斯的灵感来源。

　　亚历克萨尔科斯为何会自称太阳？将一位凡人的王权与太阳联
系起来，这在希腊世界实属首次，同时也暗含"太阳是宇宙的领导
者，王者是世界统治者"的意味。这一联系的第二次出现，则是雅
典人称呼攻城王德墨特里俄斯为群星中的红日，① 当时他正身披绘有
一位端坐于球体的天空之主②的斗篷；值得注意的是，德墨特里俄斯
早年的希腊政策也基于一种对和睦、团结一心的信仰。此后，王者
与太阳的联结变得非常普遍，或者通过将太阳与黄金时代或类似杨
布罗斯的理想城邦联系在一起，③或者通过王者的相关概念，比如，
认为王者作为其臣民的活的律法犹如太阳作为公义的维护者；④王者

但是卡山德里亚和乌兰诺波利斯之间不存在共同的创建者；总之，这属于晚近
时期的一种设想。

　　①　杜里斯（Duris），引于雅典纳乌斯，《席间群贤》，卷六，253D，行 11 -
12。参 K. Scott, *A. J. Phil*, XLIX, 1928, p. 231。［译按］Duris，原文几处均写作
Douris。萨摩斯的杜里斯，雅典纳乌斯的书中引用了他的著作。

　　②　杜里斯，引于雅典纳乌斯，《席间群贤》，卷十二，535F，当然只有一
件斗篷。他在雅典被描绘为坐在一个球体上（同上），我们再一次看到了作为
宇宙统治者的太阳，这与亚历克萨尔科斯一样。

　　③　见 Tarn, *J. R. S.*, XXII, p. 135，论文中引用了相关文献。

　　④　F. J. Dolger, *Die Sonne der Gerechtigkeit und der Schwarze*, 1918, pp.
83 - 99；A - Nock, *Early Gentile Christianity*, pp. 1 - 72（in A. E. J. Rawlinson,
Essays on the Trinity and the Incarnation）；Fr. Cumont, *La Fin du monde selon les
mages occidentaux*, in *Rev. de l'hist, des religions*, CIII, 1931, pp. 32 - 33；Bi-
dez, *La cité du monde et la cité du soleil chez les Stoiciens*, 前揭, p. 34f.。

事实上成为神在大地上的形象，如同天上的太阳。①

此处不需要考虑这些后来现象，但我们肯定会发现廊下派看待太阳的立场。对芝诺和克吕希波斯而言，太阳只是一个物理天体。克里恩忒斯使用了一套概念，认为太阳是宇宙神圣秩序的体现（Arnim，前揭，卷一，辑语 499），但他其实缺乏真正的诚意和热忱，当天文学家萨摩斯的阿里斯塔尔科斯（Aristarchus of Samos）提出日心说，让太阳成为真正的物理宇宙的中心时，克里恩忒斯并未视其为志同道合之人而热烈欢迎，反倒因他的不敬而进行攻击（Arnim，前揭，卷一，辑语 500）。事实上，太阳在廊下派中没有起过任何真正的作用，直到波塞多尼俄斯提出太阳就是神匠（demiurge）的理论。②我只能认为，当时亚历克萨尔科斯的思想有一些来自他听说的有关波斯的信息，同时也可能受到柏拉图的（《王制》，509B – D）影响，后者称太阳是可见世界中的王者。

至于繁星 – 城邦民，在廊下派的理论中繁星早在人类存在之前就已经成为世界城邦的城邦民（Arnim，前揭，卷三，辑语 337），并且芝诺的繁星 – 城邦民应该与巴比伦的占星术有些联系，这在柏拉图的时代就为希腊人所知，③ 亚历克萨尔科斯很可能曾有所耳闻。

但是，他关于广天乌拉诺斯作为世界城邦中至高无上的神以及众生之父的说法确实很有意思，因为我们已经在忒奥弗拉斯托斯那里看到了相同的概念，而二者在现实生活中的联系就是卡山德的朋友圈；而且，我们将会在这一圈子中的另一位作家所写的乌托邦著

---

① 普鲁塔克，《致未受教育的君主》（ad principem ineruditum），781F，参782D。神通过太阳将力量散发至物理宇宙，并通过王者介入国家；参 Goodenough, *The Political Philosophy of Hellenistic Kingship*，前揭，p. 82, 85, 97。

② K. Reinhardt, *Kosmos und Sympathie*, 1926, pp. 365 – 376.

③ W. Capelle, Hermes, LX, p. 373；M. P. Nilsson, *G. G. A.*, 1916, p. 44；Bidez, *La cité du monde et la cité du soleil chez les Stoiciens*，前揭，p. 8ff.。

作中再次发现乌拉诺斯的身影，他就是欧希墨洛斯。忒奥弗拉斯托斯和欧希墨洛斯使用的乌拉诺斯主要都源自希腊神话，柏拉图的《蒂迈欧》也许起了一定的作用。①但是，卡山德的朋友圈中有一个有趣的现象，有一整套与乌拉诺斯有关的前廊下派（pre‐Stoic）思想；②乌拉诺斯有其自身的巨大优势：他既没有成为仪式型神灵，在希腊也没有获得任何形式的崇拜；因此，任何人都可以随心所欲地拿这个神来做文章。

我必须准确地注意欧希墨洛斯③和亚历克萨尔科斯的关系。欧希墨洛斯描写过一个乌托邦，但最著名的还是他那套理性主义理论：他认为希腊诸神实际是被神化了的凡人。欧希墨洛斯是卡山德的友人，而且他的著作早于麦加斯忒涅斯，即在公元前 290 年之前。在他的乌托邦中，有一处有趣的地方与我讨论的话题有关。他让乌拉诺斯成为首位团结全人类的统治者，同时阿弗洛狄忒创造了繁星（辑语 7）；在亚历克萨尔科斯的世界城邦里，乌拉诺斯以及属天的阿弗洛狄忒在他发行的货币上也有很明显的联系，尽管有可能是亚

---

① 柏拉图，《蒂迈欧》，90A‐B；我们的灵魂源自天，所以人的头笔直朝上。参普鲁塔克，《伦语》，600F。

② 芝诺似乎偶尔会使用乌拉诺斯作为至高神明的名字（Arnim，前揭，卷一，辑语 154，169，如果乌拉诺斯具有特殊意义），有可能来自这一团体，因为通常廊下派所谓的乌拉诺斯要么是宇宙的同义词（如 Arnim，前揭，卷三，辑语 327：“宣布乌拉诺斯主宰城邦”），要么是物理意义上的天空（Arnim，前揭，卷一，辑语 115、116［芝诺］，这一用法比较常见）。这一组合毫无疑问源自杨布罗斯乌托邦中崇拜的天空和太阳。

③ 辑语的收集整理，F. Jacoby，《古希腊史家辑语》，第 1 部分，n.63（p.100）。参 R. de Block，*Euhémère, son livre et sa doctrine*，1876；Susemihl，*Gesch. d. griech. Literatur in der Alexandrinerzeit*，前揭，p.316；Jacoby，"Euhemerus"，*P. W.*，1909；Pöhlmann，*Gesch. der sozialen Frage und der Sozialismus in der antiken Welt*，前揭，pp.293‐305；M. Gelzer 对 Pöhlmann 的评论，载 *Hist. Zeit.*，CXIII，1914，p.102。

历克萨尔科斯最先这样做。另一处联系是，欧希墨洛斯虽然将希腊诸神描写成曾经死去的凡人，但在他的乌托邦中却存在真正的神灵，即那些宇宙神，太阳、月亮以及星辰，①这些同样也是亚历克萨尔科斯发行的货币上的诸神。

当时，在卡山德的朋友圈中，存在一系列相关的思想可以追溯到亚历山大和芝诺之间的某个历史时期。忒奥弗拉斯托斯认为所有人都是亲属关系，都是乌拉诺斯的孩子；亚历克萨尔科斯相信，所有人都是兄弟同胞，也都是乌拉诺斯的孩子；亚历克萨尔科斯持有普世城邦的观念，他称自己的城市为乌拉诺斯之城，而欧希墨洛斯则让乌拉诺斯成为在他的世界城邦中第一位团结起全人类的王者；在亚历克萨尔科斯的世界城邦中，爱扮演着极重要的角色，而在忒奥弗拉斯托斯那里，人类的自然情感扩展至包含了全人类。②

如此看来，这个群体的思想背后一定有一些相同的来源，而这个在思想领域的源头应该属于一个稍微晚近的时期，所以如果不是亚里士多德，就只能是亚历山大。亚历克萨尔科斯从何处获得了他

---

① 这再一次说明了欧希墨洛斯与廊下派的思想之间的差别。欧希墨洛斯（F，辑语2 = 狄奥多罗斯，《史籍》，6.1.2）称这些神"永恒且不朽"；廊下派认为神既不是"不朽的"也不是"永恒的"，除了代表至高无上权力的宙斯（Arnim，前揭，卷三，辑语536 = 普鲁塔克，《伦语》，1075B – D 的部分内容）。

② 既然忒奥弗拉斯托斯把全人类设想为一个整体，那么，φιλανθρωπία［爱人类］自然也是一个人能够对自己的同胞产生的情感（参 Lorenz, De progressu notionis φιλανθρωπία，前揭）。这个人应该认为这是他自己的想法，因为不存在被归于亚历山大的普世的φιλανθρωπία［爱人类］传统，虽然和其他君王一样，他也经常被称为φιλάνθρωπος［爱人类者］（狄奥多罗斯，《史籍》，17.2.2；4.1、3、9；普鲁塔克，《伦语》，330A，伊索克拉底，书简5.2）。在欧希墨洛斯看来，当宙斯把人类重新团结在一个普世的王国里，用 amicitia［友谊］将他们团结起来（辑语23），其源头无疑就是忒奥弗拉斯托斯的φιλία［爱］，两者之间存在明显联系。在某种意义上，Φιλία［爱］接近ὁμόνοια［和睦］。

关于爱的观念，这一点我无法说明；① 传统在此没有帮助。但关于普世城邦的思想源头，对于亚历克萨尔科斯和欧希墨洛斯而言，肯定就是亚历山大企图促进人类的友谊和团结，实现人类的大一统；关于四海之内皆兄弟，或者说所有人都是亲属关系的思想源头，对于忒奥弗拉斯托斯和亚历克萨尔科斯而言，肯定就是普鲁塔克认为源自亚历山大的那些思想，我愿意认同他的观点，即神乃众生之父，换言之，四海之内皆兄弟。（事实上，他的那些后来者将"神"塑造成一个具体的神乌拉诺斯，只不过是廊下派不加区分地称呼人是"神的儿子"或是"宙斯的儿子"的一个现实体现。）

但是，廊下派的这种称呼出现得更早，克里恩忒斯②和梭利的阿拉托斯（Aratus of Soli），③称人是的神（Deity）的儿子，那么，至少在这种情况下，我们难道不是将一个属于廊下派的概念归到了亚历山大身上？没错，我提到过，我引用普鲁塔克的话而没有交代上下文，我现在将给出完整的上下文，普鲁塔克提到他曾说：

> 神乃众生之父，但视高贵与优秀之人为自己的子嗣。（普鲁

---

① 可能这一思想确实属于亚历克萨尔科斯本人，这也可能是恩培多克勒的φιλότης［友爱］，一种团结的概念。可能他借用了柏拉图的阿弗洛狄忒的形象，这是柏拉图伟大的"爱人类的爱若斯"（《会饮》189c；这也可能是宙斯Ἔρως［爱若斯］的来源）。由于卡山德的朋友与逍遥派的亲密伙伴关系，可能存在另一种看法，将此与亚里士多德的第一因——κινεῖ ὡς ἐρωμένον［因爱若斯而动］——联系起来。实际上，我们并不清楚这层关系。但研究亚历山大的学术传统中似乎没有解释过这一点；埃拉托斯忒涅斯的爱之杯比喻还不足以证明这一点。

② 献给宙斯的《颂诗》，行4：

掌控一切的宙斯，我们向您致敬
来自所有大地上的生物都是您的，我们是您的孩子。

③ 阿拉托斯，《物象》［Phainomena］，行5："亦由他所生。"

塔克，《亚历山大传》，章 27）

这明显就不属于廊下派或者别的什么思想学派；我找不到其他任何与此类似的材料，这似乎是一个独一无二的言论。但这可以用亚历山大自己的一生来解释，当他自己成为阿蒙（Ammon）的养子后，他的内心会产生怎样的想法，他的整个生命已经说明了他对此深信不疑，阿蒙让他成为"自己的子嗣"。①因此，两个说法本身的性质和事实就是，忒奥弗拉斯托斯和亚历克萨尔科斯的思想所共同汲取的来源就是亚历山大，这就是该事实的证据；而且，四海之内皆兄弟，是一句直白易懂的陈述。②

还有一个问题需要解决，芝诺从何处获得了他的普遍主义。普鲁塔克说，芝诺梦想的背后是亚历山大的现实；③ 没有人怀疑亚历山大是芝诺灵感的来源，但问题是，以何种形式。多数作家认为，普鲁塔克要表现亚历山大的帝国，④我认为这种解释毫无意义。一个人征服众多民族，将他们纳入一个专制统治下；另一个人又如何能从中得出结论，认为种族间的差异无关紧要，宇宙是一个和谐的整体，

① 每个希腊人都会毫不犹豫地视自己为"最优秀的"，"陶片放逐忒米斯托克勒斯"（Vote of Themistocles）已经说明了他们的心态。真是坦诚率真。

② Wilcken（*Alexander der Grosse*，前揭，p. 207）说过："普世同胞的思想在他（亚历山大）那里无迹可寻。"既然这一传统已经很明确了，我指出这一点是要证明他并不认同。

③ 普鲁塔克，《论亚历山大的机运》，329B："芝诺梦想中的样子，或者说那个井然有序的哲学政制，其实就是亚历山大曾着手实施的理想。"

④ Wilamowitz，*Staat und Gesellschaft*²，p. 190："对亚历山大君主制的印象。"Kaerst，*Geschichte des Hellenismus*，前揭，ii²，p. 125："古代世界早就发现廊下派的世界城邦思想与亚历山大帝国的内在关系。"Zeller，*Stoics，Epicureans and Sceptics*，p. 327. Kargl，*Die Lehre det Stoiker vom Staat*，前揭，p. 16。Jüthner，*Hellenen und Barbaren*，前揭，p. 48，p. 50。W. Capelle，*Klio*，XXV，1932，p. 87，n. 3。

身处其中之人皆为兄弟？这就好像北极熊和平行六面体之间①的决斗。波斯国王征服和统治的疆域和亚历山大的帝国几乎一样辽阔，其中也包括了许多希腊城邦；为什么大流士（Darius）就没有萌发出任何一个与之类似的理论？依我看，普鲁塔克真正意指的不是亚历山大的帝国而是亚历山大的思想；②毕竟，之后的古籍经常将亚历山大引作一位哲学家，其中至少有一部分与普鲁塔克处于同一时期，这肯定意味着什么。③

————————

① ［译注］polar bear & parallelepiped，可能指听上去有点像但完全两码事的东西。

② 我认为，普鲁塔克的笔法能够显露这种意图，因为紧接其后的段落就提到埃拉托斯忒涅斯，且完全在论述这个思想，只是在结尾提到了通婚；而329A 处的 τὸ ἔργον ［着手实施］的意思（对比 ὄναρ ［梦］，也有同样的意味）不是真实的事件而是"现实性"（reality）。有人指出，这是亚历山大的融合政策（Kaerst, *Geschichte des Hellenismus*，前揭，i³, p. 501；Mühl, *Die antike Menschheitsidee in ihrer geschichtlichen Entwickliing*，前揭，p. 54），这比他的帝国更有希望。但是 Wilcken（*Alexander der Grosse*，前揭 pp. 232 – 233）最近提出，这个融合政策仅限于马其顿人和波斯人之间；这很难让人满意。但就［波斯］总督和［马其顿］军人而言，毫无疑问，Wilcken 的话确实属实，但我不认为同样的观点能适用于在苏萨举行的一万对婚礼，阿里安（《亚历山大远征记》，7. 4. 8）很明白地将新娘称为亚洲人而不是波斯人；埃拉托斯忒涅斯提到的正是这场婚礼。但是无论如何，融合政策只是这一践行这一思想的发端，帝国则不是，我们最终还回到思想。

③ 斯特拉博，《地理志》，卷十五，C715（源自奥涅斯克里托斯 ［Onesicritus]），"披坚执锐的哲人"；伊索克拉底，书简 5.2；普鲁塔克，《亚历山大传》，27；《伦语》，782B；《论亚历山大的机运》，1，330A，330E，10 – 12。这个词似乎不大常用于修饰其他王者（曾有一次用于托勒密二世，出现在犹太人阿里斯提亚斯的书信，287："你……一位哲人"），而且，任何人想要详细描写亚历山大，都不会仅仅称他为哲人，而是会去发明各种新的事迹，就像各种亚历山大传奇那样。

Wilcken 确实曾说过（*S. B. Berlin*，1923，p. 175），犬儒派的奥涅斯克里托斯希望将亚历山大塑造成犬儒派的智者，但我有两点怀疑：（1）犬儒派确实想所以，芝诺的灵感就是亚历山大的大一统思想；而芝诺之所为，是将这一思想作为两个合乎逻辑的结论之一。根据亚历山大祈祷马其顿人和波斯人之间的和睦来判断，如果他还活着，将会实现这一民族共同体，就像实现他的帝国那样不可避免，包括众多不同国家和臣民的帝国。忒奥弗拉斯托斯追随亚历山大，将各民族的共同体列为迈向普世关系进程中的一环。但是，芝诺废除了种族间的所有

发明一些有关亚历山大的事迹，比如莎草文献 *P. Berlin*，13044（Wilcken，同上），但不是把他塑造成哲人而是一位残暴的僭主；（2）奥涅斯克里托斯的亚历山大，不是关于哲学而是关于阿玛宗女王的故事。

《论亚历山大的机运》第一章讨论作为哲人的亚历山大。文章提到，许多伟大哲人（328A–B）——比如苏格拉底，并不著书立说；我们判断他们是否为哲人，是通过他们的言行和教化。若以此标准来衡量亚历山大，那么，φθήσεται οἷς εἶπεν οἷς ἔπραξεν οἷς ἐπαίδευσε φιλόσοφος［他的所言、所为以及他所传授的教诲表明他就是一位哲人］。

（1）εἶπεν［所言］。正是我在本文讨论的内容。

（2）ἔπραξεν［所作］。缪索尼俄斯的那段话——前文注释 37 曾有部分引用——标题为"追求哲学的君王"；它总结了公元前 3 世纪关于王者职责是促进和睦的讨论，表明履行这一职责（通婚政策常常是这一职责的开始）是王者之 φιλοσοφία［哲学］的一部分。

（3）ἐπαίδευσε［教诲］（对应埃里安［Aelian］，《杂史》［*V. H.*］，3.17：如果珀尔塞俄斯教导了安提戈诺斯，这就相当于在撰写一部《政制》）。普鲁塔克（328D）给出了一则亚历山大实施教导的实例："让苏希亚那和戈德罗希亚的波斯人学习吟诵欧里庇德斯和索福克勒斯的悲剧。"（［译注］苏希亚那即苏萨周边地区，戈德罗希亚即俾路支。）这被视为纯粹的修辞。白沙瓦（Peshawar）出土的一件瓦片上绘有出自索福克勒斯《安提戈涅》的场景，参 Sir J. H. Marshall, *Camb. Hist. of India*, i, p. 646；而我们现在在苏萨发现的希罗多洛斯（Herodorus）的《阿波罗颂歌》（*Ode to Apollo*）（Fr. Cumont, *Mém. Délégation en Perse*, xx, 1928, p.89, no. 6：公元前 1 世纪）以里拉琴的旋律写成，就现存文献记载，该乐谱只有欧里庇德斯曾经使用过一次，别无他人，这反映了欧里庇德斯的在苏萨的知名程度；"修辞"就是这样的简单事实。这也使得《论亚历山大的机运》具有的考据价值更加可靠。

差别，所有的民族共同体和特殊政体的组织机构使得他的世界城邦完全成为一套理论。他的计划启发了很多人，但历史的事实是，这一切始终无法实现。

但亚历山大的方式，或我所认为的他的方式，引导出罗马帝国被称作一个民族的提法。我不打算列举现代的例子，这是两条实现世界大一统的不同的路线，但我想就罗马帝国再提一点。有人说，廊下派的思想曾在哈德良以及整个安托尼王朝统治时期的帝国中几近实现，[①]但显而易见，此时此刻，我们的考察并没有发现这样的情况；帝国确实是一个巨大的民族政治体（national state），并且建立在王权谱系以及部分实现了亚历山大理想的基础之上。[②]当一位廊下派主义者登上王位，他便立刻被迫与民族政治体达成妥协；对于奥勒留而言，廊下派的世界城邦中没有大一统的理论，只存在囊括各种特殊的政体，就像一座城市里存在各种样式的建筑。[③]此外，关于自己的现实生活，他曾经说过：

> 作为一个人，我是世界城邦的公民，但作为马尔库斯·奥勒留，我是罗马的公民。（《沉思录》，6.44）

现在可以作一个总结。我们讨论了王权理论，王者的职责是在他的臣民中推动和睦——治下所有臣民，不分种族；我们也看到，这一理论的产生应该与某位王者有着密切的关系，他必定晚于腓力，

---

① Kaerst, *Geschichte des Hellenismus*，前揭，ii², p. 126；Mühl, *Die antike Menschheitsidee in ihrer geschichtlichen Entwickliing*，前揭，p. 102 及以下。

② 参 Wilamowitz, *Staat und Gesellschaft*，前揭，p. 171。

③ "关于他自己"，奥勒留，《沉思录》，3.11。参 9.29："不要对一个理想的城邦存有任何希望；对于现实城邦有任何一点点的进步就该满足。"这是廊下派思想中的某些新观念，例如，爱比克泰德如何将现实的城邦比作理想城邦的次等形式。

早于德墨特里俄斯；还有一个明显的传统将这一理论的起源与亚历山大联系在一起。我们进一步看到，意图促进人类和睦，当归为亚历山大的传统，显然不是源自廊下派或别处，同时这也解释了忒奥弗拉斯托斯所说的某些话和亚历克萨尔科斯所做的某些事。最后，我们看到了，有关王权和四海之内皆兄弟的思想如何突然出现在忒奥弗拉斯托斯和亚历克萨尔科斯那里；其共同的来源除了亚历山大之外没有别人，而且这再次得到了传统的支持。

从以上所有这些似乎的可能中，能得到一个唯一结论：就传统而言，亚历山大本应思考和说过的基本属实。他确实说过，神乃众生之父，四海之内皆兄弟，而且，神视高贵与优秀之人为自己的子嗣；他渴望成为世界的和睦使者与调律师——在他权力所至的世界；他确实曾试图将他帝国内的人民以友善与和谐的方式团结起来；作为一个开端，当他在俄庇斯祈祷马其顿人和波斯人之间的和睦并互相成为统治上的伙伴时，他的意思不是在统治层面的合作关系，而是真正意义上的大一统。我只谈理论而非实践，但这也意味着他是人类世界观最重要变革的先驱者之一，也是我们所知的第一人，设想了四海之内皆兄弟或者说人类的大一统，无论我们喜欢使用哪个词。我不想给出确切的证据，这是那些历史边缘领域的一项难题，若没有确切的证据，这些问题将始终悬而未决。但有一个非常肯定的假设，可以十分确定。亚历山大，因他成就的伟业，被称为大帝（The Great），但若我今日所言无误，我认为我们不应该怀疑，他的这个想法——可称之为一个目标、一个梦想，或任何你们所认为的东西——正是他的最伟大之处。

再论亚历山大大帝与大一统

巴迪安（E. Badian）撰

纪　盛　译

25 年前（1933），塔恩爵士（Sir William Tarn）在不列颠学院（British Academy）的雷利历史讲座（Raleigh Lecture on History）上发表演讲,[1] 提出了一个极具挑战性的课题，并且塑造了一个形象，我们可以称之为追梦者亚历山大（Alexander the Dreamer）：一个亚历山大"所梦想的"[2]关于"世界观的一次伟大变革"，换言之，"四海之内皆兄弟或人类的大一统"。

塔恩并未声称自己给出了相关的证据，只承认这是"一个有力的推论"。也许，应该没有人会在这个话题的性质上提出更多要求。

---

[1]　Tarn , "Alexander the Great and the Unity of Mankind", *PBA*, XIX, 1933，p. 123f. . 他暗示了这一观点，但在《剑桥古代史》（*Cambridge Ancient History*，VI，p. 437）中没有展开讨论。

[2]　该词汇，以及此处所援引的段落见 Tarn, "Alexander the Great and the Unity of Mankind"，前揭，p. 148。

尽管塔恩于 6 年后可以重申："我知道，现在这一点是确定的。"①但可以肯定的是，10 年前，在他那部关于亚历山大的杰出著作中，对这一观点的坚信程度已明显减弱。②如果这不是由于自负的缘故，那么，他就是没有更进一步的能力去认识自己的错误，也没有更礼貌谦和地去处理那些反对意见。最后的结论就是作者所谓的"［亚历山大］最重要的东西"。③这一问题的确十分重要。"世界［即希腊世界］观的革命"确实发生了，这是事实；为罗马帝国和基督教世界的精神风尚做了准备，不仅铸就了前者，而且使后者成为可能并得到公认，使之成为西方思想史上具有决定性的革命之一。

从 1933 年那一刻起，塔恩重新定位了亚历山大作为追梦者的明确形象：这个幽灵的魅影萦绕着学术研究的每一个历史篇章，④甚至资料书、哲学史以及思想史——至少在这个国度——已经开始屈服于此魔咒。⑤这个魅影已经足足笼罩了四分之一个世纪：它显然已经威胁到

---

① Tarn, *AJP*, IX, 1939, p. 69.

② "事实证明，这类棘手的古老问题有可能被证明。"（Tarn, *Alexander the Great*, 1948, vol. ii., p. 447：本文引作"Tarn, *Alexander*", 如果没有指出卷数的参考，全部取自卷二；参考卷一的地方会进行标注）

③ Tarn, *Alexander*, p. vii, p. 400.

④ 见塔恩所列选的书目，按时间一直排到了战争结束（Tarn, *Alexander*, 前揭, p. 399, n. 3）。战后最重要的新增书目是 Schachermeyr, *Alex. d. Gr.*, p. 490 以及 n. 300, 该书基本接受塔恩的观点；Robinson, *Alex. the Great*, p. 244, 也完全接受塔恩的观点。参 Andreotti 的书目（*Historia*, V, 1956, p. 157, n. 1）。也存在谨慎的质疑，参 Meiggs, in Bury, *Hist. of Greece*[3], p. 898；以及直率的反对，参 Burn, *Alex.*, p. 246；Bengtson, *Gr. Gesch.*, p. 338；但是我们只有细致地审查才能解决这一问题。

⑤ Sinclair, *Hist. of Gr. Pol. Thought*, p. 240f., 作者秉持开放的态度；Barker, *Fr. Alex. to Const.*, p. 1f., 全然接受了塔恩的观点；Barker, ed., *The European Inheritance*, i, p. 184。后两部著作中提到了这一观点，使得对该观点的考察成为一个紧迫而重要的问题。这表明 C. B. Welles（*Gnomon*, XXII, 1950, p. 53）的乐观态度毫无依据。

我们的传统并逐渐融入我们的血肉之躯。本文的目标是埋葬这个幽灵，虽然这是一个几乎不可能立竿见影的目标。①

一　"神的慈父身份"

根据塔恩的说法，亚历山大开创的"思想具有三个方面或特征"；为了避免不准确的陈述，最好直接引用原文：

> 首先，神乃众生之父，也可以说成四海之内皆兄弟。其次，亚历山大的梦想是，他所知道的人类各个种族万众一心地和谐共处，这可以被称作人类的大一统。再次……则是在他的帝国里，所有人都是他的伙伴而非臣民。②

让我们逐一考察这些"方面"。第一个与后两个之间并不存在逻辑关系，它们只是在摆弄一种意象，我们从这一思想中得到的是，神乃"众生之父"和"四海之内皆兄弟"的概念在道德伦理上的重要意义。

事实上，作者依据的理由如今几乎无需详细阐述，神作为"众生之父"的思想就道德伦理而言并没有任何倾向性。以此为基础，或以类似思想为基础，平等和普世伦理价值事实上早已成立——当然也存

---

① 塔恩的明确阐述，参 Tarn, *Alexander*, 前揭，p. 399f. ; 作者认为自己早期的相关阐述依然合理，因此随意使用这些相关内容。因此，我基本上将不再引用这些早期说法（另参本文 n. 1 和 n. 3）。当前的著作不同于塔恩时代的著作，已无法提供更多的讨论空间，所以我们必须回到源头。当然，我从杰出大师那里受益匪浅，尤其是 Berve、Wilcken 和 Schachermeyr。也有始终拒绝接受亚历山大是第一位发展这一思想的观点的研究——这当然是正确的，比如 Merlan, *CP*, 1950, p. 161f. ; Buchner, *Hermes*, LXXXII, 1954, p. 383f.。

② Tarn, *Alexander*, 前揭，p. 400。

在选民制、合法的奴隶制以及所有种族和阶级间的区别，这些都为我们熟知。为了维持在这一图景之内，神可能仍然钟爱所有的孩子，通常包括这一理论的说明者。这似乎过于简单和基础，几乎不值得强调。然而，塔恩似乎没有觉察这一点，在他的论述中可见端倪。他引用了普鲁塔克描写的亚历山大，"神乃众生之父，但视高贵与优秀之人为自己的子嗣"，并评论说："从表面上看，这十分清楚地表明，四海之内皆兄弟。"他接着说，这是第一个特征（同上，页 435）。

我们从表面上就会发现其中存在完全不同的东西。不经仔细审查，就会受到第一印象的蒙蔽。普鲁塔克[1]曾提到亚历山大拜谒了阿蒙（Ammon）神庙，并谈到了几个相关事件，说他到处收集神谕对他的答复；普鲁塔克尤其强调了亚历山大得到的启示，他尊宙斯–阿蒙（Zeus–Ammon）为父。之后便是萨蒙（Psammon）的故事，塔恩的引用就出现在这个部分，普鲁塔克把这个故事称为更深刻的 λεγδμενον [谈话]：毫无疑问，和前面的故事一样，这里的关键也涉及亚历山大与神的紧密关系。这一语境的含义可由希腊文的措辞得到证实：萨蒙说，所有人都在神的统治之下；但亚历山大"更富哲理"地说：

> 虽然神乃众生之父，但视高贵与优秀之人为自己的子嗣。

正是在这里，塔恩说服自己，小品词 μὲν [虽然] 确实很重要，而小品词 δὲ [但] "似乎……并不影响这一重要性"：[2] 这句话的结构，正如在其上下文中，必须被曲解或无视，才能符合一个先入为主的理论。事实上，通常会以为，μὲν 只是对荷马式口头禅

---

[1] 《亚历山大传》，27.3f.；相关讨论参 Andreotti, *Historia*, V, 1956, p. 289f., 他以完全不同的方式得出了与我相似的结论。但他似乎并没有明白，"神的慈父身份"的含义其实无论如何都与这一问题无关。

[2] Tarn, *Alexander*, 前揭, p. 437。

$\pi\alpha\tau\grave{\eta}\rho\ \grave{\alpha}\nu\delta\rho\tilde{\omega}\nu\ \tau\varepsilon\ \vartheta\varepsilon\tilde{\omega}\nu\ \tau\varepsilon$ ［诸神与凡人之父］ 的一种简单改写（塔恩也承认，正如希腊人所知，$\pi\alpha\tau\grave{\eta}\rho$ ［父］ 的意思是社会 - 等级制度中的 "父亲"，而非生物意义上而言）：这本身并不重要，仅仅是讲述 "萨蒙" 的一种方式，以一种受过希腊传统教育之人的自然方式，使用（$\mu\grave{\varepsilon}\nu\cdots\delta\grave{\varepsilon}$ ［虽然……但是］）是为了突出普鲁塔克所谓 "更富哲理" 的内容。[①] 我们会发现，亚历山大仅仅被告知他是宙斯 - 阿蒙之子。

普鲁塔克所讲述的故事到此为止：他并不打算——丝毫没有这样的意图——将亚历山大描绘为相信任何意义上的四海之内皆兄弟这一信念的人，自荷马以降，希腊人中从未有过这类思想。此外，即使塔恩也对萨蒙其人有所怀疑——他的名字此后再未出现，而之后的奇闻轶事几近荒唐，从未有人认可其真实性，而且，作为这一章中的高潮部分，几乎没有任何可以接受的可靠事实。亚历山大与哲人们的相遇是传奇故事的常备题材，但它们只是根据人们想要证明的各种东西，精心炮制了亚历山大的或他们的所谓真实：我们此处只需提及第欧根尼（Diogenes）以及裸行僧（Gymnosophist）即可；尽管亚历山大的确与第欧根尼见面了，但我们几乎发现不了什么详细的解释。[②] 这确实很惊人，如此精致的纸牌屋完全建立在歪曲的传闻之上，更有甚者，还有人尝试在流沙上建立些什么，以符合萨蒙之名。[③]

---

　　① 塔恩称，如果亚历山大愿意援引荷马，他可以 "准确引用而不会插入单词$\varkappa o\iota\nu\grave{o}\nu$ ［共同的］"，但是，希腊人与我们一样熟悉这种改写式的引用：亚历山大故意插入单词$\varkappa o\iota\nu\grave{o}\nu$ ［共同的］，是为了突显与$\grave{\iota}\delta\grave{\iota}o\upsilon\varsigma$ ［独特的］ 的对比。塔恩也在视神为王和视神为父之间不恰当的差异问题上做了很多工作，但这是基督教的观点。亚历山大熟悉的希腊人观点，见亚里士多德，《政治学》，卷一，1259b。参 Andreotti, 前 *Historia*, V, 1956, p. 157, n. 1, 另参 Finley, *The World of Odysseus*, p. 90f.。

　　② Andreotti, *Historia*, V, 1956, p. 157, n. 1.

　　③ ［译注］希腊语中 Psammon 为 "沙子" 的意思。

二 俄庇斯的宴会

另外两个"方面"更为重要，它们形成于俄庇斯（Opis）的宴会，我们必须彻查之，研究之。① 只有阿里安（Arrian）记载了这一事件，② 并且，鉴于该事件在塔恩精心制作的体系中的重要地位，我们有必要给出阿里安叙述的全部内容：

> （8）随后（*ἐπὶ τούτοις*），亚历山大向他经常祭祀的神献了祭，表示谢恩。接着大摆宴席。自己坐在中间，马其顿人都围坐在他自己的身边（*ἀμφ' αὐτόν*），紧挨着他们的（*ἐν τῷ ἐφεξῆς τούτων*）是波斯人，接下来（*ἐπὶ δὲ τούτοις*）是尊贵高尚的其他民族的代表。亚历山大和战友们在他身边（*ἀμφ' αὐτόν*）用同一只巨爵喝了酒，还一起行了奠酒礼。充当祭司的希腊占卜师和玛葛（*τῶν Μάγων*）③ 这时也开始了仪式。（9）他祈祷了许多事情，特别是帝国内的马其顿人和波斯人之间的和睦并成为伙伴。

很明显，对阿里安（即他的文本来源）而言，整个事件并无显著的意义。这一段只占两个小节的叙事，比起俄庇斯的哗变只能算是一个 *ἐπὶ τούτοις*［随后］的附属事件，哗变才是重大事件，并且占

---

① Wüst（*Historia*, II, 1954, p. 418ff.）对此有过讨论。但我对材料来源的分析与他有着根本的不同。另参 Andreotti, *Historia*, V, 1956, p. 279f.（并非始终明确），他正确地强调这是一个具有政治本质的场景，换言之，丝毫没有神秘感或远见性。

② 阿里安，《亚历山大远征记》［*Anab.*］，7. 11. 8 – 9；我们所引阿里安，皆为这部著作。

③ ［译注］琐罗亚斯德教的祭司。

据了从整个第八章至十一章第七节的篇幅；随后的十二章第一节就是遣散马其顿老兵的事件。哗变之前就已计划并宣布了这次宴会，而哗变甫一爆发就迅速平息，最后举行了这场宴会。我们会发现，就像之前所做的献祭，会饮标志着这场导致哗变的争执得以正式和解；紧随其后，阿里安描述了解决措施的细节。

关于这场哗变，我们一直有一个一致的看法，即哗变缘于马其顿人猜忌亚历山大对波斯人的偏袒。[1] 因此，我们可以预料，这次和解首先是亚历山大与马其顿人之间的和解，因为他们的抱怨本身就是哗变；其次是马其顿人和"波斯人"之间的和解，他们的差异导致了哗变。这种解释，源自对上下文整体的把握和理解，是对段落本身作了充分的分析后得到的确证。宴会所标志的"一个更大的和解"，甚或一场官方的正式媾和，[2]在阿里安的材料中既无明言也无暗示。

塔恩对整场事件的解读曾经一度令人推崇备至，实则误人子弟：这是因为他的理论在合理的讨论之前就已形成。

> 托勒密曾说，在亚历山大自己的桌边，围坐着马其顿人、波斯人、一些希腊占卜师和玛葛（Magi）……以及"其他民族"的代表……他们……尊贵高尚，也就是他帝国内的每个民族中最杰出的人。不过，至少有一个民族不属于他的帝国，就是希腊人，他们坐在属于他们自己的桌子边……在场的人不可能忘记那番景象，那尊放在亚历山大桌子上的巨爵（krater，双耳喷口

---

[1]　在宴会的故事中，和哗变的整个过程（我们已经看到，哗变造成了一个小团体）一样，单词"波斯人"当然包括其他伊朗人在内（至少是那些与波斯人同族之人）。显而易见，就阿里安整体的写作而言——以及其他资料来源——都没有必然的精确要求。现代人也会常常用"俄罗斯"（Russia）指称苏联（U.S.S.R.）。

[2]　Tarn, *Alexander*, 前揭，p. 440。

杯），每个民族都从中舀酒，并以自己的习俗行了奠酒礼。①

这是一个适合庆祝跨国情谊的场合。阿里安事实上到底说了什么（我们必须同意塔恩的看法，阿里安的材料来源是托勒密）？他并没有描写桌子——到底用了几张，是什么人使用——当然也没有描写亚历山大自己的桌子；有的仅仅是对在座众人的描述而已；除非还有其他原因，也许能振振有词地猜测，人数实在太多而无法让每个人都躺坐着。即使是一个大桌子，也无法容纳塔恩所希望的在场人群。材料只告诉我们，客人们如何被分组安排在宴会的区域内，阿里安也没有暗示，每组只有一张桌子，而且考虑到人数也不可能只安排一张桌子。如果亚历山大有一张可以和众人分享的桌子，他很可能会共享，但是和别处一样，他只是和少数高级军官和朝臣一起分享。

但是，在描写那群人的时候，我们的材料非常精确：在亚历山大 ἀμφ᾽ αὐτὸν［自己身边］的是马其顿人，ἐν τῷ ἐφεξῆς τούτων［紧挨着他们的］是"波斯人"，ἐπὶ δὲ τούτοις［接下来］是其他人。因此，当"他们围绕着"亚历山大，使用他的巨爵一起参与奠酒仪式，包括这一重复强调的短语ἀμφ᾽ αὐτὸν［自己身边］在内的几个单词，非常清楚地意味着只有马其顿人在场。毫无疑问，广义来说，"波斯人"和其他人都举行了"相同的"奠酒仪式，不过是用他们自己的酒器，阿里安继续告诉我们，据说在场九千人都是如此。但是，亚历山大仅同马其顿人分享自己巨爵。这场鼓舞人心的跨民族博爱盛宴上的仪式纯属虚构，完全出于对一个精确材料的误读。

实际上，正如我们所知，区别对待并谨慎周密地按照民族而分派，

① Tarn, *Alexander*, p. 442。这张"桌子"及其重要性，已深入 Barker 的译文（*Fr. Al. to Const.*, pp. 5–6）。

就这一点而言，也可谓平等和开明。虽然我们不知道，按民族的分组是否仅限于马其顿人和"波斯人"（我们会发现，波斯人可能是一个很重要的独立族群）之间，还是包括"其他人"，① 但很明显，这里依然维持着这两个主要民族的区分。这也符合我们所知的宴会目的，以及哗变与和解的说明。

亚历山大渴望重拾马其顿人的忠诚，他们还是他最好的士兵，是他进一步的征服计划必不可少的力量，他称他们为 συγγενεῖς［亲族］，并让他们——甚至是普通的士兵——与"波斯"贵族平起平坐。因为他可以确信后者的顺从，而对于马其顿人，他则不得不试图取悦他们。他现在亡羊补牢的奉迎行为，就是在宴会上安排他们坐在 ἀμφ' αὐτὸν［自己身边］，并允许他们——只有他们，使用他自己的酒器来行奠酒礼。②

当然，这场宴会结束后，他会继续推行他的计划，正如他在军事哗变发生之前的所为，那时就不会再有进一步升级抗议了：老练意味着不会放弃其原则。但这种引人注目的姿态、一如既往的审时度势、精于政治效应的算计，揭示了历史上真实的亚历山大形象，他绝非凭借善意和昏庸而获取了他的帝国。

---

① 这可能是阿里安的笔法暗含之意。这样肯定能促进交流。

② 这里的意思不应该是只邀请了与"其他民族"相比最为尊贵的马其顿人和波斯人——即使像塔恩和 Wilcken 这样的学者也不会有相反的暗示或表达。根据阿里安的描述，ὅσοι…πρεσβευόμενοι［声望高贵的］后面是 Μακεδόνων［马其顿人］和 Περσῶν［波斯人］以及 τῶν ἄλλων ἐθνῶν［其他民族］（相关的准确分析，参 Wüst, *Historia*, II, 1954, p. 418ff.）。参与的人群无疑十分清楚。（而关于马其顿代表的规模，参库尔提乌斯和狄奥多罗斯在军事哗变和遣散军队中提到的数字。）至于九千这个数字，只是阿里安笔下的一个 λόγος［据说］，并且可能是（像多数情况那样）一个极为夸张的描写。这解释了为什么所有出席宴会的马其顿人可以到亚历山大的酒器中啜酒。我看不出 Andreotti（*Historia*, V, 1956, p. 279f.）所据的材料源于何处："可以说军队的士兵就是观众。"

那么，这就算不上是一场跨民族的博爱盛宴。摆脱了最初的误解之后，我们现在要像阿里安的描述那样不带任何偏见，从而摆脱对亚历山大的祈祷的错误理解。塔恩关于追梦者亚历山大的观点主要就基于这次祈祷。"祈祷存在两种表述，都来自阿里安，"他写道，"都符合语法规则，对希腊人而言也都可以接受。"① 曾一度被人接受的第一个版本里，Μαχεδόσι καὶ Πέρσαις ［马其顿人和波斯人］② 与 ὁμόνοιάν ［和睦］ 和 κοινωνίαν τῆς ἀρχῆς ［成为伙伴］ 有语法关联；另一个版本则由塔恩提出，我们知道这个版本如今已被广泛接受，它突出了"和睦"（Homonoia）……，作为一个实质性的内容，不再受限于词组"马其顿人和波斯人"。

不可否认，两者都"符合语法规则"；两者"对希腊人而言都可以接受"，而且必然能够接受。对于没有必要捍卫某个论点的读者来说，塔恩所排斥的版本恰恰是自然的解释：从顺序上讲，由于 τε καὶ ［和］ 的缘故，ὁμόνοιάν ［和睦］ 与 κοινωνίαν τῆς ἀρχῆς ［开始成为伙伴］之间联系非常紧密，可以说融为一起：

他祈祷……（ ὁμόνοιάν ［和睦］ 并 κ κοινωνίαν τῆς ἀρχῆς ［开始成为伙伴］）（对马其顿人和波斯人而言）。③

ὁμόνοιάν ［和睦］的确需要一个与格来界定：如果没有与格，我们就必须创造一个。令人惊奇的是，这正是塔恩随后发现自己必须去做的事情！他继续说道：

---

① Tarn, *Alexander*, 前揭，p. 443。

② 如果这是正确的解读（参 Roos 的《校勘记》）。幸运的是这一不确定并不影响理解。我相信，如果. Μαχεδόσι ［马其顿人］和 Πέρσαις ［波斯人］也被 τε καὶ ［以及］ 这个词组连接，那么，我要指出的要点将更为重要，但我并不坚持这个看法。

③ 参本文最后一条注释。

很难相信，在实际的祈祷中［不同于我们的资料］和睦没
有限定语，因为和睦属于全人类⋯⋯

眼睁睁地看着塔恩在我们仅存的优秀材料面前，玩弄如此荒诞
的把戏：粗暴地曲解这段希腊文，从而将和睦和它的对象分割开来，
而阿里安的谨慎处理，本来让二者紧密相连，这样，塔恩就让和睦
"成为一个实质性的东西"（他正是如此向我们宣告）。也就是说，
塔恩首先留出一个缺乏关联的假设空白；再去发现这里亟需有一个
关联，这样，我们就可以向前推进，将它放置在最符合我们先入之
见的地方；如果这样做与材料之间存在明显的矛盾，就指责材料叙
述不准确。很不幸，历史通常都如此写就，也许比起任何其他的形
式的历史，思想史尤其如此。

最后是κοινωνίαν τῆς ἀρχῆς［开始成为伙伴］。维尔肯（Wilcken）、
贝尔弗（Berve）和其他人，都一再"愧疚地"接受了其自然的含义
和翻译，即"统治（rule）的伙伴"。塔恩说，这没有意义：由于亚历
山大是帝国唯一的统治者，我们就不可能说马其顿人和波斯人"统
治"帝国。① 严格来说，这并不正确。

毫无疑问，"统治"的一个含义就是马其顿人和波斯人都可以
"统治"帝国，即使亚历山大是国王。（他们实际上是否这样并不是关
键。）这个意义就像二战期间的德国人"统治"着欧洲大陆一样，尽
管希特勒是独裁者；而在托勒密的埃及，希腊－马其顿人是"统治阶
层"也是这层意思。我们迟些再回来讨论。但不可否认，这句话的另
一种解释不应该被否定。塔恩的另一个选择是什么？他翻译成"疆域
（realm）内的伙伴"，这样，他就找到了关于亚历山大梦想的第三个

---

① Tarn, *Alexander*，前揭，p. 444。我无法接受 Andreotti 对ἀρχή［着手］一
词的狭隘翻译（*Historia*，V，1956，p. 280），就像"居鲁士大帝的古老帝国"
（l'antico impero di Ciro il Grande），这样祈祷的时候并不存在相应限制。

"方面"：所有"他帝国内的不同民族，都可以是其疆域内的伙伴，而非臣民"。

现在我们能够简略地处理这一问题了：这已经很清楚，不能再有任何借口盲从这一资料：无论是否能够曲解 ὁμόνοιάν［和睦］，κοινωνίαν τῆς ἀρχῆς［开始成为伙伴］都一定是在马其顿人和波斯人之间。因此，我们被邀请到历史小说家的疆域（realm）内自由行走。

然而，不管怎样，塔恩的话意味着什么？正如他刚才所指出的，亚历山大是唯一的统治者。如果存在一个含义，据此我们可以说马其顿人和波斯人在"统治"他的帝国，那么，就不可能存在其他含义使得我们可以说他们是他的"伙伴"：因为他们是他的臣民。如果人类不能成为宙斯"权力"的伙伴（亚里士多德，《政治学》，卷三，1284b），他们也不能成为宙斯之子的"权力"的伙伴。而几乎就在这些事情发生的时候，亚历山大强迫希腊城邦将他当作神来崇拜——这引起了吕库尔戈斯（Lycurgus）这样正直之士的抗议，[1]而亚历山大甚至以宙斯之子的名义致信雅典人。[2]这样的人当然不想成为一位自由民族联盟（Commonwealth of Nations）的领袖。

---

① 对亚历山大永远奉若神明的这件事的总结："所有走出神庙的人都要行水净礼，他能算什么神。"（普鲁塔克，《十演说家列传·吕库尔戈斯》［*vit. Lyc.*］，22，842d）埃特奥博塔斯家族的吕库尔戈斯（Eteoboutad Lycurgus）与开明哲人卡里斯忒涅斯（Callisthenes）的观点（阿里安，《亚历山大远征记》，4.11）以及亚历山大任命的总督安提帕特的看法一致（《苏达辞书》，"安提帕特"［Antipatros］词条）。现代学者往往无法理解希腊宗教情感的真诚：就像在中世纪，对我们来说似乎是亵渎轻慢的，却往往是真诚的。（对于这种盲目性，极端的例子可参 Tarn, *Alexander*, 前揭, i, p. 114, 对亚历山大成神的论述。）

② 参 Hamilton, *CQ*, n. s. III, 1953, p. 115f., 他列举了亚历山大狂妄自大的另一件事。另参 Balsdon, *Historia*, I, 1950, p. 383f., 作者很怀疑亚历山大是否渴望神化自己，不过他坚持将"流亡法令"和整个问题分开讨论则是正确的。

三　埃拉托斯忒涅斯与普鲁塔克

对关键段落的误译、对其背景的误导、厌恶限制和精确性的充满自由联想的解释、充满感情的含糊其词——到目前为止，我们已经证明，这些是将亚历山大树立为普遍主义哲人形象的手段。但是，塔恩还从另外一段文字中找到其理论的佐证，尤其是他关于俄庇斯宴会的观点：他宣称，埃拉托斯忒涅斯那里有支持自己观点的明确证据。埃拉托斯忒涅斯当然不是亚历山大同时代的人，他甚至不太可能了解任何亚历山大时代的人；虽然我们称赞埃拉托斯忒涅斯是伟大的科学家、数学家，但我们还无法评价他作为历史学家的能力，或评判他在权衡史料证据上的技巧。因此，根据阿里安转述的托勒密关于宴会的记载——正如我们所知，宴会只是俄庇斯哗变导致的相关事件，但塔恩试图放弃这个记载，并且呼吁从托勒密转向埃拉托斯忒涅斯，对事件的重要性重新给予正确评价，[1] 这一举措当然非常可疑，我们必须仔细审查。托勒密很可能由于政治原因而歪曲了真相；[2]而埃拉托斯忒涅斯表达的相反观点，值得我们进行严肃的、批评性的考察。[3]

斯特拉博在其《地理志》（*Geography*）卷一中，与埃拉托斯忒涅斯及其前辈进行了一场持久的争论：在第 2 节的开篇，他以十分恭敬的口吻宣布了自己论辩的目的，该论辩一直持续到之后的数卷。有时，他的反对坚实地建立在后来获取的知识或健全的推理之上，

---

①　Tarn, *Alexander*, 前揭, p. 443。

②　事实上，远远超出塔恩通常所承认的范围，在某些情况下托勒密的记述是在偏袒亚历山大！参我即将发表的文章，*CQ*, n. s. VIII, 1958。

③　像往常一样，我引述了塔恩最为晚近的观点。他还在《不列颠学院学报》（*P. B. A.*, p. 126f.）和《美国语文学杂志》（*A. J. P.*, p. 65f.）讨论过这件事，但似乎都已放弃了那些论述。

但更多的时候只是在浪费时间。他反对埃拉托斯忒涅斯关于亚历山大的说法的论辩，就是后一种情况，由于持反对的意见而长篇大论，甚至不怎么谈论地理。

卷一结尾（斯特拉博，《地理志》，1.4.9，C66－67）的这一论辩涉及我们讨论的问题。斯特拉博说，这个问题一直讨论到《地理志》卷二结束。① 埃拉托斯忒涅斯不赞成将人类分成希腊人和蛮族，他也反对那些向亚历山大建言待希腊人如友视蛮族为敌的人。他说，按善与恶进行划分更为合理；②因为某些希腊人有恶习，而一些蛮族则很有教养；这就是为什么亚历山大不理会和接受这些建议的原因，并坚持善待如亲。③斯特拉博像往常一样就此作出幼稚的评论，大意是，这才是那些向亚历山大提出如此建议之人的真实用意!④

目前为止，没有任何关于俄庇斯的迹象。但塔恩接着搬出普鲁塔克在《论亚历山大的机运》（de Alexandri fortuna）中的第一份讲辞：在第六节中（《伦语》[Moralia]，329a－d），亚历山大的确被誉为一名世界主义（cosmopolitan）哲人，我们不能否认，这份讲辞的目的是证明亚历山大是一位真正哲人。普鲁塔克首先提到，芝诺

---

① 参 1.4.1（init.），C62；2.1.1（init.），C67。

② "不同意那些劝告亚历山大待希腊如友，视蛮族为敌的人。他认为区分人类应该按照德性与恶习。"

③ "不理会和接受这些建议，而是坚持善待如亲。"

④ 让人不可思议的是，谁都可以把这段补充（在简介提到埃拉托斯忒涅斯之后，直接的言辞中又与他矛盾）看作对埃拉托斯忒涅斯的进一步引用。然而，伟大的学者已经这样做了（Tarn，Alexander，前揭，p.438，以及 Tarn 援引的 Schwartz），我们必须提出这一点，这样就不至于将这个愚蠢的补充归到埃拉托斯忒涅斯的辑语中去。略读段落的上下文，稍微熟悉斯特拉博的写作手法，就能确信此事。（参 Andreotti，Historia，V，1956，p.269，此处有细致的分析。）

因其《政制》（*Republic*）的世界主义而受赞誉,① 而他的理想被亚
历山大转化为现实,因为亚历山大坚信自己具有一项神圣的使命:
将全世界联合起来,并纳入他仁慈的统治之下,人的区分只有德性
和恶习,通过身体与文化的融合来团结所有种族。

很久以前,施瓦兹（Schwartz）将这一节与斯特拉博的引述联系
起来,并归之于埃拉托斯忒涅斯名下;从此,人们就倾向于认为这
是哲人埃拉托斯忒涅斯的辑语。②塔恩不会如此幼稚。整个段落修辞
程度如此之高,很明显几乎不可能出自埃拉托斯忒涅斯本人。

塔恩将这一章分作三个几乎相等的部分:涉及芝诺的导论部分,
他将之归于普鲁塔克本人——无论我们如何看待他的原因,一定存
在一个合理的理由使我们相信,埃拉托斯忒涅斯为何会贬低芝诺的
《政制》;塔恩将中间部分归于埃拉托斯忒涅斯;最后的第三部分,
属于“普鲁塔克,他混合了埃拉托斯忒涅斯与其他材料”。然后,
“在得到了埃拉托斯忒涅斯辑语的大致内容”之后,他开始“考虑这
些内容在谈论什么”。这一切似乎分析得一丝不苟、有条不紊,表现
出很强的学术性。

目前,我们无需操心塔恩筛选过的“其他材料”,我们着力关注
的是“埃拉托斯忒涅斯的辑语”。我们必须更仔细地审视这个辑语及
其大致内容;鉴于该辑语的重要性,最好完整地引用,至于文本的

---

① 塔恩不会承认这是一篇著名的文献（*Alexander*,前揭,p. 417f.）;他承
认,芝诺以《政制》为名写过两部著作,但这个判断并不比被取代的此前说法
更贴切,即普鲁塔克所说的 politeia,并非芝诺的著作《政制》,而是他在其他
几部著作中构想的城邦（*A. J. P.*,p. 62f.）。困难可能在于人为的因素,比如辑
语的不完整,比如材料的主要直接来源的可靠性（普鲁塔克和拉尔修）。关于
这部《政制》的辑语,参 Arnim,*Stoicorum veterum fragmenta*,卷一,p. 72。另
参 Merlan,*CP*,1950,p. 161 f. 。

② Tarn,*Alexander*,前揭,p. 438f.,附有简短的文献。

变体则不那么重要。①

基于什么证据，这些内容应该归于埃拉托斯忒涅斯？而且我们必须记住，这一章中不止一次提到这个人的名字。我们已经知道，证据似乎完全在于我们讨论过的斯特拉博的那些段落。普鲁塔克此处实际上借鉴了相同的段落，塔恩似乎"非常肯定"斯特拉博做出的批评，认为没有人会对此提出异议。②然而，在确立权威之前必须先提出证据，对于塔恩整套理论根基的鉴别，就其重要程度而言或许我们可以期待一些讨论。既然塔恩没有提供任何证据，那就让我们先排一个平行列表，对比我们所掌握的埃拉托斯忒涅斯所写的内容（斯特拉博可能有所缩减，但我们没有理由认为他会伪造）和普鲁塔克提供给我们的内容。

埃拉托斯忒涅斯（斯特拉博所引）	普鲁塔克
亚历山大被建议待希腊人如朋友，视蛮族为敌人。	亚里士多德建议亚历山大，如领袖般对待希腊人，如主人般对待蛮族；关心希腊人，待他们如朋友和亲人，视蛮族如动物和植物。

---

① "没有按照亚里士多德的建议，如领袖般对待希腊人，而如主人般对待蛮族；关心希腊人，待他们如朋友和亲人，待蛮族如同动物和植物；由于这将有损他的领袖形象，且将导致无休止的战争、驱逐、叛乱。但是，他认为自己身负一项神圣的使命，作为世界的调律师，对那些无法用语言说服他们团结起来的人，他就用武力去征服，他要把全人类团结在一起，在一个伟大的爱之杯中，混合他们的生活、他们的性格、他们的婚姻、他们的习俗，等等……"（这段话还有 60 个单词！）

② Andreotti（*Historia*，V，1956，p. 280）已经如此处理，但也许还存在其他方法。

续　表

埃拉托斯忒涅斯（斯特拉博所引）	普鲁塔克
这很愚蠢，因为某些希腊人也具有恶习，一些蛮族则很有教养。（埃拉托斯忒涅斯在此给出了四则非希腊人"有教养"的例子。）	这将导致无休止的战争、驱逐、叛乱。
出于这个原因，亚历山大无视了这一建议，接受并善待所有具有良好名誉的人。	但是亚历山大觉得他有一项神圣的使命，通过劝说或武力把所有人团结起来并融为一体，在爱之杯中，包括他们的习俗、婚姻，等等。

　　如果我们把话说得足够模糊，谨慎地选择词汇，我们可以在这两列中找到一个共同的思路，我们可以这样说——尽管有相反的意见——亚历山大没有歧视希腊人和蛮族。一旦我们不再使用这个模糊的表述，差异性就比相似性更引人注目。关于亚历山大得到的那个重要建议有不同的说法，作者们描述的反对理由也不同；斯特拉博没有提到亚历山大的神圣使命，没有提到种族和文化的融合。这并非由于他缩减引文，斯特拉博不仅没有提到这两个重要的事项，还提出了一些积极的不同之处；而关于"有教养的蛮族"（civilised barbarians）这个重要部分，他给出了一个哲学理由（但转述中似乎有点损害哲学之名），并以埃拉托斯忒涅斯列举的例子作为证据；但普鲁塔克没有。如果塔恩只是把存在于普鲁塔克段落中的总体思路归之于埃拉托斯忒涅斯（这也是我们试图脱离的共同点），那么，我们也可以勉强承认这一点。

　　但是，塔恩恰恰没有这么做；在获得了"埃拉托斯忒涅斯辑语的大致内容"之后，他严谨地采用了最后一部分，也就是关于神圣使命和爱之杯的内容，这部分在斯特拉博的引文和普鲁塔克的内容之间有不少显著的差异。塔恩认为这确实也来自埃拉托斯忒涅斯，迫使埃拉托斯忒涅斯这位哲人把亚历山大的观念归于己身，甚至认为他确实使用了这些说辞。然后，仅仅再进一小步，塔恩就证明了埃拉托斯忒涅斯的"爱之杯确实存在，就是亚历山大在俄庇斯的桌子上放着的那尊巨爵"。① 如此，埃拉托斯忒涅斯已然成为那场盛宴上的一位印象深刻的目击者，并因此而获得了他归之于亚历山大的观念，这个描述比阿里安引用的托勒密的描述更加令人印象深刻，而据说托勒密却存在故意吹捧和避重就轻之嫌。

现在应该清楚的是，并不存在一个坚实的基础。我们要明白，可能确实存在真实的情况，让传说具有部分的合理性。但是，亚历山大宣称的神圣使命、酒器的比喻、普鲁塔克引述的（塔恩指出了这一点）希腊－马其顿人和伊朗新娘在苏萨（Susa）婚礼上的种族融合，任何将这些与埃拉托斯忒涅斯联系起来的企图，全部都必须被坚定地扔进幻想之境。至于俄庇斯的宴会，即便很有可能，但没有任何证据表明，埃拉托斯忒涅斯确实曾听说过，而且，我们也无法确信他比托勒密更重视这场宴会。也许严谨的原始资料研究（Quellenforschung）并不能带领我们走得更远，但文本校勘可以做些相应的补充。我们必须着手思考《论亚历山大的机运》中那些讲辞的本质。以历史传奇的写作方式来掩饰史料证据的匮乏，这的确很容易：

> 普鲁塔克在年轻时写了《论亚历山大的机运》的第一部分，一个带着满腔热情的年轻人，一心想要纠正他认为的那个弥天大错［即哲人们对亚历山大的谴责］；但当普鲁塔克年近古稀，他在德尔斐从事着舒适的闲职，写了亚历山大的《传记》，胸中

---

① Tarn, *Alexander*, 前揭, p. 440。

的烈火早已因皓首穷经而淹没殆半。普鲁塔克和亚历山大的现代崇拜者一样。①

证据是什么？我们并不确定普鲁塔克在人生的哪个阶段写了《论亚历山大的机运》或《亚历山大传》，或者说，除了少数例外，他其他作品的写作时间都不存在外部证据，并且内部证据也只是偶尔暗示了一个近似的日期。众所周知，《对比列传》并非是在《伦语》之后连续写就的一部整体著作，而且任何企图重构普鲁塔克作品的年谱都必须十分谨慎。②

然而，确实存在一个足够合理的理由——多数情况下比其他任何都要合理——让我们相信，《论亚历山大的机运》中的两份讲辞创作于一个相当早的阶段。同样性质的还有两份没有得到完整保存的相似讲辞，这两份讲辞对罗马人和雅典人流露出无比的热情，而这三部作品具有类似的特征：拼凑型的创作方式，僵硬地表现了华丽的辞藻、没有谋划的编排、混乱的思想，充满了过分的修辞。老年的普鲁塔克对于这些当然是嗤之以鼻——多数学者都同意这一点。③但充满热情又高傲自负的年轻人却丝毫不会。

第一份讲辞这样开始："在此，将讨论机运（$τῆς Τύχης$）……必须替哲学发声"，表明这是一对并列主题讲辞的第二部分，常见于学院和修辞专业的实践中。如果其中的第一部分（主要讲$Τύχη$［机运］）保存了下来，我们对第二部分（即我们现在所掌握的第一份讲

① Tarn, *Alexander*，前揭，pp. 296 – 297。甚至连 Andreotti（*Historia*，V，1956，p. 274f.）都认为，普鲁塔克的哲学讲辞太过严肃。

② Ziegler（*RE*，"普鲁塔克"［Plutarchos］词条，coll. 708f.）比起前人来做了许多力所能及的工作，但他也还不敢宣称自己已经明确无疑。

③ 见 Ziegler, *R.E.*, coll. 716 –717, 721 –724, 928f.，关于普鲁塔克对修辞的成熟态度。

辞）就可以少一点没有根据的猜测。①当然，普鲁塔克在写作这些讲辞时，已经阅读了大量有关亚历山大的材料。这并不稀奇：演说者必须博学，在普鲁塔克生活的年代，这一要求正在成为"第二代智术师"（second sophistic）运动②要遵守的严格信条。除了埃拉托斯忒涅斯（讲辞第 8 节所引），作者还引用了奥涅斯克瑞托斯（Onesicritus）、阿里斯托伯罗斯（Aristobolus）（两次）、托勒密、阿那克西墨涅斯（Anaximenes）、杜里斯（Duris）（《论亚历山大的机运》，章 1），以及斐拉尔科斯（Phylarchus）并再次引用阿里斯托伯罗斯（同上，章 2）。普鲁塔克当然还阅读了许多他没有引用的书。

此外，从这些讲辞和《亚历山大传》③ 中大量文字紧密对应——大多为言辞方面，可以看出，无论具体的写作时间是何时，普鲁塔克的阅读和关注在两部作品中互为基础。也许，他在开始全面写作《亚历山大传》之前读得更多一些，但是，他对亚历山大的看法的改变，不会由于这个缘故，甚至不是由于真正成熟的判断，而只是两种文体类型的不同要求使然。

正如我们所知，关于前面的段落，普鲁塔克写作时确实有可能想到了埃拉托斯忒涅斯。他在稍后引用了埃拉托斯忒涅斯的说法，即亚历山大穿着融合了波斯和马其顿风格的服饰，但拒绝接受米底

① 第二份讲辞（即《论亚历山大的机运》，章 2；《伦语》，333d 及以下）可能是对之前一份讲辞的替代：后者是替 Philosophia［哲学］回应了 Tyche［机运］，之前的那份讲辞则回应了 Arete［德性］。这有助于确认两份讲辞是一种修辞游戏。

② 相关讨论参 Croiset 的评价（*Hist. de la litt. gr.*, v, pp. 557 – 558）。我们没有任何理由去相信——有时是太过苛求了——普鲁塔克援引的内容从来没有一手材料，我们也无法相信，他自称的学识是一种欺骗。

③ 参洛布版《伦语》（卷四，p. 832f.）中的相关注释。

亚（Medes）和其他奢侈的蛮族造型；虽然我们很难发现一则"无名辑语"（*fragmentum incertae sedis*）究竟属于哪一位古代著述卷帙浩繁的作家，而且我们永远也不可能得到确定的结论，但将这些提炼后的内容放入《地理志》已经足够。① 埃拉托斯忒涅斯必定对服饰的风格感兴趣。

此外，塔恩认为，第六节为"混合了其他问题事物"，但就这一节本身而言，斯特拉博引用的段落似乎来自真正的回忆录：普鲁塔克说亚历山大区分希腊人与蛮族，不是通过穿着或装饰，而是以善恶为标准。②这一言论对后来的世界主义者而言司空见惯，但在埃拉托斯忒涅斯那里获得了言语上的共鸣，之后又被用于不同的事情，被在广义上的类似思想所夸大，这就让埃拉托斯忒涅斯成了这句话的最终来源，这一点并非不可能。

然而，回忆并不属于引证，即使很小的问题也是如此——斯特拉博所作的比对清楚地说明了这一点。虽说普鲁塔克在写这些讲辞前读了大量材料，但他随心所欲地组合这些材料，这当然完全违反了规则。演说者就像我们的应试者一样，不得不依靠记忆（memoria）。因此，我们偶尔会发现不准确的信息。③

也许我们可以进一步承认，和塔恩一样，普鲁塔克确实对那场宴会有所考虑，也有他的见解。他读过关于俄庇斯宴会和其他相关

---

① 但是，塔恩不容置疑地表明，这必定来自斯特拉博引用的上下文，但这早已超出了合理的猜测。Andreotti 认为，这根本不可能来自那部作品（*Historia*，V，1956，p. 278），但没有给出原因。这个问题不值得争论。

② "（下令……）不允许凭斗篷与圆盾……区分希腊人与蛮族，识别希腊人的标准是德性，那些有恶习之人才是蛮族。"

③ 参《论亚历山大的机运》，1.2，可能把托勒密混淆为普塞斯塔斯（Peucestas），把黎穆奈俄斯（Limnaeus）混淆为列奥那托斯（Leonnatus）；另参1.7：苏萨的婚礼人数为 100 人；1.10：在兴都库什（Hindu‑kush）举行的酒神（Bacchic）盛宴被转移到了克尔曼（Carmania）。

材料，这一点可以肯定，比如他读过托勒密的材料，因为他对宴会做了一些记录。确实，如塔恩所言，讲辞后面部分的某些言辞，[1] 似乎是对亚历山大在俄庇斯的祈祷的真实回忆。我们知道有一些具有传奇色彩的材料与托勒密的不同，详述了这一辉煌盛大的场景：[2]即使俄庇斯宴会没有塔恩所发现的哲学内涵，但宴会这一主题就像大屠杀一样，会让一些人印象深刻难以忘怀。所以，普鲁塔克会记得这一场景和祈祷就不足为奇了。

然而，我们必须注意到，虽然可能有许多不同的方式提到俄庇斯宴会，正如塔恩所发现，这是一种类似主题，但是，如果宴会真有塔恩所谓的哲学意义，那么，普鲁塔克为什么没有丝毫明确的表示呢？我们只看到无意识的回忆。这似乎已经很明显了，普鲁塔克和他阅读的材料，都没有在塔恩的那个意义上的演绎。他的心中只有两个词语 ὁμόνοια［和睦］和 κοινωνία［友谊］，当然，二者都具有为人熟知的哲学术语的特质，又彼此相关，并同和解的观念有关，当普鲁塔克需要一个引人注目的短语进行概括时，他再度提到这两个词语。

第六节提到的巨爵也是同样的情形，据说亚历山大用这尊巨爵融合了人类的不同风俗和种族。塔恩再次正确地指出，这可能追溯

---

① 1.9 开篇：ὁμόνοια καὶ εἰρήνην καὶ κοινωνία［和睦、和平、和善］（参阿里安，《亚历山大远征记》，7. 11. 9）。普鲁塔克以华丽的辞藻总结了亚历山大所谓远征亚洲事业的理想，而他的总结"似乎必然源自埃拉托斯忒涅斯，并最终来自一位聆听了［俄庇斯祈祷］的人"（塔恩语）。这是源自信仰的陈述，而非理性。Andreotti 否认这里存在任何联系，但也许注意到普鲁塔克的写作手法也表明其有限的真实性。

② 参阿里安，《亚历山大远征记》，7. 11. 9；他使用了词语 λόγος［据说］，这就是说阿里安本人不负有责任，他提到他出席的俄庇斯的宴会人数为9000。参杜里斯（雅典纳乌斯，《席间群贤》，1. 31. 17f.），普鲁塔克读过他的作品。

到大流士那尊瑰丽的巨爵，亚历山大在苏萨缴获了它并用于这个正式场合。① 既然如此，这个描述可能是真实的，来自一位惊讶于其华丽外表的人，并且流传下来，我们也可以想象，这个描述一定也给普鲁塔克留下了印象。

我们必须再次摆脱偏见：在第六节提到的巨爵不仅与埃拉托斯忒涅斯无关，也与俄庇斯的宴会无关。普鲁塔克这里谈论的亚历山大的民族混合（mixture），现代学者称之为"融合（fusion）政策"，但是，塔恩虽然反复强调这个问题，却与亚历山大在俄庇斯的"梦想"完全不同；况且这一政策主要在苏萨的婚礼上公布，当时亚历山大带领他麾下众多希腊和马其顿的朝臣军官正与高贵的伊朗新娘举办大型婚礼，这同样也是一场盛大豪华的宴会。②

已经很清楚了，对不持偏见的读者而言，如果普鲁塔克的巨爵比喻也可以回溯到真实存在的酒器，那将不在俄庇斯，而在苏萨的婚礼庆典，由于有目击者做了记录，巨爵才成为普鲁塔克笔下的那个场合的象征，因此，他获得了自己关于κρατὴρ φιλοτήσιος［爱之杯］的形象，亚历山大以此来象征种族的融合。事实上，亚历山大很可能在苏萨的婚宴上，用爱之杯举行过象征融合的仪式，③以配合象征

---

① Tarn, *Alexander*, 前揭, p. 441。当然，我们没有理由认为巨爵出现的宴会就一定是俄庇斯宴会：它自然会被用在其他正式场合，例如苏萨。

② 普鲁塔克，《亚历山大传》，章 70：这花了 9870 塔兰特（talents）。显然，某些著作家专攻此类事情，参考［亚历山大的］随军宫廷典礼官的卡瑞斯（Court Chamberlain Chares）的记述（雅典纳乌斯，《席间群贤》，12.54，538bf.）。为何要将此归于伟大的埃拉托斯忒涅斯名下？［译注］典礼官卡瑞斯即勒斯沃斯岛人米提勒涅的卡瑞斯（Chares of Mytilene）。

③ 关于这个典礼，参 Tarn, *Alexander*, 前揭, p 440。另参 Andreotti, *Historia*, V, 1956, p. 279。

两个统治者民族的融合而举行的官方仪式。①但是，这与在塔恩意义上的追梦者亚历山大毫无关系。

总而言之，普鲁塔克运用了远远超出我们希望拥有的材料，博采众取、自由拼合以服务于他华丽修辞的目的；幸运的是，我们有足够的证据还原他的手法和他使用材料时的想法。《地理志》中的埃拉托斯忒涅斯可能就是这些材料之一，但对这一材料的补充，超出了公认的引文范畴，他用自己的方式提出了一个思路和一些言辞关联。俄庇斯的宴会来自托勒密和从他开始的一些人的叙述，与此类似，他们各自心中可能对亚历山大都有不同的认识，而且都使用了各自的言辞描述亚历山大事业的初衷。

而同样甚至更为重要的苏萨婚宴，传颂更为广泛，在我们现存的文献中也被重点提及，这次婚宴为普鲁塔克提供了一个致力于民族融合的引人注目的亚历山大形象，普鲁塔克采用这个民族融合者的形象，远远超出了最初场景的有限目的，而用于追求符合其论点的效果、迎合演说家听众的要求。这一意象有着"强烈的图像性"（starke Bildlichkeit），这正是修辞练习中的特征，② 但这个意象不太可能来自埃拉托斯忒涅斯本人（其他人也不大可能），尤其不可能在一部讨论地理学的著作中运用如此气势磅礴的 140 个单词。

无论我们应该将有关"和睦使者亚历山大"（Alexander the Harmost）③

————————

① 必须要考虑更长的时间跨度。注意第 7 节再次出现这个不常见的单词 φιλοτήσιος［爱］，而且的确与苏萨的婚宴有关（φιλοτήσιον ἐπάδων μέλος［歌唱爱的旋律]），那么，在普鲁塔克的心中，这个单词显然与这个场景有关。普鲁塔克可能择取了一份夸大描述这个场景的材料，但我们已经知道他如何改变和改编他的材料。

② Wilhelm Schmid und Otto Stählin, *Geschichte der griechischen Literatur*, ii⁶, p. 504.

③ ［译按］根据塔恩原文，此处没有译作"主帅亚历山大"。

的思想归之于普鲁塔克，还是归之于某个不知名的人物，如今都已经无关紧要了；虽然前者从理论上来说更有可能，但经过一个世纪的原始资料研究（Quellenforschung），如果考虑到这些疑问，如今倒不妨提出这一不知名者的假设。无论如何，埃拉托斯忒涅斯的辑语，尽管少之又少，但很幸运地摆脱了那些歌颂早期帝国（Early Empire）的花言巧语。①

四　亚里士多德与蛮族

我们常将普鲁塔克的段落与斯特拉博引用的内容放在一起，因为其中既有埃拉托斯忒涅斯的辑语，也涉及亚里士多德，例如，认为亚里士多德既把蛮族描述为敌人，又把他们等同于动物和植物。②本文无意于考察亚里士多德那整套混乱的奴隶制观点——无论新的考察会有怎样的收获，③但他对蛮族的态度必须有所说明。

《政治学》卷一有一处著名的段落，其明显的意味是，蛮族天生就是奴隶（亚里士多德，　《政治学》，卷一，1252b）:④他将 φύσει ἄρχον［天生的统治者］定义为"能够运筹帷幄之人"；其对立

① 随意将普鲁塔克和埃拉托斯忒涅斯等同起来，这似乎导致了哲学著作中出现了一些奇怪的结果，例如 *Gnomon*, XXIV, 1952, pp. 381 - 382；不过我只是从相关评论中得知这一情形。
② 辑语 658（Rose³）。参最近 Ross 编辑的《辑语集》（*Fragmenta Selecta*），pp. 61 - 63。参 Tarn, *Alexander*, 前揭, p 402；Jaeger, *Aristotle*², p. 259。还是 Andreotti 真正诚实地提出了反对意见，他细致谨慎的讨论可谓一副强效解毒剂。我并不赞同他的有些观点，下文会阐明原因。
③ 证据几乎仅限于《政治学》。显然，从实践出发，他发现奴隶制难以自圆其说。参 Newman, i, p. 114 及以下；Susemihl - Hicks, p. 24f.；另参这些注疏者对相关段落的笺注。参 Andreotti, *Historia*, V, 1956, p. 258f.。
④ 我不明白 Andreotti（同上）为何对亚里士多德在《政治学》卷一中的态度提出质疑。

面则是 *φύσει δοῦλον*［天生的奴隶］，是"能够辛苦劳作之人"；因此，两者互补而缺一不可。他继续说，蛮族缺乏"*ύσει ἄρχον*［天生的统治者］，这当然与他刚刚下的定义有关。然后，他继续沿着这条线论证下去，认为希腊人应该统治蛮族，并挑明说：

> 蛮族与奴隶在本性上一致。

在这一点上，亚里士多德显然遵循了迂腐的希腊"流俗哲学"观念，①这当然无比草率，我们很有必要加以质疑。在后来的文本里，他提及蛮族时（《政治学》，卷三，1285a）谈到了蛮族之间的差异："某些"蛮族中也存在专制君主制，并且尽管蛮族作为一个整体，比希腊人 *δουλικώτεροι τὰ ἤδη φύσει*［天生更具奴性］，但是，那些亚洲的蛮族比欧罗巴蛮族更甚。亚里士多德在第七卷又修正了这个说法（《政治学》，卷七，1327b）：②那些在欧罗巴以及寒冷地带的人更有 *θυμός*［血气］，但缺乏 *διανοία*［思想］和 *τέχνη*［技艺］，因此他们倾向于保持自由，但这样无法形成城邦或帝国；而那些亚洲蛮族却拥有相反的品质，因此他们仍然处于被奴役的状态。所以，尽管仍然只有希腊人结合了这两种德性，但我们远没有真正彻底地批判第一卷的观点。

对《政治学》写作年代的推定，是研究亚里士多德思想的长期困惑之一，③ 我无意也无力涉足该领域；但对于一个思考此处所列内

---

① 参亚里士多德，《政治学》，卷一，1255a；关于这种情结，参伊索克拉底。

② 当然，这里运用——也是几句代表性的改写——了希波克拉底的气候影响论：亚里士多德已经开始认真研究和严肃对待这一问题。

③ Jaeger 的观点（*Aristotle*，p. 263f.：卷一到卷六属于较晚完成的内容，卷一则是全书的序言）已经得到了广泛的讨论（参 Nuyens, *L'év. de la psych. d'Arist.*，p. 194f.）。也许将每一卷单独作为一个整体的讨论倾向太强烈了。

容——姑且不论它们所在的具体卷数——的人来说，似乎很明显，卷一的内容不像出自那位在后几卷中对这个问题进行细致讨论的人，那么，卷一关于蛮族的说法只可能产生于一个基于流俗哲学的先在（aprior）观念，而后又经过进一步的研究和修改。

更有证据表明，由于尊重实证研究，亚里士多德也持有埃拉托斯忒涅斯称之为"有教养的蛮族"的观念，例如埃及人，[①]尤其是迦太基人，他们拥有令人敬佩的 πολιτεία［政制］。[②] 耶格（Jaeger）认为亚里士多德的哲学发展是一个整体，不论是否同意他的看法，我们可以认为，亚里士多德对蛮族的观点，在他和他的学生的实证研究影响下，发生了改变并远离了流俗哲学的观念，产生了有关 νόμιμα βαρβαρικά［蛮族礼俗］及其πολιτείας［政制］的观念。[③]

去探知这一改变何时发生将会十分有趣，虽然尚无法确定，但也许有一些证据直接关系到我们目前考察的问题。我们没有理由

---

① 《政治学》，卷七，1329b。注意这一句："而他们一直拥有律法和政治体系。"视这句话为伪造而将之剔除是相当武断的行为（事实上，Newman 的论述就是这种态度，参 i，p. 573f.）。

② 《政治学》，卷二，1272b 及以下，"迦太基出色的政制"。迦太基人的政体之前就被人们知晓和称赞过，甚至年迈的柏拉图也探索过迦太基（或许是在西西里岛的经历？），参柏拉图，《法义》，卷二，674a。但对于亚里士多德来说，持有这样的判断并写入《政治学》第一卷，还是有点难以置信。关于迦太基，另参《政治学》，卷四，1293b；卷六，1320b；卷七，1324b。这也许是最有趣的地方，因为似乎（连同上下文）直接提到了νόμιμα βαρβαρικά［蛮族的礼俗］。关于所有这些的讨论（以及关于蛮族的思想观点），如果去比较 Jaeger 的观点和亚里士多德的"自我辩论"（self‐polemic），将会十分有趣。

③ 列举了包括迦太基政制和希腊人的各种政制在内的具体段落，本文最后一个注释会再讨论。Hanno 使用了泡赛尼阿斯（《希腊地理志》，5.6.2，1307a）的相应内容。关于亚里士多德《政治学》中运用的方法（至少在其创作的某个阶段所使用），参亚里士多德，《尼各马可伦理学》，1181b，其中可能还存在"自我论辩"的迹象。

认为，传统上由亚历山大的征服而拓展的视野对此起到了影响，当然这也不是对这位君王的思想（无论是何种思想）所做的任何回应。尽管，众所周知，《政治学》至少有部分内容写于亚历山大登基之后（参《政治学》，卷五，1311b），但亚里士多德文本中没有一个字能够暗示这种影响的存在。确实，我们的证据显示，这并不是一个去了解更好的蛮族的机会，而是一个去了解蛮族的更好机会；而亚历山大本人对此的思想都集中于伊朗民族，① 亚里士多德并没有表现出对这个民族的特别兴趣，也没有称之为"令人钦佩的蛮族"。

现在我们有必要回到普鲁塔克的引文，这是我们研究的直接对象。因此，很清楚，无论那段引文实际上何时写就，它都不是亚里士多德的最终观点。很不幸，引文的确切来源有疑问。我们已经知道，在希腊化时期尚存有亚里士多德致亚历山大的书简，并被编成四卷。② 其中有一封专门讨论了王权问题，我们还知道，这是亚里士多德应亚历山大之邀而写；还有一部对话（或者看起来是一篇对话）题为 Ἀλέξανδρος ἤ ὑπὲρ ἀποίκων'（？）［亚历山大的上升（？）］。③ 相关的辑语通常未经思考就直接归属于这篇对话，但也许这是最不可能的来源：因为作为一篇对话，它没有严格的 συμβουλεύειν［劝告］功能——用普鲁塔克的原话来说；尽管无论何种情况，我们都有理由

---

① 这一问题同样需要重新考查，参 Hampl, *Robinson Studies*, ii, p. 827f, 主要参考作者的评论。

② 它们出现在了著作列表之中（参 Ross 他在牛津版译本第十二卷导读中的讨论），西塞罗似乎知晓这些信件（《致阿提库斯》［*Att.*］, 12. 40. 2）；德墨特里俄斯（Demetrius）亦然（《论文体风格》［*de eloc.*］, 234）（［译注］即法勒隆的德墨特里俄斯）。

③ 参 Ross，同上，另参 *Fragmenta Selecta* 辑语，前揭，pp. 61－63。我们尚不清楚这则对话的标题是什么意思。

说，这部对话发生的时间可能要比通常设想的时间早很多。①

巧合的是，西塞罗使用了这个特殊词语 *συμβουλευτικός* ［劝谏］，其出处似乎就是一封亚里士多德致亚历山大的书信：西塞罗以此命名自己准备寄给恺撒的书信，并引用《亚里士多德致亚历山大》的书简作为这种类型的例子。②因此，尽管"关于王者"的讨论仍然可能存在，但是，这些实为哲学论文的《书信》③ 是最可能的资料来源。那么，关于王权的讨论必定写于亚历山大登基之时。④

当然，我们无从得知书写这些《书信》的确切日期；但如果我们的引文确实出自一封书信，那么，相关书信必定写于一个较早的时期，而且，其余书信（至少有一整卷）也具有相似的性质。因为西塞罗发现，这些书信——以及其他作者的类似文字——"真诚地歌颂亚历山大大帝"（《致阿提库斯》，12.40.2）：这些信写给一位"渴望获得真正荣耀的年轻人"，他需要良好的建议（同上，13.28.2）。然而，西塞罗在一个非常时期写下了这些话，在他看来，亚历山大在登基之后便彻底堕落了。⑤

---

① Ross 当然像通常以为的那样，相信对话很早就是一个整体；此外，他就像其他研究这一问题的学者一样，将它与亚历山大在亚洲和埃及的殖民活动联系起来。但亚历山大是否征询过亚里士多德对于（如材料告诉我们的他所开展的）殖民活动的建议，这在当时十分可疑；无论如何，我们有理由假设，这一作品就是写于亚历山大着手建立第一个殖民地之时。时间不晚，大约公元前 340 年，在他即位之前，地点也不是亚洲（或埃及）而是欧洲（关于亚历山大城，参普鲁塔克，《亚历山大传》，9.1 ［译注：16 岁的亚历山大击溃王国北境的麦德伊（Maidoi）人，将其都城改名为亚历山大城］）。这个通常会被讨论者忽略的事件，似乎可以为那篇作品提供一个可靠的背景。

② 西塞罗，《致阿提库斯》，12.40.2；参 suasiones ［建议］，13.28.2。

③ 这在"德墨特里俄斯"（上引）中有详述。

④ 参 Jaeger, *Aristotle*, 前揭，p. 311。

⑤ 《致阿提库斯》，13.28.2。关于这段的讨论，可参拙作，*CQ*, n. s., VII, 1958。

因此，如果属实的话，我们的引文必定是亚里士多德在亚历山大死前大约 14 年所写。如今我们已经知道，名人书简是希腊化时期的伪造者们最喜欢涉猎的一个领域；①但就我们的证据而言，我们没有理由怀疑其真实性，至少普鲁塔克采用了这份材料。

这与我们在《政治学》卷一中看到的亚里士多德的观点不谋而合。《政治学》卷一里，亚里士多德已经将蛮族等同于奴隶；此外，我们还发现，天生的主人和天生的奴隶之间的区别之大，如同人类与动物之间的区别，而天生的主人对于天生的奴隶，就像人应该统治家畜。②因此，写下这些内容的时候，亚里士多德真的相信，蛮族应该——甚至是为他们好——被统治，而且，他们也与被人类这样的 τὸ φύσει ἄρχον［天生统治者］统治的动物不同。这正是普鲁塔克引述的亚里士多德给予亚历山大的建议。③因此，这段内容确实写于亚里士多德思想发生变化之前的时期。

我们可以说，亚里士多德在那个时刻曾劝告亚历山大，视蛮族为奴隶和动物，具体出处可能是亚历山大登基时写给他的一封书信，他还建议亚历山大要认识到，统治蛮族既是为了蛮族也是为了统治者的利益。亚里士多德在《政治学》卷一的段落中表示了相同的态度，但是，在经过了实证研究之后，受此影响，在他生命的最后几年里，他改变了这个想法。我们也可以认为，斯特拉博引用的埃拉

---

① 尤参 Pearson, *Historia*, III, 1954, p. 443f.；由于自己设定的标准，他先验地无法接受任何书信为真迹。

② 亚里士多德，《政治学》，卷一，1254b；参 Buchner, *Hermes*, LXXXII, 1954, p. 381f.。

③ 在分析了普鲁塔克讲辞中使用材料的方式后，我们可能会拒绝 ἢ φυτοῖς［植物］一词，就任何严谨的意义而言，亚里士多德似乎并不可能这么说，这与他的心理相违背；而且，正如我们已经看到的，亚里士多德所写的是严谨的哲学著作。责任当在普鲁塔克，他在写作修辞学上的著作时，更关注强调重点而不重视准确的引述。Andreotti 以不同的方式，得出了类似的结论。

托斯忒涅斯也拥有相同的最终来源。正如我们所知，亚历山大在那
段引文里得到建议（尚不知此人的名字），要视蛮族为敌人而待希腊
人如朋友。现在应该十分清楚了，普鲁塔克援引的亚里士多德的观
点中存在很大的差别，我们没有任何证据将那个匿名者的建议说成
亚里士多德的建议。①

　　我们已经在一些细节上发现，普鲁塔克实际上并没有引用埃拉
托斯忒涅斯；原先以为属于亚里士多德的一个令人厌恶的观点，现
在看来，他本人很可能从未持有；而我们的讨论顺带得出的结论，
对于准确地考察亚历山大的思想却非常重要。

---

　　① 参 Andreotti，*Historia*，V，1956，p. 258。这个观点已是老生常谈，在
伊索克拉底那里俯拾皆是，而埃拉托斯忒涅斯可能从别处获得，这没有什么特
别之处（比如德墨斯忒涅斯，《驳梅底亚斯》［*Meid.*］，49）。然而，我们一定
不能将这与亚里士多德表达的观点等同起来，然后再断定亚里士多德也持有这
种观点。当然，他可能会有这样的思想，因为这是他的老师柏拉图的观点，但
确实没有证据能证明他本人持有此观点。

　　至于柏拉图，也有学者否认他持有这样的观点，尽管在《王制》，卷五，
469f.（尤参 470c）有所体现；但是，至少在《法义》中不存在与这些段落相
应的地方，长篇引用（参 Andreotti，*Historia*，V，1956，p. 263，n. 29）有时消
弭于仔细的考察之中，有时还没有一句"希腊和蛮族"更具有实质性。有些人
（比如 Andreotti，*Historia*，V，1956，p. 262，但这是一个老论题了）想用《治
邦者》（263c）为例，来说明柏拉图没有把人类划分成希腊人和蛮族这样的基
本分类，他们必然坚持主张，柏拉图认为将有生命者划分为人类和动物的做法
同样也不重要。这两个对应的例子皆为埃利亚异乡人（Eleatic stranger）所引
用。这个问题并不是很相关，重要之处在于，这不是划分，而是区别。

塔恩以及亚历山大的理想

托　德（Richard A. Todd）撰
纪　盛　译

　　杰出的希腊化文明史学家塔恩爵士（Sir William Woodthorpe Tarn）著作等身，成就斐然，此外，他还为自己的女儿写过一部童话故事，名为《雾岛的宝藏》。[①] 故事中有一位洗心革面的恶棍约雅斤（Jeconiah），有一次他提出想听童话故事，负责治疗的医生建议："若没有童话故事，可以尝试给他一本历史书，他永远也不会知道两者的差别。"最近，某位学者就塔恩的一部历史著作做了类似的评价：

　　　　塔恩代表了一种最卓越的和典型的……姿态，使得从政治史的角度来严肃认真地研究亚历山大的统治不仅不可能，而且（对多数学者而言）几乎无法想象。将一位功成名就的军事领袖

---

　　① Sir William Woodthorpe Tarn, *The Treasure of the Isle of Mist*, New York, 1934, p. 169.

包裹在浪漫的理想化光环之中，绝非历史学家的职责。①

的确如此，塔恩在其童话故事中体现出的生动想象和崇高理想，正是其历史著作中的突出品质，也是这些论著得以成功的重要因素，但与此同时，却又在某种程度上贬损了其著作的声誉，尤其是学术研究所讲求的扎实和严谨。然而，在塔恩的思想中还存在其他的品质，使他远远超越了一位单纯的历史传奇小说家。其中之一，被阿德科克（Adcock）称为"经由法学训练而获得的判断力与敏锐感"。②

塔恩并非一位"专业的"历史学家。更确切地说，他从未获得过历史学学位，当他成为一名学院和大学讲师后，也没有这样的必要。他于伊顿公学毕业后，入三一学院和剑桥大学修习希腊哲学，随后转向法学。直到 1905 年他（36 岁时）身体健康出现问题后，他才决定把自己的一生奉献给古希腊历史的研究。③ 他于 1914 年发表的第一部著作《安提戈诺斯·戈纳塔斯》（*Antigonos Gonatas*）至今仍为人们所称道：

> 塔恩先生作为一名职业律师——他们中的一位训练有素却未从事教学者，他是英国古典学界的骄傲。④

他学术研究的高产期，大致介于两次世界大战之间的 20 年，他

---

① E. Badian, "The Death of Parmenio", *Transactions of the American Philological Association*, XCI, 1960, p. 324.

② F. E. Adcock, *Gnomon*, XXX, 1958, p. 317.

③ 不过，他之前在古希腊历史领域已有所研究。他的研究《巴克特里亚与印度的希腊文化札记》（"Notes on Hellenism in Bactria and India"）刊登于 1902 年的《希腊研究杂志》（*Journal of Hellenic Studies*）。

④ W. S. Ferguson, *Classical Philology*, IX, 1914, pp. 323 – 324.

分别居住在伦敦和他在苏格兰因弗内斯（Inverness）附近的家中。通常认为，他花了半年时间在城里收集资料，然后退隐到安静的苏格兰家中进行写作。阿德科克恰如其分地描述了他的这一形象：

> ［作为］那批英国学者中的新近代表，他们把闲暇时光当作他们学术的助手，把学术研究作为他们生活的同伴。①

我们可以试想，塔恩作为历史学家的写作手法与研究风格背后，站着一位律师：他掌握了证据，使每一份材料都服从于他的安排，整编所有内容以维护他的主张，满怀热情地相信那个合理的动机。即使是古希腊史中极为细枝末节的问题，例如，希腊战舰的划桨，或腓力五世（Philip V）的妻子，他投入的精力和坚定的态度，都像对待重大历史事件一样。一位友人曾对韦尔斯（C. Bradford Welles）说：

> 读塔恩的著作就像走在表面凝固的玻璃溶液上，通过它你可以看见并感受到下面充满大量炽热和熔化的物质。②

尽管他有着强烈的偏见，常招致大批学者的反对，但不可否认，这正是他著作中最为吸引人的特点之一。只要让他触碰到构成古希腊史的众多微不足道和毫无关联的史实中的一件，这一细微之处就会变得重要和活跃，他会让每一个独特的史实都重获关注。塔恩如果能坚持他的职业，定将成为一名无比杰出的律师，这一点从他为亚历山大大帝所作的精彩辩护中可见一斑。③ 他为亚历山大作的无罪

---

① F. E. Adcock, *Gnomon*, XXX, 1958, p. 317.

② C. Bradford Welles, *Gnomon*, XXII, 1950, p. 53.

③ 载于 1933 年的《不列颠学院学报》（*Proceedings of the British Academy*），以及两卷本《亚历山大大帝》（*Alexander the Great*, Cambridge, 1948）。

辩护获得了如此辉煌的成功，直到最近才有学者①敢斗胆重提对亚历山大的陈旧指控：残暴专横、狂妄自大、滥杀无辜，对于这些罪名确凿无疑的证据始终存在，尽管可能存在不同的解读。

在塔恩所写的无数著作和论文中，有许多既体现了他扎实的学术功底又表现出他出色的表达能力。其中最杰出也是最有价值的是他的《希腊化文明》（*Hellenistic Civilisation*）② 一书，现已有了第三版，该书表明他能够掌握杂乱无章且费解复杂的细枝末节，而研究古希腊历史的学者，必须用这些内容构建出一个条理清晰的综合体系。

《希腊人在巴克特里亚与印度》（*The Greeks in Bactria and India*）③ 可能是塔恩最具野心的著作，在很多方面可能是他最杰出也是最易遭受攻击的成就。埃德森（Edson）的相关印象说明了这种模棱两可的情况：

> 他开创了研究古代希腊历史的一个全新领域，作者对历史事件的重构，精通看似毫不做作的书写手法，成就了这种动人而又浪漫的叙事方式。他在拓展研究视角和激发历史思辨上的才力无可争辩，在老一辈的学者中，塔恩的著作绝对称得上是对古典史研究最重要的贡献之一。
>
> 但在最初的兴奋之情，或者说审美的愉悦消退之后，读者便会产生疑惑：这一切是真的吗？④

这是一个很普遍的经历。作者的许多结论都遭到了猛烈的抨击，

---

① 主要参 E. Badian, *Historia*, 1958; *Classical Quarterly*, VIII, 1958, p. 156; *TAPhA*, XCI, 1960, p. 324ff. 。

② W. W. Tarn & G. T. Griffith, *Hellenistic Civilisation*, 3d. ed, London, 1952.

③ Tarn, *The Greeks in Bactria and India*, 2d. ed, Cambridge, 1951.

④ Edson, *Classical l Philology*, XLIX, 1954, p. 112.

同时也取得了一些成果。然而其成就的影响依然健在。阿尔特海姆（Altheim）的坦诚可以说明这种情形，[1] 他是一位彻头彻尾完全不接受塔恩的人，但他的《亚洲史》（*Weltgeschichte Asiens*）若没有塔恩绝不可能完成。塔恩曾经描绘的场景，让那些即使拒绝如此看待公元前2世纪东方希腊文明的人都不得不借助他的双眼。

塔恩最出名的是他对亚历山大大帝的公正刻画，因为亚历山大似乎处于他思想的核心；而亚历山大的形象一直体现在他的作品中。因此，对该母题的考察，应该能让我们对作为史学家的塔恩有更多的了解。《亚历山大大帝》卷一结尾正是他那个意象的巅峰：

> 亚里士多德的城邦，对其自身边界之外的人性始终漠不关心；陌生人依然不是奴隶就是敌人。亚历山大改变了这一切。当他宣布所有人都是同一个父亲的孩子，当他在俄庇斯（Opis）祈祷马其顿人和波斯人成为一个共同体的伙伴，并祈祷在他的世界里所有的人民都能和谐相处、团结一心时，他是最早正式宣告了四海之内皆兄弟和人类大一统的人……最重要的是，亚历山大启迪了芝诺构想的世界，在那里所有人彼此互为一个群体的成员，同为一个城邦的城邦民，人与人之间不存在种族和制度之别，臣民们只需遵从宇宙内在的自然法则和谐相处，团结在同一个社会中，不是被迫而是发自内心，或（如芝诺所言）因为爱……[2]

可能是塔恩对亚历山大的钦佩之情，导致他歪曲地评判了亚历山大的对手，波斯国王大流士。塔恩对大流士如是评判：

---

① 参 C. B. Welles, *Gnomon*, XXII, 1950, p. 53。

② Tarn, *Alexander the Great*, 前揭, I, pp. 147–148。

> 他具有齐家的德性；然而他只是那类可怜的僭主，怯懦而
> 无能。（同上，页58）

这一说法十分灵巧而优雅地表达了当时马其顿人的观点，但没
有考虑到希腊史料的偏见，在好的情况下，只是宣扬对大流士的敌
意，但在糟糕的情形下，他们只是不停重复亚历山大鼓舞军队的宣
传话语。

亚历山大的愿景对于塔恩的思想有多重要，可以从他频繁地以
亚历山大为标准去衡量其他历史人物的做法中看出，他将四海之内
皆兄弟和人类大一统置于最让人意想不到的高度。他对马其顿国王
安提戈诺斯·戈纳塔斯的评价多少还是公正的，[①] 塔恩认为，安提戈
诺斯是第一位视自己为人民之仆的君王，因为廊下派的芝诺是他的
知己，而他也极有可能曾对儿子说："你还不明白吗？孩子，我们的
王权是高尚的苦役。"

但是，亚历山大理想化的形象还照耀了其他不太可能的统治者，
比如巴克特里亚和印度的希腊君主，继亚历山大之后，他们在东方
维持王权约两个世纪之久——按照通常的皇家方式，这一点为多数
学者所都认同。但塔恩的判断不同。塔恩认为，公元前 2 世纪的统
治者德墨特里俄斯

> 维持了希腊人和印度人之间的伙伴关系；他对印度臣民而
> 言并非一位希腊君王，更像一位印度君王，是两个民族的共同
> 领袖……这已经表明，德墨特里俄斯有意模仿亚历山大，但他
> 在这件事上的灵感，绝非来自亚历山大在比亚斯河（Beas）浴
> 血奋战的拼杀，而是他想象得到的来自亚历山大的更美好的东
> 西，那位在俄庇斯祈求马其顿人和波斯人之间实现联合统治的

---

① Tarn, *Antigonos Gonatas*, Oxford, 1913, p. 256.

人，那位被埃拉托斯忒涅斯称作"世界调律师"的人，那位曾梦想着实现人类大一统的人。①

对于这位巴克特里亚（Bactria）的德墨特里俄斯，我们所知甚少，也许可以对他作疑伪从真的判断，但那些证据确实很奇怪。并且，塔恩还试图把埃及国王爱父者托勒密四世（Ptolemy IV, Philopator）归入亚历山大理想的传统中，而在珀律比俄斯（Polybius）笔下，他则"专注于卑劣的阴谋，愚蠢无知，且醉酒成性"（珀律比俄斯，《罗马兴志》，5.34）。对四海之内皆兄弟的梦想源于这位爱父者对狄俄尼索斯（Dionysus）的崇拜，这是一个十分可疑的举止：

> 他一定是从他的导师埃拉托斯忒涅斯那里领悟到，希腊人之外其他种族也是人类大家庭中的兄弟；并且很有可能，受到当时狄俄尼索斯的别称萨巴奇俄斯（Sabazius）和犹太人的萨巴俄忒（Sabaoth）之间相似关系的影响，②他希望能将犹太人和希腊人一同团结在对狄俄尼索斯的崇拜中，就像托勒密一世曾试图通过对萨拉庇斯的崇拜来团结希腊人和埃及人；并且由于萨拉庇斯，就是奥西里斯－俄庇斯（Osiris－Apis），也可等同于狄俄尼索斯，这位爱父者可能怀着一个梦想，有一个普世宗教，无分贵贱，能赋予其信徒以不朽，这将调和他的复合型帝国中的三个主要民族……③

最后，没有谁比克里奥帕特拉（Cleopatra）更配得上被称为继承了亚历山大之志的人：

---

① Tarn, *The Greeks in Bactria and India*，前揭，p. 181。
② ［译注］Sabazius，弗里吉亚人的主神，又因后缀"－zius"，被等同于宙斯。Sabaoth，亚卫的名号之一，意指军队之神。
③ *Cambridge Ancient History*, VII, p. 727.

　　在她与土生土长的埃及人的关系中，她的立场似乎与亚历山大更接近，在某种程度上她赢得了埃及人的信任。一个原因可能是，她能用他们的语言与他们交流，这在马其顿血统的君主中绝无仅有；但更重要的可能是她对本土宗教的同情态度，这奠定了她在宗教上的魅力。亚历山大也曾向俄庇斯献祭，但她走得更远：登基伊始，她便去到上埃及，那片历史悠久但在政治上不满的核心地区，她走在她的舰队前，在人群的簇拥之中，在忒拜和赫尔蒙蒂斯（Hermonthis）的市民和祭司面前，亲自护送一个头新的布奇斯（Buchis）圣牛①到它的圣所……②

　　读一读塔恩的童话《雾岛的宝藏》，有助于我们理解他为什么选择在希腊化时代的诸王中寻找这样的善意，因为，小女孩菲奥娜（Fiona，他的女儿）所探求所寻觅的，不是一种实质性的东西，而是对自己崇高理想的一种领悟。③ 她真正发现的是：使人声名鼎盛的是一个破旧的小号；阿弗洛狄忒的那条腰带美丽夺目，却不受人待见；那根铸铁的权杖象征了王权，也意味着流亡；而比起所有这些或其他任何宝藏更好的，是宽宥敌人时的喜悦。最后，小女孩发现，这一宽恕行为能够创造奇迹，能让罪人约雅斤回到人之初性本善的状态。这本书的作者应该是在寻找四海之内皆兄弟和人类大一统的

---

　　① ［译注］布奇斯，埃及赫尔蒙蒂斯地区崇拜的牛神，形象是一头双角托日的黑牛，故将 Bucheum 译作布奇斯圣所。

　　② *Cambridge Ancient History*，X，p. 36. 她和亚历山大一样，为其醉酒成性的指控而辩护（p. 38）。上埃及之行可能确实发生过（参 Tarn，"The Bucheum Stelae：a Note"，*Journal of Roman Studies*，XXVI，1936，pp. 187－189），虽然尚存争议（参 T. C. Skeat，*The Reigns of the Ptolemies*；*Münchener Beiträge*，XXXIX，1954，p. 41）。然而，所有这些有关克里奥帕特拉统治的证据，都无法佐证塔恩为她所作的称颂。

　　③ Tarn，*The Treasure of the Isle of Mist*，前揭，pp. 155ff. 。

理想，无论他希望在哪里找到——古代世界或现代世界——都不足为奇。

塔恩的理想主义是否还意味着乐观态度？换言之，他是否视历史的进程如故事的发展，一如麦考莱（Macaulay）？或者，他是否认为四海之内皆兄弟和人类大一统的理想极为罕见，虽矢志不渝但终究会消逝在自私的世界当中，是一个注定会失败的理想，这就更像卡莱尔（Carlyle），他是否赞同他对时势造英雄的赞赏？最接近这个问题的答案可以在他的亚历山大著作的最后一句话中找到。亚历山大的理想，在这位英雄的岁月中，被描述为一个"无望的梦想"，但后世对这个梦想的感怀表明这并非完全徒劳：

> 毫无疑问，一条源自他在俄庇斯祈祷的谱系，从廊下派贯穿基督教的部分理想，一直到法国大革命四海之内皆兄弟的宣告——尽管只是宣告。亚历山大点燃的火炬一直在燃烧，也许至今还处于阴燃的状态，但从未也绝不可能完全熄灭。①

但这段话写于 1926 年。后来（约 1948 年）对这段文字的注释显示出了更多的犹豫。

> 我这段话的最后那部分实际写于 1926 年。自那以后，我们已经见证了它的新生、畸形、依旧流浪于世而从未实现，所以我不知道该如何重写。

塔恩对四海之内皆兄弟这一理想未来愿景的认知，几乎使他的余生失去了快乐。②

---

① Tarn, *Alexander the Great*，前揭，I，p. 148。

② 参 Adcock, *Gnomon*, XXX, 1958, p. 318。塔恩的晚年生活充满了痛苦与不幸。他于 1957 年逝世，享年 89 岁。

塔恩对亚历山大的辩护极为出色，但这件事又一次反驳了他。如果照目前的趋势继续下去，亚历山大很可能会从他如今所处的天堂附近跌落到地狱的深渊。在那些言论中，可能正确的批评要远远多过错误的批判。在古代世界真实的政治权力中，只剩下一块微小的领域留给塔恩所期望找到的理想主义。然而，承认这一点，并不会减损他伟大的成就。比起任何其他历史学家，只有塔恩称得上是将希腊化历史的枯骨变得有血有肉的人。

亚历山大大帝与"和睦"政治

莫里亚克（Henry M. De Mauriac）撰

纪　盛　译

一

公元前336年，马其顿国王腓力遇害，他年仅20岁的儿子亚历山大继位。[①] 此后的两年，这位年轻的国王处置了他的政敌，巩固了

---

①　亚历山大大帝的时代并非没有历史撰述者。比如卡里斯忒涅斯（Callisthenes），陪同亚历山大东征的哲人，他记录了直到大流士之死前所发生的事件；托勒密，亚历山大的一位将军，后来的埃及国王；奈尔科斯（Nearchus），率领亚历山大的舰队从印度河经波斯湾返航的海军司令；奥涅斯克瑞托斯（Onesicritus），奈尔科斯舰队的领航员；以及阿里斯托伯罗斯（Aristobolus），亚历山大印度冒险的向导。在公元前4世纪，或可能是3世纪，克莱塔科斯（Cleitarchus）撰写了一部绘声绘色但不太可靠的亚历山大远征亚洲的著作。所有这些资料都已佚失，但这些都对后世作家产生了重要的影响。

可能对于亚历山大最可靠、最清晰的记载还是阿里安（约公元150年）的《亚历山大远征记》（*Anabasis*）和《印度战记》（*Indica*）。目前可以辨别出，他的《亚历山大远征记》基于托勒密和阿里斯托伯罗斯记载的内容，而《印度战记》

他作为柯林斯联盟霸主的地位,整军经武准备东征。公元前334年,一切工作准备就绪,亚历山大大帝以一支35000人的军队,越过赫勒斯滂沱(Hellespont)。亚历山大大帝于格拉尼库斯河(Granicus)首次对阵波斯,击败了当地总督们率领的军队。之后,他接连战胜了为数不多但装备精良的波斯守军,并在伊苏斯击退了御驾亲征的大王大流士。①紧接着就席卷推罗(Tyre),占领加沙(Gaza),然后剑指非洲,长驱直入尼罗河流域。在确保了埃及人对他的效忠后,亚历山大率部返回波斯,在高加米拉(Gaugamela)战役彻底击溃大流士的主力部队(公元前331年)。是役,亚历山大完全粉碎了伊朗人有组织的

则基于阿里斯托伯罗斯和奈尔科斯的叙述。西西里的狄奥多罗斯(Diodorus Siculus,约公元前20年)的《史籍》(Bibliotheca historica)借鉴了克莱塔科斯。这部著作的现存部分中,卷11–20涉及亚历山大。库尔提乌斯(约公元42年)的《亚历山大大帝的事迹》(De rebus gestis Alexandri magni)也几乎完全源自克莱塔科斯。尤斯汀(Justin,公元2世纪)的《腓力家族史》(Historiarum philippicarum libri)46卷,也使用了克莱塔科斯的内容,但他使用了来自特洛古斯(Trogus,约公元10年)的《腓力家族史以及整个世界的起源及其地理状况》(Historia Philippicae et Totius Mundi Origines et Terrae Situs)中的大量史料。普鲁塔克(约公元45—125年)的《亚历山大传》也使用了克莱塔科斯的著作,但比他的前辈们使用得更为慎重。值得注意的是,克莱塔科斯的谬误主要体现在后来的史学家们都将他的作品当作相关讯息的首要来源。

许多现代学者为我们了解亚历山大做出了宝贵的贡献。他们中的许多人没有在本文脚注中提及。但是,有两位比较特别,他们关于亚历山大与希腊人关系的综合性论述非常优秀:Raymond Bugard, L'expédition d'Alexandre et la Conquète de l'Asie, Paris, 1937;Victor Ehrenberg, Alexander and the Greeks, tr. Ruth Fraenke von Velsen;Oxford, 1938。

① [译注]作者原文此处写作:"……总督们率领的军队。之后,亚历山大击溃了大流士亲率的一股人数不多的精兵",觉得不妥,伊苏斯之战大流士号称60万大军,虽有夸大(实际约13万),但不至于少于之前总督们的4万大军。且两次会战之间亚历山大连续歼灭了小亚地区不少零星的波斯驻军,故尝试如此改写(楷体部分)。

抵抗，故可称此战是具有决战性质的一役。

大流士全速撤至埃克巴坦纳（Ecbatana）和巴克特里亚（Bactria），后被当地的总督贝苏斯（Bessus）杀害。尽管在高加米拉之役后又经历了众多艰难的战斗，但波斯人已不再以一个统一战线的形式来对抗马其顿侵略者。巴比伦没有丝毫抵抗，苏萨和波斯波利斯（Persepolis）也只是一战即降。巴克特里亚和索格底亚那（Sogdiana）这些偏远的东部省份于公元前 330 至 328 年期间被征服，但这都是在与当地统治者经过在一系列激烈的战斗之后。

公元前 327 年，亚历山大大帝准备入侵印度，这次行动耗费了从公元前 327 年一直到 324 年的三年时间。公元前 324 年，亚历山大返回苏萨，在那里他将重心转向尚未完成的事业，建立一套政治体制，但这项工作再也无法完成。这位 33 岁的征服者因持续高烧病薨于公元前 323 年 6 月 13 日。

这一对亚历山大活动的回顾，虽简短而不足，但也展现出他帝国辽阔的疆土和疆域内民族的多样性。我们现在面临的问题是：亚历山大与亚洲的国土和人民之间是一种什么样的关系？我认为回答这个问题最好的方法，是讨论亚历山大关于人类大一统的思想，考查他的帝国组织形式。

二

在古典时期，希腊人十分粗暴地把人类分成两类，希腊人和非希腊人；后者被称为蛮族，通常被认为是劣等人种，尽管偶尔会有一些人，如希罗多德和色诺芬，可能会主张某些蛮族人拥有优秀的品质且值得尊敬，比如埃及人的智慧和波斯人的勇气。

但到了公元前 3 世纪，我们遇到了一批类似的意见或主张，可称其为普遍主义；认为全人类是一个整体，四海之内皆兄弟，或者无论如何应该如此。[①]

大一统的观念源自希腊的和睦（Homonoia）概念。和睦，一个很难翻译的单词，有团结与和谐的意思，也有"万众一心"之意（同上，页4）。希腊人认识到和睦令人向往，但他们却持一种消极的观念：没有派系间的纷争。

> 和睦一词几乎丝毫不包含稍后所获得的更积极的意义——一种心智的态度，这种态度可以避免战争或派系纷争，因为冲突的各方都是一个整体。（同上，页5）

通过提出"将整个希腊世界视作一个整体，而城邦间徒劳的战争和城邦内持续的派系争斗都是无意义的纷争"（同上），伊索克拉底延伸了希腊传统理解的城邦内部的统一与和谐的意义。当腓力成为柯林斯联盟霸主，伊索克拉底的提议正是这一延伸的和睦概念，并被腓力采纳。虽然伊索克拉底不接受柏拉图的观点，认为所有的蛮族都是天生的奴隶，但他运用了柏拉图的观念，提出希腊世界应该联合起来对付他们的敌人：蛮族。此处的蛮族指波斯人，而且伊索克拉底认为，最快速有效地团结全希腊的方式，就是发动一场对波斯人的圣战。

随着腓力的去世，伊索克拉底失去了影响力。作为亚里士多德的学生，亚历山大自然而然地转向了亚里士多德的和睦概念。

> 亚里士多德告诉亚历山大，待希腊如友，视蛮族为兽；但亚历山大理解得更出色，他首先把人分成善与恶两类，而不去

---

① William Woodthorpe Tarn, *Alexander The Great and the Unity of Mankind*, Reprinted from *Proceedings of the British Academy*, XIX, 1933, p. 3.

考虑他们的种族。（同上）

亚历山大可能意识到，将一个被征服的国家中的居民视为自由人而非奴隶，更易于解决行政管理问题。拉戴（Radet）支持这一观点，他认为，在亚历山大看来，民族与民族之间的区别，"与其说是种族的区别，不如说是文化差异问题"。① 虽然亚历山大并没有接受柏拉图的和睦观念，但是，柏拉图还以为，如果某种东西结构协调且令人满意，那么，任何一种这样的东西都是有可能的，而亚历山大对人类大一统的理论与柏拉图这个看法并非不符。②

亚历山大的人类大一统概念，在下面出自普鲁塔克的两个段落中得到了充分的表述：

> 他在第一处提到，他的意图是要在人类中间实现普遍的和睦、和平、和善，并使所有的人类形成一个整体；另一处，此处我将先不提及上下文而直接引用，亚历山大说，"神乃众生之父"。③

亚历山大的信念促使他渴望达到这一目的，他相信自己的行为乃神授天命，要去实现人类的和谐共处。亚历山大运用的和睦原则，给塔恩留下了极为深刻的印象，他用这段话作为他专论的总结：

> 亚历山大，因他所成就的伟业，被称为大帝（The Great），但……我不认为我们应该怀疑，他的这个想法——可称之为一个目标、一个梦想，或任何你们所认为的东西——正是他的最

① Georges Radet, *Alexandre Le Grand*, Paris, 1931, p. 45.
② Mikhail Ivanovitch Rostovtzev, *A History of the Ancient World*, I, "The Orient and Greece", Oxford, 1936, p. 352.
③ W. W. Tarn, *Alexander The Great and the Unity of Mankind*, 前揭, p. 7.

伟大之处。（同上，页 28）

三

在马其顿，亚历山大与腓力及其祖先一样，是人民和军队的国王，在他身边的本族军人保留了军队配置中的旧有权利。对于在柯林斯联盟中的希腊人而言，亚历山大被联盟赋予了霸主的权利，但同时也要履行盟约规定的义务。亚历山大作为波斯帝国的大王，对亚洲人而言是绝对的统治者，同阿契美尼德王朝一样，他视自己为已故大流士的继承者。①

当亚历山大着手为他新征服的波斯帝国建立起一套行政体系时，这正是他的立场。尽管他对自己的家乡负有一定的管理责任，但除了他之外，没有任何人能胜任帝国内的波斯和印度地区的统治。在他看来，这是一次绝佳的机会，去实践广义上的和睦。他拥有各种各样的民族，这使他能以此为基础来尝试践行这一理想，他也有绝对的权力以确保他的命令能够及时执行。在他的心目中，新帝国"最根本的实质就是希腊－东方式（Greco－Oriental）"。② 不存在小股马其顿统治阶层与庞大的未参与政权的伊朗人民的对立形式。在尽其所能的情况下，这是一项共同的事业。

在建立他的统治时，亚历山大大帝并没有忽视波斯的某些优势元素，比如在处理大帝国问题上的手段。他尤其重视波斯的权力组织结构，以及波斯总督辖区的行政效率（同上，页28）。他将这些

---

① Ulrich Wilcken, *Alexander The Great*, New York, 1933, p. 245.

② M. I. Rostovtzev, "The Hellenistic World and Its Development", *American Historical Review*, XLI, (Jan., 1936), p. 234.

都融入自己计划的行政体系。

由于亚历山大在处理个别问题的时候并不考虑其方式的统一性，所以很难对他治理下的帝国组织进行详细的审查。但总的来说，他的实践就是任命伊朗人为行政总督，而马其顿人则负责新设立的机构，尤其是税收和金融。这两个机构相互独立运作，其特点之一是尽可能地减少不当的财政支出。除了这些安排，他还任命马其顿人出任总督辖区的驻军统帅。这样，他就能确保马其顿人作为征服者的军事地位，当地的波斯人则由波斯文官统治。从印度返回后，亚历山大发现，他不在的那段时期一些波斯总督行为不端。于是，他开始起用信得过的马其顿人，公元前328年后，他再也没有任命过东方人为总督。不成功的原因并不是重点，重要的是亚历山大实际上尝试促成波斯人与马其顿人之间的合作。①

单独处理税收与金融问题，"绝对是亚历山大独创的想法"，说明他对新帝国的经济问题的十分在意。② 这一创新的总体方式是划定税收区域，通常由几个总督辖区组成。他以这种方式组织起了一个高度集中且高效运作的税收和金融机构。他通过行使金银铸币权，进一步规范了帝国的经济。③规范铸币的发行，以及对税收和金融结构的集中管理，表明亚历山大大帝的目标是使他的帝国保持统一。他在这些经济领域内的措施非常成功，在交通和通讯方面的成就也尤其突出，他为帝国内部的安全贸易开辟了道路，这是以前从未有人完成过的事业（同上，页248）。

---

① Gustave Glotz, Pierre Roussel, Robert Cohen, *Histoire Ancienne*：*Histoire Grecque*. IV，"Alexandre et l'hellénization du monde antique"，Paris，1938，pp. 232 - 242.

② Ulrich Wileken, *Alexander The Great*，前揭，p. 254。

③ Gustave Glotz etc.，"Alexandre et l'hellénization du monde antique"，前揭，pp. 228 - 232。

除了这些机械运作的行政要素，亚历山大还开创了一个双重文明政策。这一政策具有互惠的性质，其目的是让波斯人理解希腊人的文化，让希腊人了解波斯人的习俗。尽管可以明确地说亚历山大的行为值得赞扬，他计划的精髓是平等互惠，但也必须承认，该政策退化成为一个用希腊思想去教化波斯人的方案。这种教化尤其体现于希腊艺术与文学的形式。其后的东方建筑可以看到这一希腊艺术的影响，这些建筑在亚历山大帝国解体后的数个世纪仍然反映出希腊文化的影响。文明教化更进一步的活动有益于希腊人和波斯人开展科学研究，尤其是在地理学和制图学领域。

但这种由志趣所激发的探索，其研究和发现的地理知识并不比传播希腊化文明更加重要。作为希腊文化和贸易十字路口的中心，亚历山大建立的城市在传播希腊文化上扮演着重要的角色。① 同时教化和教导希腊人和波斯人最绝妙的尝试，可能就是推广跨民族的通婚。因为这是一个简单的方法，通过种族融合以防止反叛的发生，亚历山大是这个杰出想法的支持者。因此，公元前324年，在苏萨举行了场面极其盛大的婚礼，马其顿士兵和军官们统统娶了波斯妻子。亚历山大以身作则，在公元前327年娶了美貌绝伦的波斯新娘罗克珊娜（Roxana）。②

可以说，亚历山大的政策有七个主要特点：一、富有智慧地关注了波斯人的福利；二、重视波斯人的行政组织，特别是宗教；三、平衡分配马其顿人和波斯人的官职，波斯人治理民生，而马其顿人主管军事；四、使波斯"渐进再生"而不是"逐步退化"；五、帝国内的自由交通；六、支持调和不同习俗；七、赐予波斯人自由和

---

① Ulrich Wileken, *Alexander The Great*，前揭，pp. 255 – 261。

② 同上，页248；另参 M. I. Rostovtzev, "The Hellenistic World and Its Development"，前揭，p. 351。

特权，赋予本族人优越和权力。①

四

他必须在东方文化自身的基础上满足当地的人民，他必须
以他们的方式成为他们的君主。考虑到他们的偏见与歧视，宽
容同情地处理此问题最可靠的手段是在他们中间树立起一种希
腊化的文明。亚历山大展现出由一位伟大王者统治的国家，他
身边充满东方的繁复礼节和盛大排场，在他出席的各种场合中，
对他人几近苛求的自谦行为源自东方人的顺从，他采用了这条
准则，即王者具有神圣的人格……他希望最终能够在马其顿人
和波斯人中间形成如亲属关系般牢固的统一。②

这就是亚历山大作为波斯大王的情形。他选择用以实现和睦的
最恰当的方式，就是这一系列行为。

亚历山大欲以成为大王的方法存在两个重要的困难。第一，他
试图创造一种人为的社会结构，其中所有的种族与人民共同享有社
会的平等。这一尝试，由于触动了政治权力和物质财富，这些帝国
内占主导地位的元素，导致马其顿人和波斯人都十分不满。波斯人
之不满，是因为以前阿契美尼德帝国的统治阶级，如今与巴克特里
亚人、索格底亚那人、叙利亚人以及其他少数民族属于同等的社会

---

① Anonymous, *The Moral and Political Consequences of the Conquests of Alexander The Great*, Oxford, 1841, pp. 15 – 17.

② J. B. Bury, *A History of Greece to the Death of Alexander The Great*, London, p. 794.

阶层，但传统上他们却被［波斯贵族］认为是劣等民族。① 另一方面，马其顿人觉得亚历山大赐予波斯人与他们的征服者相等的社会地位，实乃背弃他们的行为。这种感觉在军队中最为明显，因为大批波斯人被混编入马其顿的军队。②

亚历山大的军队和他最亲密的朋友都强烈反对他与波斯人阿尔塔巴祖斯（Artabazus）之间过于密切的往来。他们无法接受他们的君王与一名波斯政治家之间的这种关系，因为后者明显被马其顿人视为最微不足道的那类人。③ 此外，亚历山大常常身着波斯服饰，也刺激了他身边的人。④他们还特别反感他与罗克珊娜的婚姻。他们认为，亚历山大身为马其顿国王，其显赫的出身使得他绝不能娶一位蛮族人。马其顿人并不喜欢波斯 - 马其顿王位继承人的这一概念。唯有希腊或马其顿的女人才是亚历山大可以完全接受的王后。

重要的是，对社会平等这件事的抱怨只是马其顿人更深层怨恨的表面现象，这些怨恨源于亚历山大生活中的一系列事件，比如亚历山大的神性问题。如果没有了王者的角色，马其顿人很可能会忽视其他来源的不满。为了探寻这一问题的根源，有必要考察是哪些事件导致亚历山大产生了要将自己视作神明的想法，以及这一思想在帝国行政中的应用。

我认为，罗斯托夫采夫（Rostovtzev）的陈述非常重要：

> 我们并不确知，但我倾向于确信，亚历山大把自己置于普通凡人之上，不仅仅因为他是一位王者，也不只因为自己是赫

① Frederick Allen Wright, *Alexander The Great*, London, 1934, pp. 160 - 161.

② Ulrich Wileken, *Alexander The Great*，前揭，pp. 250 - 251。

③ F. A. Wright, *Alexander The Great*，前揭，p. 164。

④ Ulrich Wileken, *Alexander The Great*，前揭，p. 249。

拉克勒斯遥远的后裔。①

这意味着亚历山大可能认为自己是神，但这一点并没有确凿证据。罗斯托夫采夫对此事的谨慎表态，我相信其原因以后会变得清晰起来，重要的是不要武断地得出结论：他认为自己是一位神圣的统治者。

公元前 333 年，亚历山大大帝来到戈尔迪（Gordion），在那里他切开了著名的戈尔迪死结（Gordian Knot）。传说解开这个结的人将能统治亚洲。起初，年轻的征服者试图解开它，但失败了，于是他抽出利剑斩断了绳结。② 死结被解开了，神谕应验了。从那时起，按照正统的观点，他觉得自己注定要统治亚洲，尤其是他得知自己是赫拉克勒斯遥远后裔的这一事实之后。

最重要的可能是公元前 332 年末至 331 初那几个月间发生在埃及的事。要理解这一事件，需要我们了解其历史背景。在亚历山大到来之前，埃及尚处于波斯人的统治下。

在大多数地区，波斯的统治都相对公正和人道，自居鲁士以降的所有国王中，只有两个人属于最坏意义上的僭主，冈比西斯（Cambyses）和奥库斯·阿塔薛西斯三世（Artaxerxes III Ochus）。③ 但也正是如此，二人给埃及人留下了对波斯君主仅有的清晰印象，一种痛苦的印象。④

冈比西斯由于亵渎神明触怒了埃及人，奥库斯则压迫和奴役了

---

① M. I. Rostovtzev, "The Orient and Greece", 前揭, p. 352。

② J. B. Bury, *A History of Greece to the Death of Alexander The Great*, 前揭, pp. 755 – 756。

③ ［译注］奥库斯是其登基前的俗名。

④ F. A. Wright, *Alexander The Great*, 前揭, p. 109。

太多的人，其数量远远超过了他的僭政所需。对埃及人而言，亚历山大就是他们的解放者，因此受到了热烈的欢迎，并迅速获得了大量的埃及式称号：强大的君主何露斯（Horus）、埃及的守护者、阿蒙（Ammon）所眷顾之人、被拉（Ra）所遴选之人、上下埃及之王、拉的秘生子（同上，页112）。

对亚历山大之后前去拜谒阿蒙神庙请求神谕的解释，反映了埃及人的普遍观点。当然，亚历山大会支持重获自由的祭司和神庙的馈赠，所以，神谕向亚历山大致敬，视其为阿蒙的儿子，这也就毫不奇怪了。对希腊人而言，阿蒙等同于他们的宙斯，这种致敬意味着亚历山大是诸神中最强者的儿子。此外，神谕鼓动亚历山大去渴望成为波斯的大王。这种鼓励在我看来十分重要，因为我认为这证实了他之前内心持有的一项使命。我也认为，罗斯托夫采夫观察到的正是这种使命感，它导致亚历山大将自己置于普通凡人之上，且极为重要。我相信正是基于这种使命感，亚历山大才会觉得自己是一个超凡的人。

当亚历山大从埃及返回并在高加米拉之役战胜大流士，他的返回带着宙斯－阿蒙之子的光环。如果不是因为大流士和他的前任们被伊朗人视为神圣，那么他这个新获得的神圣属性可能永远不会成为一件非常重要的东西。亚历山大也被认为具有一定成神的资格。当然，这些资质源于：1，他与赫拉克勒斯的关系；2，他切开了戈尔迪之结；3，宙斯－阿蒙神庙的事。这些著名事件使亚历山大易于获得成为大王所需要的特质。

对于亚历山大作为具有神性的概念与亚历山大作为肩负使命的人之间的联系，塔恩作了具体化的对比：

> 他确实说过，神乃众生之父，四海之内皆兄弟，而且，神视高贵与优秀之人为自己的子嗣；他渴望成为世界的和睦使者

与调律师——在他权力所至的那个世界；他确实曾试图将他帝国内的人民以友善与和谐的方式团结一心；作为一个开端，当他在俄庇斯祈祷马其顿人和波斯人之间的和睦并互相成为统治上的伙伴时，他的意思不是在统治层面的合作关系，而是真正意义上的大一统。①

在我看来，这种说法是对罗斯托夫采夫观点的补充。我相信这是一个合理的结论，亚历山大运用了波斯国王的神性来实现他的和睦，他"更完善的统一"的雏形。②

在成为大王的同时，亚历山大还采纳了东方君主制所具有的传统礼仪和习俗。这给他带来的麻烦比他的任何其他政治上的冒险行为都要多。马其顿人是他不得不仰赖的支持，但他们觉得他背叛了他们，抛弃了希腊人转而以波斯人取而代之。亚历山大采取的东方式的神性实践中，最为马其顿人所反对的，是践行鞠躬礼（proskynesis）：臣民须在大王面前俯伏在地表示恭敬。波斯人和希腊人对此制度的不同意见是问题的关键。波斯人认为鞠躬礼是对大王的致敬，但是，

希腊人认为"鞠躬礼"不属于一种致敬的类型，而是膜拜神灵，至少是英雄，而不是活着的人。③

拉戴表示"从未有过向人行鞠躬礼的先例……"④
我们确信，亚历山大并非企图向马其顿人积极推进东方式的专

① W. W. Tarn, *Alexander The Great and the Unity of Mankind*，前揭，pp. 27-28。
② *The Constitution of The United States*，"Preamble"．
③ Gustave Glotz etc.，"Alexandre et l'hellénization du monde antique"，前揭，p. 136。
④ Georges Radet, *Alexandre Le Grand*，前揭，p. 257。

制主义。① 事实上，他只尝试过一次，但由于普遍的不满就放弃了努力。即使这仅有的一次，与其说是强迫马其顿人宣誓顺从和效忠，不如说是举行了一次统一的宫廷礼仪。②然而，马其顿人认为这是一种成为僭主的企图。他们无比尖锐地回想起在雅典被纪念的刺杀僭主者的名字，哈尔摩狄俄斯（Harmodius）和阿里斯托革顿（Aristo-geiton）。③这一系列关系密切的事件，尤其是要求马其顿人俯伏在地的插曲，表明了亚历山大和他的军队之间不断扩大的裂隙。

鉴于以上所论，我只能得出一个结论。成神本身并非亚历山大大帝的目的，他的目的在于和睦。在这一政治行动中，他强大的军队是他最薄弱的环节。他没有能力说服马其顿人接受民族融合的必要性。④ 借助赫拉克勒斯的后裔和宙斯－阿蒙的神谕，亚历山大看到了属于他自身的神性，这对实现他自己提出的联合事业而言，是一件既优秀又合适的工具。他动用了所有他能动用的资源，只为创造一个充满和睦的帝国。

---

① Ulrich Wileken, *Alexander The Great*，前揭，p. 250。

② J. B. Bury, *A History of Greece to the Death of Alexander The Great*，前揭，pp. 796 – 797。

③ Georges Radet, *Alexandre Le Grand*，前揭，p. 271。

④ Ulrich Wileken, *Alexander The Great*，前揭，p. 251。

普鲁塔克《对比列传》中的政治德性与哲学

拉尔特（Marlein van Raalte）　撰

纪　盛　译　林　凡　校

引言　哲人与君王：以亚历山大为例

在《论亚历山大的机运或德性》（*On Alexander's Fortune or Virtue*）的讲辞中，普鲁塔克将亚历山大描绘为一位有德性的人，[①] 这挑战了主张亚历山大的霸权源于机运（Fortune）的观点。普鲁塔克为亚历山大作了辩护，认为他的成功是由于自身的卓越（《亚历山大的机运》，1.1，326D－E），即 εὐβουλία［良策］、ἀνδρεία［男子气概］、καρτερία［坚韧的毅力］和 σωφροσύνη［节制］。[②]

---

①　我想向 Gabi Heukemes、Casper de Jonge、Jan van Ophuijsen、Adriaan Rademake 和 Carla Risseeuw 为我提供的各种帮助表示由衷的感谢。除非另有说明，文中普鲁塔克的著作均译自洛布古典丛书（略有改动）。关于《对比列传》（*Lives*），见 Perrin 校勘本的文献；关于《伦语》（*Moralia*），参 Babbit、Clement、Fowler 和 Hembold 校勘本的文献。

②　《论亚历山大（大帝）的机运或德性》（*De Alexandri* ［*Magni*］ *fortunaaut*

值得注意的是，普鲁塔克的意图是替哲学发声——或者更确切地说，是替亚历山大发声（1.1，326D）。①如果说命运女神（Fortune）确实具有某种作用的话，那也不过是在阻挠亚历山大奋斗的事业时甘拜了下风。而其他君王，如大流士，都曾拥有εὐτυχεῖς［好的命运］，但亚历山大的身体留下了反抗命运的实在伤疤（1.2，326E－327A）。②事实上，希腊人同蛮族之间的战争可以视为德性与

———————————

virtute）。关于为何这一讲辞是一套讲辞的第二部分，参 Hamilton, *Plutarch: Alexander. A Commentary*, Oxford, 1969, p. xxx, Schröder, "Zu Plutarchs Alexanderreden", *MH* 48（1991）151－157, pp. 151－152, 相反的观点有 Wardman, "Plutarch and Alexander", *CQ* 1955, 5.1, 2: 96－107. pp. 99－100, 他论证, 在《论亚历山大的机运》中，"过分强调亚历山大的时运不济是为了引向与罗马人的对比"（例如《论罗马人的机运》［*De fortuna Romanorum*］, 316Bff.）。参 Frazier & Froidefond, *Plutarque, La fortune ou la vertu d'Alexandre, Oeuvres Morales*, V, Paris, 1990, 作者似乎认为，提到前一篇讲辞是一种"巧妙手法，用以宣称作ἀγών［对比］的方式，写了一部表面上看是传记的文章"（p. 114, n. 2）。比较 Cammarota, "La tradizione retorica in tre declamazioni di Plutarco: *de Alexandri Magni fortuna aut virtute, de Fortuna Romanorum, de Gloria Atheniensium*", in: Van der Stockt 2000, p. 76. 该问题与本文讨论的主题关系不大，这是考察普鲁塔克在多大程度上，以何种方式，拓展了哲学的概念，通过他明显的修辞学目的来呈现亚历山大纯粹是德性的产物。亦见原文注11。

① "必须替哲学作一些辩护，或者说，是替亚历山大（……）。" Schröder, "Zu Plutarchs Alexanderreden", 前揭, p. 151（参 p. 153, n. 11）明确不接受这个语境中这一值得注意的暗示，认为第一份讲辞正确的标题是《论伟大的哲学家亚历山大》（*De Alexandro magno philosopho*），明确反对 Hoffmann（1907，［校按］本文作者很多文献只标明作者和年份，校者根据网络和相关材料补了一些文献，但仍有少数文献信息难以查询，只能一仍其旧），p. 93, n. 2；这个观点最近得到 Prandi 的支持，参 "L'Alessandro di Plutarco. Riflessioni su *De Al. Magn. Fort. e su Alex.*", in: Van der Stockt 2000, p. 379, n. 12。以亚历山大替换哲学，突出了他德性中的特殊品质。

② 参《论亚历山大的机运》，2.10，341D－E。另一方面，命运女神实际由于亚历山大的统治而变得更具雅量（2.4，336E）。

机运之间的较量，而机运站在蛮族这边反对亚历山大。①

作者运用大量修辞手法，力图证明哲学为亚历山大提供了"远征的素养"。② 他选择了相对而言并不算尚武的德性（对比326D－E），这增加了些许悖论：亚历山大奔赴战场，不光凭借 ἀνδραγαθία［男子气概］，还有 μεγαλοφυχία［慷慨］、σύνεσις［决断］以及 σωφροσύνη［节制］来武装自己。他的言行、他教导不同民族的方式、他在庞大帝国内传播的文明，这一切都表明亚历山大是名副其实的哲人（1.4，328B），③就其所实现的共同体的规模而言，他实际已经超越了苏格拉底、柏拉图、廊下派的芝诺等一大批哲人（1.5－6，328C－329D）——尽管他没能活得足够长久，未能以同一套律法和正义的统治实现人类的大一统（1.8，330D）。④

将亚历山大的行为方式塑造为"哲学"作风，构成了第一份讲辞的主要议题，这可以视为一份修辞学上的精心之作（tour de force）。⑤ 这

---

① "眷顾蛮族且憎恨亚历山大"，2.13，344A－E，另参1.2，327A。亦见 τύχη［机运］与 ἐπιστήμη［知识，此处指基于作战经验的军事技能］之间的对比，参《斐洛波门和提图斯合论》（Comp. Philop. et Flam., 2.1）。

② "与哲学一起为他的远征提供了保障"，1.4，327E；"哲学的教义"，328A。

③ "他的言谈、他的行为，以及他所传授的教诲，表明他就是一位哲人。"

④ 对比李维（Livius）的观点，他认为亚历山大适时的死亡保住了他的名誉（李维，《建城以来史》，9.17）。

⑤ 对于两个演讲的比较，参 Frasier & Froidefond, Plutarque, La fortune ou la vertu d'Alexandre，前揭，pp. 71－82；关于讲辞华丽辞藻的特点，参 Hamilton, Plutarch: Alexander. A Commentary，前揭，pp. xxix－xxxiii（"'展现华丽辞藻的片段'，不具有任何严肃的目的"，p. xxxi）；Cammarota, "La tradizione retorica in tre declamazioni di Plutarco"，前揭，p. 109，pp. 115－116。另参 Hamilton（Plutarch: Alexander. A Commentary，前揭，p. xxx）的说法：

在亚历山大与犬儒哲人传奇相遇①的轶闻中达到了顶峰，我们在这个故事中知道，亚历山大也自认为哲人。普鲁塔克在这里没有采用他在《亚历山大传》中明确讲述的真实情形；在这份讲辞中，普鲁塔克突出的是，亚历山大在他生命的后来阶段里十分珍视他与第欧根尼的相遇，作者也借此机会详细解释亚历山大说过的话（1.10，331E－332A）:②

　　对（亚历山大的完美形象）最好的诠释不是青年普鲁塔克的钦佩之情，而是修辞学的格言：人不应该满足于反驳自己的对手，而应该寻求严密的反证。所以这里不存在丝毫的批判：亚历山大身上体现了所有的德性。

据说金嘴狄翁（Dio of Prusa）曾著有八卷《论亚历山大的德性》（On the Virtues of Alexander），已佚，参 Bowie，"The Greeks and their Past in the Second Sophistic"，in Finley（ed），Studies in Ancient Society，1974，London，166－209，p.170。Prandi（L'Alessandro di Plutarco. Riflessioni su De Al. Magn. Fort. e su Alex."，前揭）为此观点作了辩护，认为在讲辞中对亚历山大的评价反映了普鲁塔克智识发展的不同阶段。

　　①　据 Hammond（Sources for Alexander the Great：An analysis of Plutarch's Life and Arrian's Anabasis Alexandrou. Cambridge University Press，1993，p.28）所言，这次会面是真实发生的历史事件。对于其他提及这个传说和该主题的文献，参 Hamilton，Plutarch：Alexander. A Commentary，前揭，p.34。
　　②　参 Hamilton，Plutarch：Alexander. A Commentary，前揭，p.xxxii：

　　关于亚历山大的评论，发展成了一个十分荒谬的时髦说法，所谓"教化者亚历山大"（Alexander the civilizer）。

关于这一讨论的出处和这一流传甚广的轶事的不同版本，参 Buora，1973—1974；另参 Niehues-Pröbsting，Der Kynismus des Diogenes und der Begriff des Zynismus，München，1979，pp.89－109。普鲁塔克《亚历山大传》中该故事的版本将在下文讨论。关于普鲁塔克使用了《致未受教育的君主》《（Ad princ. inerud.，节5，782A－B）中的故事，其中耐人寻味的是，似乎暗示了亚历山大可以同时"是第欧根尼"还能保有——包括财富（？）——君王的地位，参本注72。

　　当他来到科林斯（Corinth），与第欧根尼本人交谈后，他极其敬畏和惊讶这个人的生命与人生的价值，他时常回忆起这位哲人，因此他会说，"若我不是亚历山大，就将成为第欧根尼"，换言之，"如果我没有去实践哲学，我就会让自己投身于理论的探求"。他没有说，"如果我不是君王，我会是第欧根尼"，或"如果我不富有且不属于阿尔戈斯王室"；① 他从未将财富排在智慧之前，也从未视王冠与高贵的紫袍优于哲人的行囊和破旧的长袍。

　　他曾经说，"若我不是亚历山大，就将成为第欧根尼"；他的意思是："如果我的目的不是去融合蛮族的事物与希腊的事物，不是去遍历和教化每一片大陆，不是寻找大地与海洋的尽头，不是将马其顿王国的领土扩展到最远的大洋，不是去传播希腊的福祉，让每一个民族都沐浴在正义与和平之中，我也不会满足于平淡、奢侈、虚度的王权。我会效仿第欧根尼，去过节俭朴素的生活。"

乍一看，这段精心竭力为亚历山大作出解释的文字，其大意并不明确。亚历山大想说，他的人生目前专注于一个不同寻常的目标，将希腊文明传播到世界各地——根据这一标准，他实际上是最伟大的哲人（1.5，329A），如果不是已经在哲学思维上有实际的 ἔργα［行动］，② 那么，他将过上第欧根尼那样的简朴生活：权力与奢侈对他来说毫无意义。这个结果的意义似乎有些令人失望，除非亚历

---

　　① ［译注］马其顿的初代国王来自阿尔戈斯。

　　② "由于奥涅斯克瑞托斯（Onesicritus）（辑语 17）曾将亚历山大描写成一位'披坚执锐的哲人'，关于他是'行动中的哲人'的这一思想可能就源自他"，Hamilton, *Plutarch：Alexander. A Commentary*，前揭，p. xxxi；根据 Froide-fond 的观点，这是一个主观推测，参 Frazier & Froidefond, Plutarque, La fortune ou la vertu d'Alexandre，前揭，p. 105。

山大在第欧根尼身上发现一种达到某个远大目标的志向和努力。也许，志向的领域各不相同，但就其努力完成这一艰巨任务的方式而言，亚历山大和第欧根尼一样，本质都是哲人。①

普鲁塔克适时地回忆起一则故事，故事情节大约为：许达思佩斯河（Hydaspes）一役后，亚历山大生擒印度君主波鲁士（Porus）。据说波鲁士表示，希望亚历山大"像一个君王"那样对待自己（1.11，322E）。波鲁士当时的解释是，"像一个君王"那样的对待是他期望的一切，别无其他。普鲁塔克补充说，他也可以用一个单独术语描述亚历山大的行为："像一个哲人"，以此替代波鲁士的"像一个君王"，普鲁塔克以这个副词作总结，暗示了对亚历山大行为的评价（1.11，332E）。②

---

① 传统对第欧根尼形象的描绘，似乎也增加了修辞上的挑战：

> 虽然第欧根尼已经将以德性育人、指引人们走上通往幸福之路视为己任，但他的谈吐已经烙上了性格尖刻的原型，使他成为粗俗的犬儒派所具有的各种愤世嫉俗的举止风格的最普遍的代表。（Billerbeck，"Greek Cynicism in imperial Rome"，in M. Billerbeck（ed.）*Die Kyniker in der moderne Forschung*，Amsterdam，1991，p. 164）

关于"第欧根尼–类型"（*Diogenes – Typus*）的特征，亦参 Rudberg，"Zur Diogenes – Tradition，" in *Die Kyniker in der modernen Forschung：Aufsätze mit Einführung und Bibliographie*，Amsterdam：Grüner，1991，pp. 107 – 126。

② "和亚里士多德（《政治学》，1288b1 – 2）一样，普鲁塔克认为'君王气质'（τὸ βασιλικόν）首先指性格，而不涉及任何政制上的地位"；参 Duff，*Plutarch's Lives：Exploring Virtue and Vice*，Oxford 1999，p. 90，n. 72。另参《斐洛波门传》（*Philop.*），1.2，"出身高贵和君王气质的……塑造和成形，在斐洛波门还是孩子时，就是他的性格品质"。普鲁塔克在《亚历山大传》（59.7.3）中使用了这一表示品质的术语：他在不断的持续战争中，始终 νομίμως［秉承其一贯的准则］，καὶ βασιλικῶς［并像一位君王］，但现在，在他屠戮了印度人后与他们达成了休战的协定；关于他对待被俘妇女的得体举止（21.5 – 7）：他给予这些妇女"上宾之礼和高贵的恩惠"；普鲁塔克评价并补充到，亚历山大似

在这个文本中，普鲁塔克以一种赞颂式的辩护作为思想考察的引言，但我们可以考虑一下与此类型不同的《对比列传》，普鲁塔克写作后者的目的，是向读者提供道德思考的素材，① 所思考的是这个

乎认为比起征服敌人，柏拉图式的"控制自己"更像一个君王的样子（βασιλικώτερον）。另参40.1 - 4，见下文。这个术语在具体的用法上常常用于形容尸体，以显示其生前高贵的身份（比如，κεκοσμημένον βασιλικῶς［按照皇室的礼仪］，描写大流士，43.7.2；描写大流士的王后，《论亚历山大的机运》，2，338E；描写阿尔喀拉奥斯［Archelaus］的尸体，《安东尼传》［Ant.］，3.11.1，关于安东尼［Antony］的尸体，《安东尼传》，82.2.4，描写克里奥帕特拉［Cleopatra］的尸体，《安东尼传》，85.7.1；参86.7.4）。对灵魂的良好状态的隐喻描述，也同样突出了这一修饰性的内涵，参《狄翁传》（Dio），10.5.5，狄翁嘱咐年轻的狄俄尼修斯，"他灵魂的高贵皇宫"应以高贵而恰当的方式来装扮，参本文注86。我认为，在《对比列传》中，与φιλόσοφος［哲学的］一词相比，βασιλικός［君王的］含义相对不那么精确，倘若确实如此，原因可能不仅是理论哲学与政治实践之间缺少直接明确的关联，也可能是因为βασιλικός［高贵的］和δουλικός［奴性的］意味深长的对比，与τυραννικός［专横的］之间的对比。

关于亚历山大没有重视的亚里士多德的忠告（《论亚历山大的机运》，1.6，329B，参 Hamilton，*Plutarch：Alexander. A Commentary*，前揭，p. 18），对待希腊人如"朋友和亲人"，视蛮族为"动物或植物"；出于实用的目的，亚历山大更倾向于先礼后兵。亦比较《论亚历山大的机运》，2.3，336B：可以从历史的角度推断，"是精神在辅助我们，是精神在颂扬我们的事迹，同样是精神征服、取代、充当了君主的角色"——这是埃皮卡莫斯（Epicharmus）之语。提及这个故事的还有，《亚历山大传》（60.14 - 15），详述了亚历山大对待波鲁士的细节（比如他被任命为他自己国家的总督等）；《论制怒》（De cohibenda ira，458B），以及托名普鲁塔克的《君王与统帅语录》（Regum et imperatorum apophtegmata），章31，181E（［译注］31 章即"安提戈诺斯·戈纳塔斯篇"）。

① 《对比列传》中的道德实用性，其目的并不在于道德命令，参 Pelling，"Plutarch's adaptation of his source - material"，In Scardigli，B（ed.），*Essays on Plutarch's Lives*，Oxford，1995，pp. 125 - 154；另参 Duff，*Plutarch's Lives：Exploring Virtue and Vice*，前揭，pp. 52 - 71；Stadter（2000，pp. 502 - 506）。观众或读者期望亲眼看见δήλωσις ἀρετῆς ἤ κακίας［表现德性与恶习］（《亚历山大传》，1.2），而不是被说服或去相信。普鲁塔克的志向是去塑造（εἰδοποιεῖν）人物的传

假设是否具有某种合理性：我们这份讲辞中的亚历山大，如果他不是太过匆忙地践行自己建立帝国的志向，那么，当他具有被赋予的那些道德素养之后，他是否可能成为第欧根尼那样的人物？换言之，在普鲁塔克的《对比列传》中，在君王、将军，或者任何形式的政治领袖（或以通用词来统称为"政治家"，此处不含任何现代的负面含义）所需的品质，和哲人所需的品质之间，是否存在某种直接关联？是否有可能区分出一组"哲学"品质，一个人借由这些品质可以鹤立鸡群，而无关乎他的野心的方向？这些品质是否足以使一个优秀的政治家——或其他人——不再需要任何非哲学品质？

为了进行这一考察，我研究了《对比列传》中 φιλόσοφος［哲学的］、φιλοσόφως［哲人］、φιλοσοφεῖν［哲学］等词语的语义，① 以便找出何种行为或素养称得上是普鲁塔克所说的"哲学的"（philosophical），②这样的举止和品质又怎样适应政治领导的才能，如何介

___

记，尤其是通过"那种象征性的灵魂"，他用画家作了一个清晰的类比，用肖像来表现人物的面庞，尤其是用眼睛来展现人物的表情，通过这个来展现人物本身（οἷς ἐμφαίνεται τὸ ἦθος［来展现人物］，《亚历山大传》，1.3；关于一位画家是否有可能"描绘灵魂的性情"，参色诺芬，《回忆苏格拉底》，3.10.3f.）。那么，《对比列传》似乎属于劝谕良言（symbouleutic）之作，而非歌功颂德（认为两种体裁都不是：反对意见参 De Blois & Bons，"Platonic Philosophy and Isocrates Virtus in Plutarch's Numa"，*AncSoc* 23，1992，pp.159－188，尤参pp.168－169）。

① 经详细筛检，《对比列传》中这几个词共计166处。当然，这些词并不能完全涵盖哲学（若要研究该主题，还必须囊括例如哲学家和哲学流派在内的专有名词；例如 ἠθικός［道德伦理］，θεωρία/θεωρητικός［理论/思辨］等）。

② 我们主要关注"说服性"的用法，在任何情况下，本文都将不关注含有下列内容的段落。（1）来自"某个哲人"的材料（顺便说一下，这一说法并不一定意味着普鲁塔克相信此事确实可信，比如《忒米斯托克勒斯传》［*Them.*］，13.5，提到了向"食人生番的"狄俄尼索斯献祭三名年轻战俘，参

入政治实践活动。当然，要达到这个目的，诸如 φιλοσόφως［哲人］和 φιλοσοφώτερον［符合哲人］这些概念内涵所需要的说服力量，将尤其有助于我的研究。

本文将处理一些相关段落，用以说明这些问题：节制是政治家与哲学家共有的基本素养；哲人与政治家的实践的对比；哲人投身政治活动。此外，如下问题我们也会加以考虑：如果一位政治家同时从事了哲学研究，那么，他在多大程度上可被称为一位"更好"的政治家。最后，我们将发现，在许多情况下，演说的力量无论如何都是一项不可或缺的品质。而在我们的结论中，我们将尝试回答，普鲁塔克希望我们从他的《对比列传》中汲取的经验和教训，是导向一个更加理想主义的还是更实用主义的"哲学"概念。

J. L. Marr ed., trans., *Plutarch*：*Life of Themistocles*, Warminster：Aris & Phillips, 1998, p. 106）；如果普鲁塔克这样说一个故事："这则故事由哲人所讲述"，这似乎就意味着这件事情真假难辨（比如伯里克勒斯［Pericles］如何消除舵手对日蚀的恐惧，《伯里克勒斯传》[Per.], 35.2. 10-11）；另一方面，人们也许会认为著名哲人的言行可信，比如《梭伦传》(32.4.3-5) 提到"甚至连哲人亚里士多德……"，意思是说，在值得人们关注的作家中此人讲述了一个难以置信的故事。(2) 恺撒调整了历法、纠正了时间混乱的相关科学和技术研究（φιλοσοφηθεῖσα χαριέντως［出色的研究]，《恺撒传》[Case.], 59. 1. 2-3），或者普鲁塔克通过举例来说明皮洛士（Pyrrhus）一直致力于"研究和思索"用兵之道，这是一种——也许不无讽刺——"符合君王的学问"，《皮洛士传》[Pyrrh.], 8.6.3。(3) 对一些重要的话题进行推理和思索，比如宗教问题，如 συμφιλοσοφέω［一同学习]，梭伦向博学的埃及祭司学习的经历，《梭伦传》26.1.6，或 Νομᾶ φιλοσοφήσαντος［探究边界]，说的是努玛论证了边界之神，既然是和平的守护者和正义的见证者，那就不应该用牺牲来向其献祭，《努玛传》(Num.), 16.2.4-5；另参《埃米利乌斯传》(Aem.), 3.3，普鲁塔克提到，"那些哲人将虔诚定义为崇拜诸神的科学"。

共同的基础：节制

从最宽泛的角度讲，对普鲁塔克而言，哲学态度似乎等同于对外界因素——如奢侈、享乐、名利——的节制。① 可以设想，普鲁塔克在《对比列传》中更加细致入微地观察廊下派对情感的节制，以及自愿赴死的积极态度。

哪怕身无分文——比如犬儒派的第欧根尼，没有奢华的生活对以哲学的方式而生活的人也完全没有影响。伊巴米侬达斯（Epaminondas）继承的是清贫，并成为他的第二本质；"通过思考哲学，他更容易去面对和减轻负担"（《佩罗庇达斯传》[Pelop.]，3.6）。② 人们会期待，一位哲人能够谢绝金钱的资助——就像柏拉图那样，即使狄俄尼修斯（Dionysius）坚持认为他应该接受他的慷慨赠礼：

① 分析 σωφροσύνην［节制］的一个例子，参《论伦理德性》（De virt. mor.），445A（［译按］原文为455A，笔误，实为445A）：正义和审慎作为一种 μέσον［中道］；445B–C，ὁ λογισμός［深思熟虑］掌管着 τὸ παθητικόν［激情的元素］，使之接受 τὸ μέτριον καὶ τὸ εὔσχημον［中道与规矩］。统治者既然是他人态度和行为的向导，也就必须有序地安排自己的内在：《政治箴言》（Praec.），800B；《致未受教育的君王》，780B "统治者必先自我节制，规范自己的灵魂，树立好自己的性格，然后将他的臣民们安排在适当的位置"。另参 Aalders, *Plutarch's Political Thought*. Verhandelingen van de Koninklijke Nederlandse Akademie van Wetenschappen, Afd. Letterkunde, N. R. 116, Amsterdam/ Oxford/ New York, 1982, p. 45；Aalders & de Blois, "Plutarch und die politische Philosophie der Griechen", *ANRW* II. 36. 5（1992）3384–4304，尤参 p. 3392。在《论伦理德性》（446Ff.）中，普鲁塔克指出，廊下派思想的谬误在于，他们假设激情与理性不存在本质区别，而只是 "同一事物可相互转换的相同理性的两个方面"，这就是假设了，"猎人和野兽不是两个事物，而是一个拥有同样主体的整体，通过改变，此刻的野兽可以成为此刻的猎人"。

② 他选择独身，也让事情变得更简单。

昔兰尼的阿里斯提普斯（Aristippus of Cyrene）称狄俄尼修斯是一种 ἀσφαλῶς…μεγαλόψυχον［稳妥的慷慨］，因为他对那些想要获得更多的人只给予些许馈赠，对柏拉图却赠与太多，但柏拉图分毫未取（《狄翁传》，19.3）。政治家科里奥兰纳斯（Coriolanus）也发现，他在战场上展现出男子气概，同时也对获取［财富］持超然的态度（拒绝享有额外的战利品），但后者甚至比前者为他赢得了更多的崇拜者：

> 正确地使用财富是一种比卓越的军事才能更好的特质，但不需要财富比使用财富更加 σεμνότερον［崇高］。（《科里奥兰纳斯传》10.4 - 8）①

另一方面，靠经商谋生的人在实践中则可以不受节制的约束，享受奢侈和快乐，比如梭伦奢华的生活方式，事实上，他最初在诗歌中谈论的更庸俗的享乐，从哲学的角度来看具有其合理性，② 因为他曾是商人，所以奢侈是他经历了许多大风险之后的补偿。

值得注意的是，普鲁塔克似乎是要表明，梭伦的经商发家与他对政治哲学这一哲学分支的偏好之间具有连续性——与之相对，在 τὰ φυσικά［自然之物］的研究领域，梭伦的见解就太简单了（同上，3.6）。③无论经商还是从政，外在境况都需要一定程度的财富来发挥

---

① 这就不会令人感到奇怪了：审慎作为具体的德性成为政治家个人的德性——《吕库古传》（Lyc., 31.1 - 2）中也有个体与城邦的类比。

② 《梭伦传》，3.1 - 2。普鲁塔克以更普遍的说法解释说，传统上来讲，经商并没有

> 导致他卑贱的社会地位，商人的职业经历实际上也保有尊严，因为这使他了解和熟悉了非希腊世界，使他获得了与蛮族国王的友谊，获得了处理各种事务的丰富经验。（《梭伦传》，2.5 - 6）

③ 事实上，作者还提到了古代其他的智者们（σοφοί），除了泰勒斯之外，他们都凭借自己的 πολιτικὴ ἀρετή［政治才能］而被称为智者。

其用途；对其他人来说，幸福在于舒适和富裕。在《老卡图传》（*Life of Cato maior*）中，普鲁塔克认同哲人阿里斯通（Ariston）的观点——但这有点奇怪：那些天生拥有多余财产的人是幸福之人，而那些只能获得生活必需财产的人则不是。就我们的自然而言，对财富的渴望没有存在的理由，但是民众的庸俗期望强加给我们这样的渴望（《老卡图传》，18.4）。①

在《亚历山大传》中，亚历山大与拉尔修之间的相遇已如前文所述，涉及了对奢侈生活与名利地位的节制。亚历山大满心期待，第欧根尼能与众多政治家和哲人一起，前来祝贺自己被推举为希腊和马其顿远征波斯的联军领袖。亚历山大亲自拜访第欧根尼，却发现他悠闲地躺在地上晒太阳，这使亚历山大身上的君王仪态黯然失色：

> 当看见如此多的人走近他，第欧根尼略微起身，直视亚历山大。当这位君主上前向他致意，询问他是否有何需求时，"有"，第欧根尼说，"站边上点，别挡住我的阳光"。据说亚历山大对此话极为震惊，对这位藐视他的人流所露出的傲慢和气势感到钦佩。在离开的路上，众人都在嘲笑和打趣那位哲人，但亚历山大对他的随从们说，"不过，说实在的，假如我不是亚历山大，我就会成为第欧根尼"。（《亚历山大传》，14.2）

在《亚历山大传》中，虽然亚历山大十分期待，但那位哲人并没有向他道贺，他的泰然自若和质朴让亚历山大深感钦佩，但招致了同伴们的嘲笑，这反而启发了亚历山大说出那句著名的格言。在这个版本的故事里，亚历山大评论呈现出钦佩，而非野心：在第欧根尼执着于大自然的馈赠时，他的野心大为削弱，而在他对亚历山大君王地位

---

① "因此，对财富的渴望不是灵魂的天性使然，而是外界错误的观念强加给灵魂的后果。"

的蔑视中，亚历山大看见了一位不可能没有追随者的伟大人物。

事实上，亚历山大也具有这种德性的潜质，至少如果我们相信普鲁塔克在《论亚历山大的机运》中的讲辞——普鲁塔克笔下的大流士在德性、慷慨、男子气概、正义等方面远不及亚历山大，他对亚历山大在享乐、劳苦和善意的馈赠面前毫不动摇感到惊讶（《论亚历山大的机运》，2.7，339B）。这种对个人权益的节制，与柏拉图的 $\dot{\alpha}\nu\delta\varrho\varepsilon\dot{\iota}\alpha$［勇敢］概念一起，都可以被描述成 $\varphi\iota\lambda o\nu\iota\kappa\dot{\iota}\alpha$［求胜欲］，对胜利的爱，就像一种欲望；① 这显然是"理论哲学"和亚历山大自己的"哲学之王"的共同之处。

有一则类似的文本展现了亚历山大如何以"文雅且富有哲理"的方式劝谏他的同伴，他说，优越的社会地位和权力离不开节制和艰苦的身体锻炼（《亚历山大传》，40.1–4）：②

---

① 参《阿格希劳斯传》（*Ages.*），11.6；至于此处的 $\varphi\iota\lambda o\nu\langle\varepsilon\rangle\iota\kappa\dot{\iota}\alpha$［求胜欲］，关于不同拼写的含义，参 Pelling，"Rhetoric，Paideia and Psychology in Plutarch's Lives"．In Van der Stockt（ed.），*Rhetorical Theory and Praxis in Plutarch*，Leuven and Namur：Peeters. 2000，pp. 331–339，p.338，可以作为一种对抗欲望的工具。在《亚历山大传》（26.14）中，亚历山大高昂的精神使他的求胜欲所向披靡，"因此他不仅能征服敌人，还能让时空都向他臣服"。另参《致未受教育的君主》，其欧根尼与亚历山大的卓越无人能及，第五章比较了他们各自的方式，参前文注13。当然，这一概念来自柏拉图（参《法义》，731a2–3）："让每个人都有追求卓越的雄心，而不是嫉妒心。"尽管柏拉图使用这个术语时，更多是关于辩证讨论中克服欲望的主题（这在某种程度上等于在为德性而战），而不是对话讨论中反对某个具体的人（参《高尔吉亚》，457d3–5，e4–5）。

② 参《亚历山大传》，21.7.2，据称亚历山大认为"控制自己"比"征服敌人"更"符合君王的作为"（具体语境则涉及他对女性的态度）。Lamberton（*Plutarch*，New Haven/London，2001，p.100）坚决主张，普鲁塔克"选择将亚历山大刻画为一个卓越的、以自我节制为特征的形象，这在某种程度上讲有些出人意料"，因为这不符合《亚历山大传》结尾处亚历山大的改变——即他越来越接受东方专制统治的外在之物——，在那部佚失的《合论》（*Comparison*）中，"一定会以此来与恺撒如何巧妙老练地处理他一直想要公开拥有的王权象征进行对比"。

他看见他的同伴们都变得奢侈起来，过着挥霍无度的粗俗生活。比如，泰奥斯的哈格侬（Hagnon the Teian）穿着银丁装饰的鞋子；……当他们运动后沐浴时，更多人往身上涂药而非橄榄油，还各有按摩师和扈从。亚历山大于是以一种文雅且富有哲理的方式责备他们。他感到十分惊讶，他说，在经历了众多艰险而伟大的战斗后，他们居然忘记了，不辞辛劳去征服的人要比被辛苦服侍的人睡得香；而且，他们应该对比一下自己的生活与波斯人的生活，这样就会发现，奢侈是真正具有奴性的生活，而艰辛的劳作才是真正高贵的事业。"而且，"他说道，"一个人如果不习惯用自己的双手照顾自己最珍贵的东西——他的身体，他如何能够照料自己的战马，擦拭自己的长矛和头盔？"他说："你们还不明白我们远征的目的吗？不知道我们要避免重蹈被我们征服的人的覆辙吗？"因此，他更加积极地投入军旅和狩猎中去，在生活中不避艰险，甚至有一次击倒一头雄狮，身边的斯巴达使者对他说："真壮观啊，亚历山大，你方才与雄狮搏斗，是想证明谁才是王者。"

亚历山大承认，自己的事业与第欧根尼选择的生活方式是相似的，而他对第欧根尼的钦慕似乎不仅仅是一个类比。其内在的前提显而易见，即道德的卓越优越于奴性不仅体现于个人克服自身的堕落倾向，也体现于希腊人对波斯人的优越性。在《论亚历山大的机运》中，亚历山大将运用节制的勇敢作为一个君王的职责：[1] 他的勇敢为他提供了统一天下的正当理由，但他如果对人身所受的攻击不做任何抵抗，也将会身处危险。

普鲁塔克对提摩莱翁（Timoleon）命运（《提摩莱翁传》[*Timol.*]，

---

① 《论亚历山大的机运》，1.11，332D："观察到亚历山大身上的好战但仁慈、温和但刚毅的特征"；1.12，333B－C："哲人与普通人不同，他们面对危险时具有果敢的判断力"——亚历山大当然是他们其中一员。

3.4 以下）的分析，似乎也指向一个类似的坚决致力于公共志业的思想。提摩莱翁试图说服他的兄弟提摩法涅斯（Timophanes）：

> 此人并不完全像他的哥哥，而是刚愎自用，对绝对权力充满破坏性的激情，依靠那些总是围在他身边的败坏朋友和外国军事投机者。

提摩莱翁努力使他放弃疯狂的野心。当他的劝说没有成功时，他作了这样的判断，认为他的兄弟被杀死是更好的选择，所以当这样的事情发生时，他保持沉默。提摩莱翁因他伟大的灵魂赢得了最具影响力的公民们的赞颂，因为

> 即使一个优秀的人，也会爱他的家人——他却将自己的国家置于家人之上，① 视善良和公正高于一己之私。

然而，当有人因他的弟弟之死而责骂他，他的母亲拒绝与他相见时，他却悲伤过度，心智失常：他退出公共生活，离开他的城邦，心怀极大的痛苦，终日徘徊在这片土地最荒凉的地方。普鲁塔克写下了如下评价，显然采取了一种公式化的方式：

> 人的目的是如此真实，除非他们从理性和哲学那里获得生

---

① 将共同体的利益置于最高地位，这被认为是哲学态度的一个特征，这一点也见于《马克西慕斯传》（*Fab. Max.*，10.2－3）：马克西慕斯（Fabius Maximus）不会为私人事务感到痛苦，但"愚昧的群众"以其恶行伤害了他（之所以能够伤害到他，是因为这对国家产生了影响）。与之类似，普鲁塔克批评西塞罗因自己的不幸而变得小气和卑鄙，因为他在公共事务中的行为，他无论如何都不配被称作"哲人"，外部环境给他个人带来了巨大伤害（《西塞罗传》[*Cic.*]，32.6.3）。据 Thome（1998，pp. 173－174）的研究，就普鲁塔克在《对比列传》中的旨趣而言，西塞罗的——相对没有疑问——案例是一个例外，他通常倾向于避免凸显那些所谓理想与历史现实之间的差异。

命活动的坚定和力量，否则他们就会心神不宁，很容易受到偶然的赞美或责备的扰乱和影响，宁愿离开家乡的亲人。原因似乎是，不仅我们的行动必须高尚且公正，同时，作为我们行动之源的信念也必须持久不变，这样，我们的行事才能令人信服，① 当关于善良的公平视野逐渐消逝，单纯的缺陷不至于让我们对曾经完成的行为感觉沮丧。……因为，悔恨甚至会使高尚的行为变得卑劣，而源自知识和理解的深思熟虑的选择无法更改，即使结果未必成功。（《提摩莱翁传》，6.1－4）

一旦接受了合乎理性的理由（应该就是ἐπιστήμη［知识］，以经验为基础的知识），内心的信念和坚定的意志就能让一个人坚定方向，不受他人判断的干扰，这似乎是哲学态度的一个显著标志。

另一方面，至于享乐方面的节制，即使在看似无望的情形下，命运也不会必然让人完全对哲学无动于衷，对直白言辞的刺痛（παρρησία）无动于衷。年轻的阿尔喀比亚德（Alcibiades）在生活中只追求美好的事物，而苏格拉底试图让他看见自己灵魂的弱点，毕竟他天赋异禀（εὐφυΐα），能够证明这一天赋的事实是，他愿意成为苏格拉底的同伴，去倾听他的伙伴和追求者们倡导的与众不同的生活方式

---

① 普鲁塔克在其他地方，更经常将ἀμετάπτωτον［不变］与βέβαιος［持久］放在一起使用，比如《马克西慕斯传》，5.5.2（那里的具体语境与此处类似）；这也是φιλία［爱］的特性（《论广交朋友》［De amic. Mult.］，97B7；《席间闲谈》［Quaest. Conv.］，659F2）。这个带有贬义的词指某种程度的思想顽固，用于描写廊下派的思想（《论廊下派的自相矛盾》［De comm. not.］，1058B2，1061E11，1085B2；《论伦理德性》，441C4）所谓"持久不变"，指那些没有意识到非理性"是由自然的强迫而与理性结合在一起"的人所设想的λόγος［逻各斯］（441D）。

(普鲁塔克，《阿尔喀比亚德传》，4.2 – 3)。① 阿尔喀比亚德其实是把苏格拉底的行为视为一种"诸神对青年的关怀和拯救"。②

正如上文所言，这一类型的节制（对奢侈生活、名利特权、享乐）必须与对激情的节制区别开——针对这一必然的区别，普鲁塔克为怀有廊下派式同情心的公众人物立传时，有过一次很有价值的研究。小卡图（Cato minor），他在处理其兄弟之死的过程中，完全体现出廊下派的行为标准（《小卡图传》，11.1 – 3）:③

> 当时卡图仍在军中服役，他的兄弟在去亚洲的路上病倒在忒腊基（Thrace）的埃诺斯（Aenus），于是立刻寄来一封信告知此事。海上暴风雨肆虐，身边没有可以出海的船只，但是无论如何，他还是与仅有的两位密友带着三个仆人驾着一艘小货船，毅然从忒撒罗尼迦（Thessalonica）破浪而出。他险些溺水，由于某种难以置信的好运，他安全上岸，但卡俄皮奥（Caepio）刚刚离世。在承受痛苦方面，小卡图表现出了更多的激情而不是哲学，这体现于他创作的哀歌、他紧紧地抱着死者、他无比沉痛的悲伤，还体现于他对葬礼的支出、敬香时的痛苦、为死者火化了昂贵的服饰，并耗资 8 个塔兰特（talents），用萨索斯岛（Thasian）的精美大理石在埃诺斯市集广场上树立了一座纪念碑。

---

① 然而，一般来说，阿尔喀比亚德的生活还是很讲排场，极其奢侈，人们通常认为他"像僭主般畸形而丑陋"，《阿尔喀比亚德传》，16.1 – 2。

② 《忒修斯与罗穆卢斯合论》（*Lives of Theseus and Romulus*, 1.6）的评论（*synkrisis*）以同样的写作方式展现了哲学家对爱欲的定义。普鲁塔克在这里显然遵循学园派的观点，参《致未受教育的君主》，780D，此处的话被认为出自波勒蒙（Polemon）。

③ 随后，普鲁塔克描述了卡图对那些为葬礼提供奢华礼仪之人的态度为何是相当得体的，至于恺撒的诋毁，则置而不论。

普鲁塔克似乎并不反对在私人事务上这样表达悲伤之情，然而，对于私人领域与公共事务之间的冲突，他似乎还是更赞赏那些优先考虑如何致力于公共事务的行为：老卡图（Cato maior）对儿子之死展现出了预料当中的哲学态度，据说他也是 πϱάως καὶ φιλοσόφως［文雅且富有哲理］，这并未减弱他在政治事务上的热情。在《克莱奥门涅斯传》(Life of Cleomenes) 中，普鲁塔克认为，廊下派的学说中内在的危险是，它更易于激起青年过热的天性，不过，若是在一个深沉和 πϱᾶος［温和］的人物身上，廊下派学说在绝大多数情况下还是可慰人心的（《小卡图传》，24.7–8）。①

普鲁塔克似乎确实反对廊下派思想中固有的某种狂热；如果缺乏对力量冲突的考虑，理性的控制就没有立足的依据。廊下派对自我赴死的态度，是一个关于节制的价值的生动例子，如果不能清楚地解释冲突的倾向，就可能导致自我毁灭之举。小卡图显然是一个例子，能够说明坚持廊下派的哲学思想如何侵害个人的福祉；小卡图晚餐后与同伴和乌提卡（Utica）的治安官讨论哲学问题，在面对他的逍遥学派的同僚的批评时，他极力为只有好人才是自由的这一"悖论"辩护，这让同伴们意识到，为了让自己从目前的困境中解脱出来，他已决意赴死（《小卡图传》，67.2–3）。小卡图的死具有廊

---

① 在《克莱奥门涅斯传》(2.6) 中，普鲁塔克如此评论：

关于强烈而冲动的自然，廊下派的学说具有某种程度的误导和危险性，尽管当他们塑造了一种深沉文雅的特征时，他们最有助于朝向本己的善。

不过，读者或许也能勉强接受极端的例子，比如普鲁塔克对法沃尼乌斯（Marcus Favonius）的记述："他成了卡图的信徒，比他追求哲学呈现理性时更加冲动狂热。"普鲁塔克发现，这种极端的、"犬儒式"的大胆说辞消弭了它的攻击性：人们把他当作笑柄，这样就能忍受他的狂热和无礼（《布鲁图斯传》[Bruts.]，34.4–5）。

下派的所有特质（《小卡图传》，68 - 70）。① 斯塔泰利乌斯（Statylli-us）宣称，他将引小卡图之事为鉴，以防止哲人毁灭自己（《小卡图传》，73.7）。②只有在公共的幸福、不幸或者失败与个人的幸福、不幸或自杀之间存在某种平衡，普鲁塔克似乎才会对自杀抱有一点点同情。

以同样的方式，普鲁塔克描述了布鲁图斯（Brutus）对小卡图态度的赞赏——大战之前，布鲁图斯告诉卡西乌斯（Cassius）自己对逃避和死亡的看法：当他还是一个对世界没有经验的年轻人时，不知何故，他作了一番"勇敢而富有哲理的陈述"，批评了小卡图的自杀，认为他怯懦无能；但现在他有了不同想法，如果他们不是胜利者，他将一往直前，并赞颂命运女神（《布鲁图斯传》，40.7 - 8）。

哲学与政治领导力的对比

当然，《对比列传》中的哲学也与政治活动形成了鲜明的对比。从上文讨论的内容来看，毫不奇怪的是，一个理论哲人的生活方式和一个政治家在对待物质财富的态度上存在最直接最明确的差异；在《伯里克勒斯传》中，阿那克萨戈拉（Anaxagoras）和伯里克勒斯就是这一差异的鲜明对比：

> 那位哲人（即阿那克萨戈拉）出于清高的思想，真的废弃

---

① 对比 Aalders & de Blois， "Plutarch und die politische Philosophie der Griechen"，前揭 p. 3401，该文坚决主张，普鲁塔克视小卡图"为哲人典范"（als Musterbeispiel des Philosophen schlechthin）。考虑到《福基翁与小卡图合论》（*Lives of Phocion and Cato minor*），Duff（*Plutarch's Lives：Exploring Virtue and Vice*，前揭，p. 156）认为情形可能在于，"普鲁塔克的意图是，让这组传记成为论述过分拘泥于哲学原理的危险性的文章"。

② 参《小卡图传》，65 - 66。关于斯塔泰利乌斯的身份，参 Duff，*Plutarch's Lives：Exploring Virtue and Vice*，前揭，pp. 149 - 150，n. 63。

了他的屋子，任由田地荒废成为羊群的草场。不过，一个理论哲人的生活和一个政治家的生活在我看来并不相同。一个是**发挥他的智慧去追求高尚的目标，无需依靠工具或外界的材料，而另一个却要使自己优秀的品质与人的需要联系在一起**，有时，人们确实会发现财富不但在生活中必不可少，而且本身就是高贵的事物，伯里克勒斯就是一个鲜活的例子，他用财富帮助了许多穷人。（《伯里克勒斯传》，16.7）

对一个政治家来说，财富可以算作"好东西"。[1] 但普鲁塔克也意识到，参与公共事务时可能存在目光短浅的风险，于是他讲了年迈的阿那克萨戈拉的故事，他什么事都不管，只躺在睡椅上，将自己饿死。伯里克勒斯则对公众事务的关注过于投入，当他听到阿那克萨戈拉的事情时，感到万分惊愕，立刻跑去看他。他没有过多哀叹阿那克萨戈拉的命运，而是为他自己失去这样一位政治事务上的导师而难过。这位哲人曾教导他，需要明灯之人，须往灯中添油（《伯里克勒斯传》，16.8－9）。这个故事传达的意蕴，似乎并非政治卓越也存在缺陷，即无法看到个体的善——这段文字所言，是政治家不应该忽视他们赖以达成其目标的工具。

在《小卡图传》中，我们发现了一个相对而言比较陈腐的对立面，即小卡图的酗酒，他的朋友们这样解释：他白天忙于处理大量公民事务，参与公共活动，所以没有时间追求哲学，[2] 因此晚上要同

---

[1]　在两个极端之间取得平衡的构想，参《梭伦传》，2.5："一个好的政治家不应过于专注获取多余的财富，但也没有理由过分轻视生活必需之物。"普鲁塔克还经常说："正确地使用财富，比卓越的军事才能更好。"（《科里奥兰纳斯传》，10.8）

[2]　关于哲学作为一种语文学兴趣的体现，参《小卡图传》，22.1－3。

哲人们一起饮酒（《小卡图传》，6.9-4）。①这一退隐于哲人同伴之中的象征行为，不过是缺乏节制的高明借口。我们应该严肃思考，小卡图夜中的行为是为了满足他的知识追求，这个说法可能有什么含义。

可以推测，这些关于政治理论的哲学讨论，可能只局限于他白天的政治实践所对应的内容。事实上，普鲁塔克早就告诉我们，小卡图是廊下派哲人安提帕特（Antipater）的伙伴，此人尤其精于伦理与政治学说（《小卡图传》，4.2）。②小卡图退入书籍和哲人国度，很可能涉及一个类似于政治理论和政治实践之间的对比——政治家的闲暇时光与他繁忙的公共生活的对比。

普鲁塔克本人把政治行为的道德判断作为哲学问题来探讨，以反对过于"客观"地去观察政治策略会造成怎样的结果：忒米斯托克勒斯（Themistocles）"逐步引诱雅典人向海洋进发……是否损害了公共生活中的诚实和纯洁"？普鲁塔克将此留给"哲人去深入讨论"，但他觉得有能力评判忒米斯托克勒斯政策的实际效果，且不论其他证据，薛西斯（Xerxes）亲自见证的事实是，雅典的救星来自海上（《忒米斯托克勒斯传》，4.5）。

相比之下，普鲁塔克描述了布鲁图斯在雅典逗留期间，似乎完

---

① "整夜饮酒并与哲人交谈"，比较这一讨论，"饮酒时是否适合谈论哲学"，参《席间闲谈》，612Ef.。"卡图的嗜酒，可能是一个对卡图怀有偏见的传统细节，但转化为一个非常具有苏格拉底旨趣的行为：通宵饮酒，畅谈哲学。"（Duff, *Plutarch's Lives：Exploring Virtue and Vice*，前揭，p.143）普鲁塔克描写法沃尼乌斯的粗鲁行为时似乎有一些偏题，他未经邀请就来到卡西乌斯举办的晚宴，出人意料的是，他受到了欢迎，融入一个温和文雅的气氛："美酒、欢笑、诙谐、妙趣横生，还有哲学。"（《布鲁图斯传》，34.8，比较本文注43）

② 在《席间闲谈》613B中，卡图坚决主张哲学是关于生活的技艺（τέχνην περὶ βίον），这是"早期廊下派的定义"，参 Clement & Hoffleit, *Plutarch's Moralia* Volume VIII：*Table - Talk Books I - IV*，Harvard University Press，1969，p.10，那么，这种技艺很可能是消遣活动的一种。

全沉浸在与学院派和逍遥学派的 συμφιλοσοφῶν ［共同的哲学思辨］
中，他似乎一点也不担心"政治或其他实际的问题"，而且没有人怀
疑他正精心备战（《布鲁图斯传》，24.1）。① 就布鲁图斯而言，他忙
于"学术的"主题（一个现代意义上的词），这份忙碌显然将他与
政治活动隔绝开来——普鲁塔克以此证明，这些抱负无法很好地结
合。同样的观点也体现于西塞罗对自己未来的看法：如果他完全退
出公共事务的领域，就会前往雅典，将公众生活抛诸脑后，致力于
哲学（《西塞罗传》，4.3）。②

　　在《狄翁传》中，普鲁塔克描写了一些人在面对一个反讽的事
实时假装愤愤不平，这个事实就是，之前有一整支雅典军队已经开
赴西西里，但没有拿下叙拉古（Syracuse），现在却有一个"智者"
将成功地把握"基于控制、财富、奢侈的幸福"，换言之，狄俄尼修
斯通过将兴趣转移到学园派的哲学，去探索神秘优美之物，并"让
几何学引导他走向幸福"（《狄翁传》，14.3）。

---

　　① 布鲁图斯参加了学园派哲人忒奥门涅斯托斯（Theomnestus）（我们对
此人几乎一无所知，参 A. H Armstrong. *The Cambridge History of Later Greek and
Early Medieval Philosophy*，Cambridge University Press，1967，p. 58）以及逍遥学
派的克拉提波斯（Cratippus）（尤其以他关于灵魂的理论而著称，同上，p. 114）
的课程。大战前夕，布鲁图斯在用膳完毕后"特别希望进行哲学讨论"，《布鲁
图斯传》，40.1。对比下文。
　　② "［西塞罗］心想，万一他被彻底赶出了公共领域，他就将雅典变成自
己的家乡，远离公众集会和国家事务，并把他的生命完全投入追求哲学中。"西
塞罗创作并翻译了哲学对话，《西塞罗传》，40.2；参《德摩斯忒涅斯与西塞罗
合论》（*Comp. Dem. Cic.*，1.3）。另一方面，西塞罗对哲学的兴趣也影响了他
的政治实践，正如普鲁塔克所论，他在政治活动中起用了他的哲学同伴普布利
乌斯·尼基迪乌斯（Publius Nigidius），参《西塞罗传》，20.3.7–9。然而，可
以推测，这一影响主要涉及了占星的领域（可能还有巫术）；无论如何，西塞
罗（《蒂迈欧》［*Tim.*］，1.1）笔下的自己，是一个对"那些隐藏在自然背后
的事物"感兴趣的修习者，并且促进了毕达哥拉斯主义的复兴。

关于哲学与政治活动之间的对立，有一个稍显奇怪的例子，就是亚历山大致信亚里士多德的著名故事，亚历山大在信中抱怨，亚里士多德公开了口头秘传的（acroamatic）学识，从而贬损了他自己对 τὰ ἄριστα［最好的东西］的体验；这则故事传达的意思显然是说，亚历山大熟知亚里士多德关于"最好的东西"的教诲，而他认为自己了解的内容甚至比他目前拥有的政治权力更有价值（《亚历山大传》，7.6 - 7）。① 亚里士多德回复说，他讲授的这些理论既公开也没公开，因为实际上，这只是为那些从他授课伊始就修习这些学识之人所作的一份备忘录，从普鲁塔克的转述我们可以推断，公开的讲课内容是理论的科目，很可能是形而上学（metaphysics）（《亚历山大》，7.8 - 9）。

［原为脚注］"亚里士多德鼓励了亚历山大的这一抱负，说他提到的学说既公开也没公开；事实上他关于自然的（形而上学的）内容，对那些没有教或学过的人毫无用处，只是为那些修习过此学识之人作一个备忘录。"（抄件上的 μετὰ τὰ φυσικὰ［油然而生的/形而上学］，源自辛普里丘［Simplicius］，参 Hamilton, *Plutarch*：*Alexander. A Commentary*，前揭，p. 20；περὶ［关于］Xylander。）如果 Metaphysics（形而上学）之名源于安德罗尼克斯（Andronicus）（Hamilton, *Plutarch*：*Alexander. A Commentary*，前揭，p. 20），这就不可能是对亚历山大信件的逐字引用。根据普鲁塔克的记述——"隐秘且更深奥的教导"，亚历山大曾参加的可能就是哲人所说的"口头秘传"和"秘学的"（epoptic）东西。关于后面这个术语，参《伊西斯和俄赛里斯》（*De Is. et Osir.*），382D："对概念的统觉，纯粹简洁，像一道霹雳照亮灵魂般一闪而过"，也被称作哲学中"神秘的"部分。

---

① "我宁愿在认识最好的事物方面表现出众，而非高高在上的权力。"（7.7.4 - 6）亚历山大十分看重理论追求（在那则轶事里，亚历山大对第欧根尼的反应也约略反映了这一点），似乎无视亚里士多德的警告，哲学可能也会妨碍统治者：辑语 647R³（源自 Π Περὶ βασιλείας［关于王权］，《辑语选集》［*Fragm. sel.*］，p. 62）。Thome（1998，p. 173）的说法非常恰当，普鲁塔克笔下亚里士多德的政治理论，与亚历山大的政治实践之间的分歧并不明显。

亚历山大高度重视哲学，关心核心的"理论"哲学——作为政治理论的对立一面，这一点从普鲁塔克的评论中也可以看出，在普鲁塔克看来，尽管亚历山大和亚里士多德之间有了疏远，但亚历山大没有失去对哲学的热情，[①]比如，"此次隔阂之后，他继续向哲人馈赠礼物"——显然这也意味着他们仍然在做亚历山大几年前就已放弃的事。

那么，哲学与政治实践之间最有益的对立，似乎是关注政治哲学的研究作为从政治职务中的退隐。当理论哲学与政治实践对立时，理论哲学作为外在手段的独立性就尤为突出。

投身政治实践的哲人

当然，政治与哲学的对立并不排除哲人从事政治实践的可能。[②]不过，我们也要注意投入程度的差异。比较成功地参与政治行动的哲人，他们在这两个领域内的活动并不存在明显联系，尤其是在"哲人"似乎被用作一个通用名称时，并不能说明他实际追求的到底是什么。比如艾利亚学派（Eleatic）的莫里索斯（Melissus），这位哲人"在萨摩斯以将军的身份行使职责"。在这个例子中，他的哲学品质和他的公共职务之间没有联系，这似乎是有意为之。[③]在《忒米斯托克勒斯传》中，莫里索斯被称为 ὁ φυσικός［自然哲人］（《忒米

---

① "然而，这种对哲学的热切向往根植于他的本性，并随着他的成长而不断增加，从未从他的灵魂中消失。"（《亚历山大传》，8.5.1–3）

② "普鲁塔克赞扬了哲学教化与政治实践的结合"，Aalders & de Blois，"Plutarch und die politische Philosophie der Griechen"，前揭，p. 3391。当前段落所提供的一些例子，是关于"专业"的哲学家，他们参与到形形色色的政治项目中；随后一段关注了在公共的职位上，哲学如何（通过教育或其他方式）影响大众。

③ 《伯里克勒斯传》，26.2。Stadter 评论说："莫里索斯经常被引作一位具有实践技能的哲学家的例子"，参 Stadter，ed. A Commentary on Plutach's Pericles，Chapel Hill，NC，and London，1989，p. 248。

斯托克勒斯传》，2.5.2 – 3）。

　　同时参与这两个领域的人，是普鲁塔克笔下的人物麦加波利斯的埃克德罗斯（Ecdelus of Megalopolis），他"研究哲学并付诸行动"。埃克德罗斯曾是阿尔克西拉奥斯（Arcesilaus）在雅典学院的至交，他因采纳了阿拉托斯（Aratus）① 的大胆建议，正积极筹备向自称西徐昂（Sicyon）僭主的尼科克勒斯（Nicocles）发动战争。作为一名运载云梯部队的指挥官，在如何让军队悄然入城这一个环节上，埃克德罗斯起着至关重要的作用，可以说为阿拉托斯的成功铺平了道路（《阿拉托斯传》[*Arat.*]，5.1；7.3 及以下）。

　　另一个例子是西塞罗的儿子，他在雅典的"学校中研究哲学"——尽管如此，我们从西塞罗的信中得知，他宁愿去西班牙为恺撒效力。在普鲁塔克看来，布鲁图斯利用了西塞罗的儿子，作为对西塞罗与年轻的恺撒之间战略关系的制衡，给了他一支部队，他也确实为布鲁图斯获得了不少胜利。此外，"政治家们和哲人们"与狄翁通力合作，为他密谋如何推翻狄俄尼修斯的政权（《狄翁传》，22.5）。

　　但哲人在政治事务上容易犯错，一个生动的例子就是色诺克拉底（Xenocrates），他由于哲人的身份而被雅典人任命参加一个使团，雅典人以为，由于他的思想、声望与荣誉，没有人敢反对他：

　　　　福基翁再次前往忒拜，带领了另一个使团，其中有雅典人新派的哲人色诺克拉底。色诺克拉底由于自身的德性而受到极高的评价，而在所有人的眼中，他的名声和信誉又如此卓越，人类灵魂的港湾中不应该停泊傲慢、残忍、愤怒，因为这些会让他看见色诺克拉底而不去敬畏和尊重他。（《福基翁传》，27.1 – 2）

_____

　　① ［译按］原文这一段中两处均写作 Artus，系笔误，古史无此人，且阿拉托斯的人物历史与文中内容相符，全文其余几处为正确的 Aratus。

很不幸，他参加的使团取得了相反的效果，由于安提帕特身上的"某种残酷和对善的仇恨"，他断然拒绝接见色诺克拉底，并在一开始就剥夺了他公开演说的权力。色诺克拉底则发现，他被如此特殊地对待事出有因，因为唯有他拒绝了安提帕特提出的政策。事实上，似乎唯有他不满于安提帕特提议的政治条款；他总结针对自己的反对意见时说，安提帕特如果认为他们是奴隶就会温和地对待他们，但如果认为他们是自由人就会严酷对待。显然，雅典人不仅高估了安提帕特面对德性时的感悟，也高估了色诺克拉底是否适合在使团中扮演沉默一员的能力。①

在《阿格希劳斯传》（*Life of Agesilaus*）中，普鲁塔克笔下的伊巴米侬达斯"具有文化修养和哲学思想，但是，他未能证明自己具有作为一名指挥官的能力"。这一对比的含义不仅指向了他的政治和军事生涯，也指向了伊巴米侬达斯以其当前的身份给予其他使节的帮助：以他的声誉，他是唯一有勇气公开（用 *παρρησία* ［交谈］）呼吁和平的人，为了所有希腊人的利益，一个基于平等和正义的和平（《阿格希劳斯传》，27.6 - 7）。

哲学和政治活动之间一个更具实质性的关联，发生在埃克德摩斯（Ecdemus）和德摩法涅斯（Demophanes）身上，他们曾经在学院中结识了阿尔克西拉奥斯。普鲁塔克说：

> 比起他们同时代的人，他们更能够把哲学运用到处理政治活动和国家大事上。

他们以实际的行动反对了数个城邦中的僭政，并在昔兰尼人民的要求下，设法扭转当地动荡危险的政治局势，使昔兰尼成为一个具有

---

① "色诺克拉底高尚的哲学准则，已经超越了这个世界的现实政治（*Realpolitik*）"，Duff, *Plutarch's Lives*：*Exploring Virtue and Vice*，前揭，p. 150。

礼法与秩序的楷模。但是，他们评价对斐洛波门（Philopoemen）的教育时，认为自己仍然没有取得很大成就，"因为他们希望他能够运用哲学使得全希腊共同受益"（《斐洛波门传》，1.3－5）。① 柏拉图自己曾负责过狄俄尼修斯的雇佣军，但这是一支对这位哲人有宿怨的军队；阿尔基塔斯（Archytas）和他的毕达哥拉斯派同伴使柏拉图摆脱了这种糟糕的处境，并亲自营救了柏拉图（《狄翁传》，19.8，20.1）。

最后，如果一位实际参与政治的哲人接受物质馈赠的话，我们也不应该觉得意外：柏拉图虽然接受狄翁馈赠的金钱，但那是为了公共演出。②

---

① 埃克德摩斯（Ecdemus）显然就是《阿拉托斯传》中的"埃克德罗斯"（Ecdelus），见上文。

② 普鲁塔克提到，柏拉图逗留埃及期间曾靠卖油筹措经费，他甚至赞许这一做法，参《梭伦传》，2.8，参本文注27。一个有权力的地位需要坚实的物质基础，亚历山大与第欧根尼见面的另一个故事版本里有此暗示，即《致未受教育的君主》，5，782A－B。《致未受教育的君主》中，亚历山大的形象是一个有威慑力的人，但他突然意识到忽视哲学对自己造成了糟糕的影响。这一段落之所以值得注意，是因为通过对比《论亚历山大的机运》中那段修辞杰作（tout de force），我们能够看到，此处清楚地呈现了对亚历山大的处境和他的抱负的分析，而在《论亚历山大的机运》中，他被塑造成德性的卫士，受到命运的阻扰：

> 哲学的教训应该让我们有与亚历山大相同的经验，他前去拜访在科林斯的第欧根尼，赞赏他的天赋，为他的"精神和伟大"而感叹："若我不是亚历山大，我会成为第欧根尼。"他几乎是在说他被财富和荣誉所累，权力使他远离了德性，并且让他没有了闲暇时光，而他羡慕犬儒派的斗篷和行囊，因为第欧根尼能够避免这些东西，他不会被这些东西征服、俘虏，不，若他就是他自己，这些就是战斗、军马和长矛。所以，作为一名哲人，他能够在性格上成为第欧根尼却保持亚历山大外在的命运，并能变得更加第欧根尼，因为他就是亚历山大，由于他伟大的命运而被在风巨浪摇曳颠簸，他需要一块压舱石和一位伟大的领航员。

在《阿里斯提德传》(*Life of Aristides*) 中，普鲁塔克这样解释：

> 给予高贵与优秀之人的馈赠与朋友的馈赠，并不具有不可明言而又难以解决的水火不容的矛盾，但若私藏馈赠以满足自己的贪欲，当然就是卑鄙可耻的，若馈赠出于真诚无私、光明正大的目的，他们就不会拒绝。(《阿里斯提德传》[*Arist.*], 1.5)

在《狄翁传》中，普鲁塔克从一个不同的角度讲述了此事——尽管主旨相似。轮到柏拉图支付 choregia [演出] 费用时，他会慨然应允狄翁向歌队提供资金：柏拉图迁就了狄翁想要打动雅典人的心愿，因为这会为狄翁博得青睐，而不是为柏拉图自己赢得什么声望（《狄翁传》，17.5）。

虽然狄翁不是一个"专业"的哲学家，但我们应当继续观察他身上的这一方面（另一方面参下一段）：狄翁没有辜负柏拉图的期望，当他从叙拉古驱逐狄俄尼修斯后，狄翁近乎过分地犒劳了他的盟友，他的慷慨馈赠甚至超出了自己的财力。然而，至于自己，他则让全世界的人都对他的朴素和节制刮目相看：

> 他被那个时代誉为最伟大的人，身上具有的勇气和幸运都远超任何其他的指挥官，他的衣着打扮、出席的排场、使用的桌子总是那么适度，就好像他仍然在学园中与柏拉图在一起，而不是与那些雇佣军和正规士兵的首领共同生活——那些人只能以日常晏饮和其他享受来慰藉自己的辛劳与危险。事实上，柏拉图曾写信给他，告诉他世上所有的眼睛都在盯着他，但狄翁本人似乎只把眼睛固定在一座城市中的一个地点，就是柏拉图学园，

通过亚历山大在此处的形象，我们可以推测，如果他接受了德性而又没有放弃他的命运，那么，他所处地位的视野和重要性将使他基于德性（即他身上所具有的第欧根尼的素养）的强大，令人印象更加深刻。

他认为学园中的观者和评判者既不崇拜伟业也不欣赏勇敢和胜利，而是只关注他能否审慎得体地使用他的财富，并在极高的地位上表现出自己的中庸之德。（《狄翁传》，52.2 –4）

普鲁塔克意味深长地描写了狄翁身上结合的哲人与政治家特征，哲人以节制为要，政治家则要持有为公共事业而花费钱财的态度；然而，狄翁只关注自己仰慕的哲学流派的圈子。这样，狄翁本人简朴的行为方式、他对人民的高傲，却破坏了他的正面形象。普鲁塔克引述了柏拉图在一封信中对狄翁的告诫："刚愎自用伴随着孤独。"[1] 当一个专业的哲学家比他同伴更优异时，从政治角度来看，应该会有一个更具希望的局面出现，尤其是个人品质方面。比如布鲁图斯的朋友阿里斯托斯（Aristus），他是阿什凯隆的安提俄科斯（Antiochus of Ascalon）的兄弟，在西塞罗逗留雅典时是一位哲学教师，虽然在"学习方面不如"许多哲人，但在"得体的举止与和善的风度"方面却出类拔萃。[2]

若政治家同时也是哲人，会是一位更好的政治家吗？

我们已经看到，首先，一位政治家似乎可以变得"更好"，如果他在私人利益方面表现出节制——这既是一种态度，也是哲学生活方式的一部分，如果他能成功地激励下属，并追随他这种态度；其次，实践哲学能为政治实践提供宝贵的庇护所，同时也能支持政治实践。但是，哲人从事政治实践给人的印象似乎并不十分深刻。我们现在关注的问题是，进一步说，对于一位令人钦佩并且/或者

---

① 《狄翁传》，52.5。该引述源自柏拉图《书简四》，321C1。
② 《布鲁图斯传》，2.3。关于他自己身为哲学教师，参西塞罗，《致阿提库斯》，5.101.5。

（and/or）取得成功的政治家而言，普鲁塔克认为他应该具有怎样的品质，而这些品质与哲人品质之间有多少一致之处。①

　　让我们再从亚历山大的例子谈起。普鲁塔克向我们讲述了一则亚历山大在埃及的故事，他聆听了哲人萨蒙的教诲：所有人都由神统治，因为在任何情况下，统治者的权力都具有神圣性。然而，亚历山大自己对这一主题的认识"更富哲理"：他说，尽管神乃众生之父，但神视"高贵与优秀之人"为自己的子嗣（《亚历山大传》，27.10-11）。从世俗的角度来看，亚历山大的选择可以视为对埃及东道主深刻的宗教观的精炼。由于其精英主义的暗示，亚历山大具有特殊洞察力的说法被普鲁塔克称为"更富哲理"，但这可能会令我们感到一丝讽刺，因为萨蒙故事之后的段落谈到了亚历山大极其傲慢地嘲讽蛮族的行为，并引出了普鲁塔克对此的评论：他"就好像完全相信自己具有神圣的出生和家系"。尽管如此，这仍然提醒我们注意普鲁塔克所谓的"哲学"活动，这种哲学活动也需要专注于一项伟大的使命。②

　　当然，哲学对一个人作为政治家的品质能够起到正面积极的影响，努玛是一个明显的例子。普鲁塔克的努玛具有一切德性，包括天生的，以及通过教育、经验和哲学而获得的德性。普鲁塔克还强调了他因其节制而有别于其他蛮族，按照柏拉图的用法，这是真正

---

①　比如"统治者必须接受哲学教育或智者的忠告"，参 Aalders, *Plutarch's Political Thought*，前揭，p.45。根据《伦语》中的第一篇论文（疑伪），理想的生活方式是，"只要机会允许，一个人应该尝试既参与公共生活，又坚持哲学"（《论孩子的教育》[*De lib. educ.*], 7F-8B）。当在公共生活中赋予某个人角色时优先考虑的是实用主义：理论中的生活方式无法运用于实践中，可以说"毫无用处"，但没有哲学的实践生活"粗鄙而残酷"。

②　哲人优于君王，《论亚历山大的机运》正是以此来刻画亚历山大行为的品格，关于我们对普鲁塔克这一笔法的分析，可参前文。

的男子气概。他是优秀的仲裁人和劝诫者，却将自己的闲暇时光用于研究诸神：

> 由于天生的气质被协调符合每一项德性，由于受到的教育、经受的磨难，以及对哲学的钻研，他更善于克制自己。因此，他不仅祛除了灵魂中可耻的情欲，还摒弃了被蛮族奉为最高荣誉的暴力和贪婪，他相信真正的勇敢在于运用理智支配自身的激情。由于这个缘故，他在住所内撤除了一切豪华与奢侈之物，公民与陌生人都一致视他为一位无可指摘的仲裁人与劝诫者，他却过着隐居和闲适的生活，不贪图享乐和追求利益，而侍奉诸神，理性地思考诸神的本性与力量。①

那么，努玛对宗教和关于神圣事物的理论的兴趣，作为一种潜在因素，能够解释他作为政治家何以具有特殊的才能：②

> 或由于敬畏神明——诸神似乎特别眷顾努玛，或由于对他

---

① 《努玛传》，3.7 - 8。我们应该注意，καὶ φιλοσοφίας［对哲学的钻研］在《合论》中并不存在，事实上，这可能是后来添加的内容，因为这与努玛对神圣的兴趣有关，这样处理的一个理由可能在《努玛传》（8.5 - 6）中，毕达哥拉斯哲学的很大一部分其实与"宗教事务和工作"有关，关于努玛πολιτεία［政制］的情况，重要的原因是，为何努玛的σοφία［智慧］和παίδευσις［教育］与毕达哥拉斯的群体有联系。另一方面，这可能回应了努玛传记中存在的疑问，即为何"哲学"包括了对神圣事物的研究。随着安放努玛遗体的第一具石棺埋葬的第二口石棺中，为什么只有神圣的书籍，或者希腊哲学书籍（22.2 - 6）？两种说法有什么差异？无论如何，可能都会有人主张，当前的语境关注的是个人品格的发展，"哲学"往往或多或少地等同于παιδεία［教育］（以及κακοπαθεία［苦难］?），因此，这一添加的内容似乎略显多余（因此，这是一条页边注?）。

② 《努玛传》，20.8 - 10。对于柏拉图式的理想，某个"神圣的机运"让君王的权力可能与哲人的洞察结合在一起，参柏拉图，《王制》，592A7 - 9。比较 Duff, *Plutarch's Lives*: *Exploring Virtue and Vice*，前揭，p.90，n.68。

的德性的敬重，或由于奇迹般的机运——他在生活中能够保持纯洁，不受到任何罪恶的玷污，这三种可能性使他成了柏拉图某句名言的一个鲜明实例和确证：许多世代以后，柏拉图论及治国之道时曾大胆地提出他的论点，要让人类的不幸终止并消失，唯有某种神圣的机运，让君王的权力同哲人的洞察力结合在一个人身上，从而树立起德性，去战胜并制止罪恶。

一个具有努玛品质的政治家，不仅需要节制，还要对社会德性具有良好的判断力；但是，为了树立统治者的地位，即使努玛也还是缺乏足够的哲学基础，因此需要某些神圣的因素。依据命运与德性之间的修辞对比来分析这一情况，似乎并不是特别乐观——其实，在《对比列传》的语境中，神圣机运的因素可能有着特殊的效果，正如许多例证所表明的，通往权力的道路充满了暴力和堕落。在《吕库古与努玛合论》（*Comparison of the Lives of Lycurgus and Numa*）中，普鲁塔克这样评论：

> 总之，他们两人显然都同样竭力引导各自的人民走向独立和节制；但就其他德性而言，一位比较激励和欣赏刚毅，另一位更加偏爱正义——若非那些构成各自政制基础的本质或用途相异而需要采取不同的政策，情况就不会这样。① 因为努玛并非出于怯懦才制止发起战争，他是为了避免使受托之事变得不义；同样，吕库古也不是为了去行不义才使人民尚武好战，他是为了使斯巴达免受不义之害。因此，为了防止公民的过度行为和

---

① 以此短语εἰ μὴ νὴ Δία［若非］（普鲁塔克似乎特别喜欢以此替代更具散文口吻的εἰ μὴ ἄρα［如果不是］）作为开头，可能意味着作者认为存在这种可能性；《对比列传》中出现14次，而《合论》中出现5次。对于τὰ πολιτεύματα作为"政治政策"（political projects）（比 Perrin 所用的"政府"［government］一词意思更广），比较《恺撒传》，4.8；《伯里克勒斯传》，12.1。

弥补公民的不足，两个人都不得不做出伟大的改革。(《吕库古与努玛合论》，2.1 -4)

如此看来，努玛基于正义的政策本质上似乎并不比吕库古的战争选项高明，这样做或许是大环境所迫。

我们已经看到，狄翁作为一个参与政治活动的人，表现出强烈的哲学倾向。普鲁塔克引用了柏拉图本人对青年狄翁的评价：他是一位优秀的学生，在学习和热切之中回应德性的召唤。当狄翁体悟到"聆听哲学演说能够导向德性的时候"，他的灵魂急速地发热；他在自己青春年少时就期待这样的言辞也会对狄俄尼修斯有着同样的效果（《狄翁传》，4.6 -7）。普鲁塔克描述了狄翁如何劝说狄俄尼修斯珍惜每一位来到西西里的哲人，目的是让"他的性格受到德性准则的管控"，为哲学在政治领域发挥影响提供第二动力：狄翁希望狄俄尼修斯与哲人的接触使他

能与所有存在之物中最神圣和最漂亮者相符，遵从其指引的方向能使宇宙万物从无序变得有序。

这种和谐的局面将发挥出持久的引导作用，因为它完全基于"由德性和正义形成的善意、热情和恩惠"，换言之，"他会成为王者，而非僭主"。当然，如果一个统治者的身形被雄伟高贵所覆盖，会稍显古怪，就他个人与人们打交道的方式而言，他并不比普通人更高贵雄伟（《狄翁传》，10 -11）。①

---

① 同样，这里的短语 $\tau\tilde{\eta}\varsigma$ $\psi v\chi\tilde{\eta}\varsigma$ $\tau\dot{o}$ $\beta\alpha\sigma\iota\lambda\epsilon\iota o\nu$ [他灵魂的高贵皇宫] (10.5.4)，原文注18；$\beta\alpha\sigma\iota\lambda\iota\kappa\acute{\omega}\tau\alpha\tau o\nu$ … $\tau\dot{o}$ $\pi o\nu\epsilon\tilde{\iota}\nu$ [高贵的苦役]，《亚历山大传》，40.2.6，见上文。对于"高贵的"（Kingly）在政治或不同的社会语境中的含义，另参《普布利科拉传》（Publ.），1.3（塔克文·苏培布 [Tarquinius Superbus] 没有 $\pi\rho\tilde{\alpha}o\varsigma$ [像君王那样] 使用他的权力，而是"恣意专横且像一个僭主"）；

作为一个看似合理的对抗手段，狄翁的政敌试图让狄俄尼修斯召回腓力斯托斯（Philistus），一个"既精通文墨又深谙僭主之道的人"，试图利用他对付、制衡柏拉图和哲学。在柏拉图的第三次西西里旅程中，岛上将充满希望，柏拉图会战胜腓力斯托斯，哲学将取代僭政（《狄翁传》，19.1）。①

在《吕库古传》中，吕库古之所以能获得人们的称颂，是因为他以自己的实际行动展现了某些哲人言辞的说教——这多少有些类似普鲁塔克讲辞中为哲学发声的亚历山大：

> 吕库古的主要目的并不是要让他的城邦去统治其他众多的城邦，相反，他认为，和一个人的幸福一样，整个城邦的幸福在于德性的充盈和内在的和谐。因此，他的所有措施与调整的目的在于使人们在所有方面都能自由、自足、自制，并尽可能长久保持这些品质。柏拉图、第欧根尼、芝诺以及所有那些由于写了关于这一主题的著作而赢得人们称赞的人，都引用了吕库古创设的政制，不过他们传之于世的只是著作与言辞。另一

《罗穆卢斯传》（*Rom.*），7.6（雷慕斯［Remus］信任努米托尔［Numitor］，他在听到被告人的陈词后作出了考虑周详的惩罚，因此似乎比阿米利乌斯（Amulius）更βασιλικώτερος［像君王］，后者不经审讯随意判罚）；《阿基斯与克莱奥门涅斯传》（*Ag. et Cleom.*），45（24）.3–6：莱山德瑞达斯（Lysandridas）请克莱奥门涅斯负责一场诉讼，这比起以前所有的诉讼都要κάλλιον καὶ βασιλικώτατον［公平，像一个君王之所为］；克莱奥门涅斯的回应是将他送回他的城邦，因为"好的名声所传扬的内容，总是要生活那种利益的追逐"；在《德墨特里俄斯传》（*Demetr*），52.6中，国王塞琉古据说后悔曾那样对待德墨特里俄斯，说他甚至没有达到"野蛮的忒腊基人"德罗米凯特斯（Dromichaetes）的水平，此人待吕希马科斯（Lysimachus）这位俘虏φιλανθρώπως καὶ βασιλικῶς［既仁慈又高贵］。另参《努玛传》，20.9，《阿里斯提德传》，6.2。

① 关于哲学有益于国家的观点，参《致未受教育的君主》，780E，782A。

方面，吕库古却没有留下著作和言辞，但是他创造了一个难以模仿的真实政制；并且，对于那些坚持认为天生的智慧和禀赋只存在于理论中的人，吕库古给他们提供了一个范例，整个城邦都充满了对智慧的热爱，他的声名理所当然超越了所有那些曾经在希腊人中创建政制的人物。（《吕库古传》，31.1-3）

在此，吕库古的政策是基于这样的信念：个人与城邦之间的类比——或者，更确切地说，两者具有相似的状态，个人的成就与城邦的繁盛都有赖于德性与和谐。

成为政治家所需的品质大致清晰可见，但是，共同体中如何实现团结并服从政治家本人的统治，可能还需要进一步的考察。似乎还存在一个重大的危险，一个人的政策可能会使人民变得ἀκόλαστος［放纵］而不是σώφρων［节制］，伯里克勒斯的一些公共措施就是典型的例子（《伯里克勒斯传》，9.1）。在《加尔巴传》（Life of Galba）中，普鲁塔克似乎认同柏拉图的观点，有必要重视统治对象的精神作用（《加尔巴传》，1.3.5）：①

（柏拉图）意识到，对一个优秀的指挥官或将军而言，若他的军队既不服从也不忠诚，他将寸步难行；他认为，服从的德性与君王的德性一样，需要高尚的本性与哲学的滋养，这十分和谐地协调了和善的品质与人性中的勇气和进取心。许多可怕的事件……见证了一个未经培养而抱有非理性冲动的军队带来的风险。

无论如何，就布鲁图斯而言，哲学教育是他身上不太合格的品

---

① 对比 De Blois & Bons, "Platonic Philosophy and Isocrates Virtus in Plutarch's Numa", 前揭，p. 178。

质，原因很明显，更合格的品质需要教育与特殊天性之间的巧妙结合。与他祖先的暴烈①相比，布鲁图斯"让他的性情受到哲学训练和演讲的影响"，因此，"他平静而温和的天性受到激发，并引向行动，这显然促成了与善最大程度的和谐"（《布鲁图斯传》，1.3-4）。②由于他的道德品质，甚至那些由于他阴谋反对恺撒而对他心存怨恨的人，都倾向于将一切高贵的行为归之于布鲁图斯，并转而谴责卡西乌斯：他的行为方式就不那么纯粹，不那么真诚，而他的邪恶暴行最令人难以忍受。在布鲁图斯身上，一名政治家在追逐野心的过程中表现出某种直率，显然有助于此人的声望和他的成功。在任何情况下，一个始终成立的观点似乎是，布鲁图斯的哲学教育激励并且很可能指引了他的政治活动，而一个高贵而温和的性格就为他的成功提供了必要的基础。

事实上，一个政治家可能有意在哲学与他的行动之间画上等号，比如斐洛波门，他让自己倾心于哲人的著述——但只限于那些他认为有助于德性的著述。对他而言，这些著作的价值（尤其是关于政治和其他道德话题的著作）能与荷马史诗、埃万格鲁斯（Evangelus）的《用兵之道》（*Tactics*）以及那些关于亚历山大的历史著作媲美，斐洛波门认为，"对这些作品进行认真严肃的研究，将有助于行动"（《斐洛波门传》，4.6-9）。③ 这种态度并没有削弱他的老师们的重要意义，我们知道，斐洛波门的老师是哲人埃克德摩斯和德摩法涅斯，他们十分自豪，因为他们认为自己的学生将因为自己的特殊教

---

① ［译注］即废黜塔克文的 Lucius Junius Brutus。

② 对比《科里奥兰纳斯传》，15.4："（马尔库斯）放纵了自己天性中的激情易怒和争强好胜的一面，这其中存在某些伟大而崇高的东西，但他尚未被灌输这样的观念：在理性和教育的影响下，庄重与和善才是政治德性的主要部分。"

③ 可以对比的是，亚历山大认为《伊利亚特》提供了"军人德性的楷模"（《亚历山大传》，8.2）。

导而有用于希腊（《斐洛波门传》，1.3）。

那么，似乎很明显，除了个人素质，政治家需要一种使人民臣服于其统治的力量；或依靠暴力，或凭借说服。

政治与说服力

伊巴米侬达斯曾公开呼吁，为了全希腊的利益要实现和平，这一行为清楚地表明，说服对于政治行动的成功十分重要（《阿格希劳斯传》，27.6 –7）。从相对狭窄的视野来看，在政治家们之间，哲人克拉特斯（Crates）成功说服了德墨特里俄斯不再围困雅典，部分原因是他代表雅典人所作的论说，部分原因是他向后者提出了更有利的建议（《德墨特里俄斯传》，46.3 –4）。当然，若劝说的力量被卑劣之人握在手中就会十分危险，如狄翁的对手赫拉克莱德斯（Heracleides），这"是一个在追求权力和荣耀的集体中最不值得仰赖和成为伙伴的人"，尤其是，如果他还广受一群同样卑劣的人欢迎时：

> 于是，赫拉克莱德斯立刻企图博得大众的青睐，他在劝说和鼓动他想要讨好和取悦的人群方面具有一定天赋，诱惑并赢得他们易如反掌，因为他们早就厌恶狄翁的高傲了，他们愤怒地认为狄翁太过高傲，这对于一个公众人物来说是不恰当的，由于他们自身力量的放纵和鲁莽，在没有成为一个真正的城邦民之前就渴望成为被煽动（demagogy）的对象。（《狄翁传》，32.5）

当狄翁得知灾难降临叙拉古的消息，信使们已经在议事厅发表完演讲，狄翁也以他自己的风格做了演说。开始，他的演讲不断为泪水所打断；他的雇佣军十分同情他，希望他振作起来。在责备了自己之后，狄翁顶住了压力，成功呼吁与对方进行合作（《狄翁传》，43）。

在《对比列传》中，普鲁塔克不止一次提到安提帕特赞美亚里士多德的话，除了其他天分，亚里士多德还具有劝说的天赋——他引用这段话意在指出，说服能力不容忽视。比如，这可以用来解释老卡图具有的品质，处理许多民事案件时，多数情况下他作为原告律师能获得胜诉，但他作为被告的辩护人也未尝败绩，这多亏了"他生命中坚固的堡垒和锋利的武器，即雄辩之才"——这是比他的命运女神和精灵更重要的因素（《阿里斯提德与老卡图合论》[*Comp. Arist. et Cato mai.*]，2.5）。在一个更具政治意味的语境下，普鲁塔克以安提帕特的称赞开始，然后比较了阿尔喀比亚德与马尔库斯（Marcius）① 同人民的关系（《阿尔喀比亚德与科里奥兰纳斯合论》[*Comp. Alc. et Cor.*]，3.3 – 6）：

> 安提帕特在一封有关哲人亚里士多德之死的信中写道："除了其他天赋，还具有劝说天赋"；马尔库斯则缺少这种天赋，所以，每一个因他的伟大功绩和高尚德性而受益的人反而厌恶他，因为他们无法忍受此人的傲慢和刚愎自用，这些被柏拉图称作"与孤独相伴"。另一方面，阿尔喀比亚德了解如何用亲密的态度对待那些遇到他的人，所以，他的成功给他带来了人民的青睐、个人的荣誉、鲜花和欢呼，这并不令人吃惊，即使他的某些错误也常常充满了魅力并让人觉得妥当。这就是为什么，尽管他频繁地对他的城邦造成巨大伤害，却仍然屡次被委任为领袖和将军；而马尔库斯面对本是他应得的官职——因为他有无数英勇的表现和辉煌的功绩，却铩羽而归。所以情形就是如此，一个即使正在伤害他的同胞，也能让他们不厌恶自己；另一个

---

① ［译注］马尔库斯即科里奥兰纳斯（Gaius Marcius Coriolanus）的氏，Coriolanus 是他的绰号。

呢，即使曾受人们钦慕，但完全不受人民爱戴。

修辞技巧可以赢得人民大众，这是一项独立于其他能力的技能。① 显然，普鲁塔克在克拉苏（Crassus）身上突出了这一观点，在描写了他的修辞技巧后，普鲁塔克提到，除此之外，克拉苏似乎还精通历史，在哲学领域也不无经验，常常运用许多亚里士多德的观点。普鲁塔克似乎十分赞赏克拉苏使用自己修辞能力的方式：②

> 至于他的修养，他主要在用途广泛的演讲技艺上下功夫，他成了罗马最有威望的演说家之一，他的专注和勤勉让他超越了那些天赋聪慧之人。人们说，他承办的案件，哪怕是不足挂齿的粗鄙小事，他都无一不作周密的准备，每当庞培、恺撒、西塞罗不愿为某些案子再作辩护时，他就会承担起辩护者的全部责任。这样一来，他就比庞培等人更受人们欢迎，被认为是一位细心谨慎，随时准备帮助他人的人。他还以和善可亲与毫不矫揉造作的风度取悦人们，他就这样与人们握手，向他们演说。他从未遇到一个罗马公民，会因为对方的卑贱和低下而不屑于回应对方的问候、称呼对方的名字。 （《克拉苏传》[*Crass.*]，3. 3 – 5）

---

① 一个有趣也有些奇怪的例子与阿拉托斯有关，他倾向于从公众的角度看待一切，而非个人视角；他具有政治天赋（就如果实会自己生长一样，无需任何耕作）。他在操纵人民的策略上表现尤为出色，但他在公开场合必定会表现出某种缺陷，就好像是一个白天没有视力的动物。他天生的德性并不被哲学的 λόγος ［逻各斯］所支持（《阿拉托斯传》，10）。我同意 Thome 的观点，强调他缺乏哲学教育在这里似乎有些牵强（Thome，1998，p. 172，n. 9）。《阿拉托斯传》（3. 3）提到，阿拉托斯具有演说的素养，并不足以当一位政治家。

② 相比之下，西塞罗否认以前对克拉苏的称赞，称那只是用称赞下属的方式所作的修辞练习，其中可以看出他的野心（《西塞罗传》，25. 2）。

雄辩术也被认为是哲人卡里斯忒涅斯（Callisthenes）身上的一个正面特征，他是亚里士多德的亲戚，人们赞扬他的生活方式井然有序、高贵庄严、自由独立。他试图减轻亚历山大杀死克雷托斯（Cleitus）后的痛苦，尝试用一种慎重温和的方式，利用典故和迂回的言辞开导亚历山大，避免对他造成伤害（《亚历山大传》，52.3.1 - 53）。然而，亚历山大似乎对阿布德拉的阿那克萨尔科斯（Anaxarchus of Abdera）的方法更有感觉，"此人一直在哲学的道路上特立独行，并获得了鄙视和轻蔑同伙的名声"。他一走进亚历山大的房间便高声大喊。

> "这里就是亚历山大，整个世界都在看着他；他却躺在榻子上像个奴隶一样哭泣，因害怕律法和人民的责难，但是，他本人就是律法和正义的尺度，因为他已经征服了统治和主宰一切的权力，却不能像一个顺从的奴隶那样被徒然的见解所统治。难道你不知道，"他说，"宙斯让正义和律法坐在他的两边，为的是使他统治世界的每件事都成为合法的和正义的吗?"阿那克萨尔科斯这番话成功减轻了亚历山大的痛苦，不过这也确实改变了他的许多性情，使他变得更加虚荣自负和目无法纪；阿那克萨尔科斯也因此获得了国王的宠幸，这使得亚历山大与卡里斯忒涅斯的交往变得不愉快，他的严肃更加深了国王对他的冷遇。（《亚历山大传》，52.5 - 6）

其他智术师也都因卡里斯忒涅斯的口才吸引了年轻人的关注而感到恼怒，妒忌他的名声；不过，卡里斯忒涅斯不受欢迎的原因还是他自己，因为他不懂得社会交往的要求。普鲁塔克提到，亚历山大曾要求他在桌边演讲，但他缺乏委婉的引用策略，普鲁塔克认同亚里士多德对卡里斯忒涅斯的评价：他是一位优秀的演说家，但缺乏 νοῦς [睿智]。不过，当卡里斯忒涅斯对 proskunêsis [鞠躬礼] 采取强硬的反对态度时，普鲁塔克十分赞赏，认为这完全是哲人之举：

> 至少在礼仪的问题上，他强硬地拒绝，正如一位哲人所当为，他孤军奋战，在公众面前陈述愤慨的原因，许多年长的、最优秀的马其顿人对此也暗中同情、赞赏。通过反对行鞠躬礼，他从这一巨大的耻辱中挽救了希腊人，同时更挽救了亚历山大；但他因此毁灭了自己，因为人们认为他使用强迫而非劝说来感化国王。（《亚历山大传》，54.3）

以基于坚实的道德信念行事，就是哲人之行事，理应受人赞赏；但这对于一位面对更强大的对手的演说家而言，无疑是判断失当，因为他没有留给对方挽回颜面的机会。

普鲁塔克赞许小卡图的哲学态度，但对他的修辞技艺没有轻易许之。正如我们所知，小卡图尤其致力于道德和政治这两个哲学分支的研究。普鲁塔克这样描写他，似乎并非没有深思熟虑，小卡图为追求每一种德性而激越，尤其喜欢绝对正义的严格形式所构成的善的形式。此外，他也练习能够对民众施加影响的修辞术，这基于一个假设：在政治哲学当中——就像在一个巨大城邦中，总有某些尚武的因素。然而在实践中，他从未在公共场合演讲：当有人指责小卡图总是缄默不语时，他这样解释，他想说的只有沉默更好（《小卡图传》，4）。① 进一步观察《小卡图传》，我们可以发现，这些训练的确富有成效，因为他成功地动员人们备战，当时很多其他人都失败了，只有卡图的演说成功激励了士兵，在讲话中他运用了哲学可以提供的所有见解：

---

① Duff 论普鲁塔克对福基翁和小卡图的负面描写，参 *Plutarch's Lives：Exploring Virtue and Vice*，前揭，p.156。

在其他所有的演讲者后，卡图用他从哲学中汲取的所有恰当的见解，以真诚的情感谈论了自由、德性、死亡以及荣耀，继而祈求诸神见证他们为国家所作的斗争，最终，这在士兵中引起了巨大的轰动，呐喊之声响彻天际，也激起了所有指挥官的希望，使他们能够迅速直面临近的危险。(《小卡图传》，54.8-9)

无论如何，至少取得了胜利，但当他看许多勇敢的公民在彼此手中倒下，卡图为自己的国家哭泣，他哀叹φιλαρχίαν［对统治的爱］竟会带来这么多的不幸和灾难。

另一方面，缺乏政治或哲学素养的演说能力可能会有严重的危险。德摩斯忒涅斯（Demosthenes）鲁莽灭裂，勇敢到公开为战争辩护，但他在战斗中的行为却与言辞大相径庭：他逃离了自己的岗位，跑得像一个真正的 rhipsaspis［掷盾者］。胜利后，腓力（Philip）"对一个演说家的力量和能力"不寒而栗，因为"他能够在短短的一天里危害自己的帝国和生命"(《德墨特里俄斯传》，20.2-3)。

基俄斯的忒奥多托斯（Theodotus of Chios）是一位投靠恺撒的修辞学教师，① 他在公民议会中能有一席之地只是因为没有更优秀的人，他发表了有关杀死庞培的演说，且对此负有主要的责任；最终，他为自己的言行付出了代价：

公民议会采纳了他的意见，伟大的庞培死了，这证明人生充满意想不到和难以置信的事情，这都拜忒奥多托斯那巧妙的修辞术所赐，这位智术师自己一向乐于如此吹嘘。但是，不久后恺撒来了，其他可怜的人受到了他们应有的惩罚，悲惨死去；至于忒奥多托斯，在向命运女神借了足够的时间后，过着到处

---

① ［译注］此人是埃及托勒密十三世的老师，在庞培逃至埃及时，他出卖庞培投靠恺撒。

流亡、穷困潦倒、卑贱可耻的生活，他没有逃过当时正经过亚洲的布鲁图斯的注意，布鲁图斯抓住并惩处了他，此人因死而获得的名声远甚于他生前的名声。(《布鲁图斯传》，33.5 - 6)

考虑到所有这些情形，对普鲁塔克来说，最令人信服的说服方式似乎就是展现德性的劝说，普鲁塔克在《对比列传》中对πραότης [和善] 和φιλανθρωπία [博爱] 等社会德性的强调也足以说明这一点；① 普鲁塔克关于努玛成功的基础的其他思考，似乎也能够说明这一点 (《努玛传》，20.11 - 12)：

> 因为，也许没有任何必要用强制或恐吓的办法去对待大众，当他们亲眼从自己统治者的一生中目睹一个闪耀着德性的榜样时，就会自愿地走上智慧所指引的道路，同他们的君主联合在一起，使自己符合无可指摘地受到祝福的生活、充满友谊而和谐融洽的生活、伴随着正义与节制的生活。这样的生活是一切安邦治国者最崇高的目标，一个国王若是能够将这样的生活与这样的气质教给他的人民，就是国王中的佼佼者了。事实表明，努玛因具有这样的洞察力而卓越非凡。

柏拉图式哲人的权威终究以绝对真理为根基，但在实践中，这种权威必须被与节制和其他仁慈的社会德性一致的理性劝说取代。最具君王气质的人，不是凭借暴力迫使人们服从他，而是以身作则。这可能就是像努玛一样的人，而不是去等待一个神圣的机运：一位领袖通过将自己的生活方式树立为榜样，以德性赢得众人，才是真

---

① 参 Wardman, *Plutarch's Lives*, London, 1974, p. 226; Martin, "The Concept of Praotes in Plutarch's *Lives*", *GRBS* 3 (1960), pp. 65 - 73; "The Concept of Philsnthropia in Plutarch's *Lives*", *AJPh* 82 (1961), pp. 164 - 175; 参 de Romilly, *La douceur dans la pensée grecque*, Paris, 1979.

正高贵的君王。① 在与《努玛传》对应的《吕库古传》中，吕库古作为立法者，他认为通过教育将［对好的］*προαίρεσις*［追求］植入年轻人的灵魂，这比*ἀνάγκη*［强制］更可能导向成功。②在这篇传记中，普鲁塔克找到了其中的原因，他发现：

> 人们不会去服从那些无能的统治者，而且服从恰恰是要向统帅学习的一门课程。优秀的领导者造就优秀的追随者，如同驯马技艺的最终目的是让马变得温顺驯良一样，治国之道的任务就在于向人们教育服从的观念。（《吕库古传》，30.4）

普鲁塔克确信德性是我们追求之中唯一神圣的东西，他在《阿里斯提德传》中直言：

> 在他的许多德性中，给群众印象最深刻的是正义，这是他坚持不懈身体力行的结果。所以，虽然他贫穷且出身平民，他还是获得了尊贵（*βασιλικωτάτην*）且神圣的（*Δίκαιον*）称号：正义者。这个称号并非君王或僭主所追求的，不，他们热衷于"攻城王""霹雳""征服者"或"雄鹰""猛隼"之类，③靠暴

---

① 对比《阿基斯与克莱奥门涅斯传》，34（13）.9：以 *κάλλιον καὶ βασιλικώτατον*［公平和像一个君王所为］尝试赢取人民的支持，不是通过礼物而是通过交流和谈话，去激发人们的快乐与信心。比较 de Blois & Bons, "Platonic Philosophy and Isocrates Virtus in Plutarch's Numa"，前揭，p. 176；"普鲁塔克对非哲学的领袖的赞赏"——柏拉图意义上的，同前，p. 180。

② 《吕库古传》，13.2。对比亚历山大驯服布克法拉斯（Bucephalas），以及从腓力那里接受他未来王权的教诲，《亚历山大传》，6。

③ ［译注］依次为，马其顿的德墨特里俄斯一世、马其顿王托勒密（埃及托勒密一世长子，流亡至马其顿称王）、塞琉古、皮洛士、叙利亚王安提俄克（塞琉古安提俄克二世幼子，叛乱后称王）。

力和强权来树立声誉，而非德性。可是，这些人急于寻求并让自己遵从的神圣，据说必须具备三项卓越的因素：廉洁、权力、德性。其中最受尊重也最神圣的当属德性，因为在真空和原素中具有不会腐坏的性质；而地震、霹雳、突如其来的旋风、泛滥的洪水都能显示巨大的威力；但正义的本质只有运用理智的力量才能实现。①

除此之外，一个具有力量、财富、权力的人生，需要正义才能让自己变得神圣，不义会让他变得残忍。布鲁图斯作为"理想"形态，典型地体现了这种价值观，他凭借的不是 δύναμις［力量］而是 ἀρετή［德性］（《布鲁图斯传》，29.8）。②

在这些段落中，我们似乎可以发现，在普鲁塔克眼中，劝说对于如何展现德性（尤其是正义）的价值，在公共和私人领域均是如此，这将增加一个人的影响范围。相对而言，一位展现出这种德性

---

① 《阿里斯提德传》，6.1 - 3：τῷ φρονεῖν καὶ λογίζεσθαι［运用理智的力量］［抄本上还有 τὸ θεῖον（实现神圣）］；Ziegler 遵循 Bernardakis 的看法，校订为 θεῖον ἐστι［成为神圣］。

② 关于描写他的道德特征，参《布鲁图斯传》，29.3。布鲁图斯作为"朴素的行动哲人"，参 Duff, *Plutarch's Lives: Exploring Virtue and Vice*，前揭，p.156，n.86；参 Pelling, "Plutarch: Roman Heroes and Greek Culture", in Griffen and Barnes (eds.), *Philosophia Togata: Essays in Philosoph and Roman Society*, Oxford, 1989, pp. 222 - 226。普鲁塔克的政治理想并非基于一个特定的政府形式，或一个特定的行政机构，而是基于最重要的道德的价值观、正义，和人性。对比 Aalders, *Plutarch's Political Thought*，前揭，p.44；Aalders & de Blois, "Plutarch und die politische Philosophie der Griechen"，前揭，p.3395；参柏拉图，《法义》，卷六，757B。马尔库斯在劝谏贵族时用了看似相似的对比（他们应该向平民展现自己的德性而非力量，《科利奥兰纳斯传》，7.4），当时他谈论的是贵族的特殊勇气和准备开战的 οἱ πολλοί［多数人］的政治力量之间的矛盾。

的政治家会使更多的人从中受益①——并且，可以补充一点，从另一种意义上讲，展现出这种德性原理的《对比列传》的作者，会让更多的人受益。

结 论

在《对比列传》中，哲学首先与节制有关，也关乎一位政治家的哲学品质——尽管普鲁塔克也认识到，和商人一样，政治家拥有一定程度的财富或许有用，这同样适用于从事政治的哲人。

很显然，如果一个人没有政治野心，他可以成为一位优秀的哲人。第欧根尼是一个极端的例子；"理论"哲学，有时可以给那些希望（或被迫）远离积极生活（vita activa）的人提供一个庇护所。当理论生活关注形而上学时，它可以提供一个真正的庇护所，甚至被当作一个奥秘（arcanum）——比如亚历山大在亚里士多德课堂上的所学。

在这些情形中，哲学以逃避尘世和社会交往的庇护所为其特征，但实际上可能还包含了对政治以及其他道德问题的研究。另一方面，精通这类研究的人，似乎既有能力也有意愿协助参与实际政治的人；然后，他们或自愿选择，或被敦促鼓励，去参与政治。事实上，这些"行动哲人"与那些政治家并没有真正的不同，因为那些政治家也具有哲学品质，或展现出一种哲学的态度；另一方面，《对比列传》中的例子清楚地表明，实践生活的一个基础显然是才能（asset）。

有时候，一个具有一切哲人品质的政治家却失败了，某些缺少

---

① 在《哲人尤其应当与统治者交谈》（*Max. cum princ.*），777A，普鲁塔克评论了对一位统治者、一位政治家，或者一位行动者进行教育的好处，因为会有更多的人从中受益。

哲人素养的人反而被证明比一个政治家更优秀。在现实生活中，一个群体的利益只依靠哲学将无法实现，说服似乎是一种必要工具，大众的诉求也具有不可低估的价值。演说的力量自然必不可少——下面这个情形也许不是巧合，当我们提到需要熟谙λόγος［逻各斯］时，它的意思既可能指"修辞"方面，也可能指"哲学"。如此看来，《对比列传》中最直言不讳的段落，就是那些将公开展示德性的劝说视为理想状态的部分。但在有些具体情形中，普鲁塔克肯定认识到，德性行为有时会给政治带来负面影响，那么，这些情形其实存在缺乏沟通的问题。

对普鲁塔克而言，除了节制的德性，哲人与合格的政治能力之间似乎不存在直接联系。哲人可以作为教师或顾问发挥其影响，即使在某些例子中，具有强烈哲学倾向的政治家，在某种程度上作为一位立法者，其个人品质和外部环境比对原则的知晓更为重要。一种是直抒胸臆呼吁政治团结的演说，一种是号称言说真理的"苏格拉底式"的自由言论（parrhesia），普鲁塔克似乎更欣赏前者。

如果普鲁塔克关于哲人形象的这一分析成立，把他的思想归入某个特定的哲学学派似乎没有多大意义。普鲁塔克和柏拉图一样都重视教育，但不像柏拉图那样强调知识，强调公正的客观概念;① 普鲁塔克的观点，可以理解为更加务实的伊索克拉底意义上的"哲学"，

---

① Thome (1998，p. 173) 指出比起《伦语》，《对比列传》在这一方面更为悲观（或现实）。比较 Nikolaidis，"Plutarch's Heroes in Action: Does the End Justify the Means?" In Gallo and Scardigli, *Teoria e prassi politica nelle opere di Plutarco*. Napoli: M. D'Auria 1995, pp. 301 –312, pp. 311 –312; Aalders (*Plutarch's Political Thought*, 1984, p. 61) 认为: "普鲁塔克不是革新者，他对一个更好的未来世界并不渴望; 他的头脑太过清醒和务实，使他不至沉溺于乌托邦式的梦想。"

因为伊索克拉底同样运用修辞手段来说服公众——甚至，再现了德性与正义的共同概念的行为要胜于言语。考虑到普鲁塔克的目的是向读者提供道德思考的材料，那么，他认为节制具有绝对重要性，同时强调不要采取激进方式取得政治成功，也就不足为奇了。

如果要从《对比列传》中提炼出一个最重要的教诲，我认为，我们应该再听一听，普鲁塔克钟爱的英雄如何用最严格的方式来说明这场社会领域的竞争。在被问到如何对抗敌人时，犬儒派的第欧根尼回答说："去证明自己是一个有德性的人。"重要之处在于，普鲁塔克认为，第欧根尼的主张可谓"极富哲理——也极具政见"（《如何获益于敌》[*De cap. ex inim.*]，88B）。

世界帝国与人类一统

沃格林（Eric Voegelin）撰

郑家琛　译　张培均　林凡　校

　　探讨世界帝国和人类一统这个主题，乍一听像一种可疑的思想探究。一个人的想象力漫游于人类历史之上，唤起古代、中世纪和现代的帝国，回忆这些帝国对统治世界的主张。主题似乎是无限的。此外，"世界帝国"这个术语，尽管通常用于历史编纂学（historiography）和政治学领域，但该术语的理论含义并未得到充分探究，因此，无穷无尽的材料导致的困难，又因概念工具的不足而更加严重。在讲座过程中，对于如此广阔而缺乏探索的话题，我们能理智地说些什么呢？

　　尽管如此，这些〔困难〕正证明此项探究值得一试，尤其考虑到对世界统治的主张正威胁着我们，这些甚至也是赋予此项探究以紧迫性的理由。让人怀疑的不是这种尝试的理由和紧迫性，而是这种尝试的结果呈现出的智慧水平。在目前的状况下，政治哲学的努力能否产生一个有价值的结果？我对这个问题感到乐观，但希望不要过分乐观。一个讲座不可能穷尽这等复杂的话题，但至少可以勾勒出问题的主要脉络。

不过，在分析前，我们必须初步了解世界帝国的意义。如前所述，由于这个术语的概念核心太不确定，对于此［分析的］目的用处不大，因此，我们如果简要回顾一下"帝国"这一历史现象及其与人类一统的关系，就能更好地界定这个主题。

一

史学家们一致认为，古代历史的某一时期，具有世界帝国时代的突出特征。这个时期约略始于公元前 6 世纪，伊朗从美索不达米亚向东扩张到印度河流域，向西到达安纳托利亚沿海地区和埃及。伊朗在自己的地理辖域建立起一个多元文明的帝国，这个帝国随后被亚历山大及其继业者（Diadochic）征服，最终被罗马帝国和萨珊帝国征服。在印度，孔雀帝国仿效伊朗人和马其顿人的征服，确立大范围统治的新模式。据我们所知，［这些事件］与远西（farther west）发生的事件没有任何因果关联，同时期的古典中国经历周代的混乱后，终结于从秦始皇到汉代的中华第一帝国（the first Chinese empire）的创建。

各个帝国的创建横跨从大西洋到太平洋的天下，与此［事件］在时间上平行，在精神层面上发生的著名突破（outbreak），自史料和年代（dates）在 19 世纪早期以某种精确性为人所知以来，令史学家尤其是历史哲学家着迷。中国的孔子与老子、印度的佛陀、伊朗的琐罗亚斯德、以色列的众先知、希腊的哲学家，他们的出现同各个帝国的出现一样，标志着人类历史的一个新纪元（epoch）。在当代，柏格森、汤因比和雅思贝尔斯的论述已经挑明这一新纪元的基本重要性。柏格森以无可挑剔的谨慎，把这个新纪元表征为"灵魂的敞开"（opening of the soul）；雅思贝尔斯带着反基督教的偏见把新纪元表征为人类的"轴心时代"，［这种处理］则不那么无可挑剔。

与帝国扩张的突破同时出现的，是灵性与智性视野的敞开，这种敞开把人性提升到新的意识水平。

这两种现象的平行表明两者之间存在联系。当然，这并不是因果关系层面上的联系，因为如下断言是过分简化的概括，可以通过征引历史事实而迅速证伪：精神的敞开（spiritual openings）由帝国的扩张引起，或者帝国的缔造者受到先知和哲人们的启示。毋宁说，这是一种存在论的联系，因为权力和组织的领域与人类实存（existence）的精神穿透（spiritual penetration）领域中的平行现象，显示出意义的平行。因为这些帝国都是世界帝国，这不由现代人武断的宣告所塑造，而是通过帝国经由书面文本证实的自我阐释；精神的迸发（outbursts of the spirit）伴随着获取人类生存新真理的意识。

意义上的某种类似性（affinity）巧妙地把帝国的创建与精神的绽放（efflorescence）联系起来，前者声称代表有人类（mankind），后者声称代表有代表性的人性（representative humanity）。这种平行现象，并非互为原因，但由于这种约略显示出的联系而成为历史复构（configuration）的一部分。此外，历史上的重要角色们（dramatis personae）非常清楚这种类似性，并根据自己的知识而行动。在这个作为整体而超越因果关系的意义复构中，存在着历史的实际动因，［这些动因］造成帝国秩序与精神运动的联系，比如阿契美尼德帝国与祆教的联系，阿育王（Aśoka）帝国与佛教的联系。

存在论层面上对这种类似性的意识，尤以中国和罗马为代表，在这两个帝国内，政治体对帝国的神学施行过类似一系列试验的东西：在中国，这些试验针对道教、儒教和佛教；在罗马，第一次尝试在元首制之初，针对"城邦"（polis）的"自由诸神"（theoi eleutherioi），指望诸神赐予帝国以"自由世界"的特征，随后试验的是艾美萨的巴力神（Baal of Emesa），即不可征服的太阳神（Sol Invictus），最后是基督徒的上帝。基于对平行现象的类似性的认识，这些现象中的试探性、试验性的结合（associations），应该包含在复构的类型概念中。由此，我们获得世界帝国的第一层级的定义，这类帝国超出美索不达米亚式和埃及式的严格意义上的宇宙论帝国（cosmological empires）。

一个有代表性的人性——因而也是人类的代表——的激情（pathos）影响的权力组织在历史现象中出现时，就会成为世界帝国的定义的核心。随着概念核心的渐渐敞露，就当前的目的而言，[揭示]多种类型的帝国的具体差异，只需一个提示词就可以了。对我们方才考虑过的帝国的第一个阶段来说，我们可以认为它的特征如下：帝国创建与精神绽放的平行、对帝国与精神这两种现象的类似性的意识，以及帝国与精神之间试探性、试验性的结合。

在第二个阶段，意义的类似性和结合的必要性被视为理所应当；也许出于这个原因，结合变得非常稳定，人们由此可以谈论某种帝国正统（an orthodoxy of empire）。这是产生新结合体（new societies）的时代，我们根据这些结合体划分文明的等级：西方拉丁与东方希腊基督教帝国、伊斯兰帝国、远东的新儒家帝国。印度则显示出某些独特性——印度教的正统[观念]没有正式的权力组织，因此在[本文的]语境中无法处理。

大约在公元 1500 年，第三个时期开始，这表明各个正统帝国（orthodox empires）的稳定具有欺骗性。全球的转移能力（movability）开启以西方民族国家为权力中心的帝国扩张新视角。这是西班牙帝国和不列颠帝国的日不落时代。此外，在美国和俄罗斯，形成更远的大规模组织的中心。从精神层面看，各种正统[观念]的形塑力量开始衰退，与此同时，作为有代表性的人性之等级的竞争对手，灵知主义运动兴起。

目前，各种正统[观念]的解体还没有让位给新的结合——人们敢于界定其确切特征的新结合。新的多重世界（worlds）正在成型：一个新的"自由世界"，一个布尔什维克主义世界，一个第三世界（troisième monde）。新的公民神学也在形成过程中，帝国与精神的结合再次变得具有试探性和试验性。

就初步理解主题、为正式分析做准备而言，这些思考足矣。然而，公平地说，即便这些准备工作也涉及重大的理论问题，比如，历史原因与超出因果关系的复构意义之间的差别，在这一场合不能更充分地展开。

二

分析应从当时公众普遍接受的语词的意义开始。由于我们生活在一个致力于通过科学的进步和对自然的控制来增强力量的时代，所以我将从世界帝国这个词语的意义开始，它当前的定义是对地球〔表面〕的一大部分及相应地区的居民的统治。作为组合性的术语，"世界"无论在领土还是民族的意义上，都是统治对象，意味着一种给予物（datum）。这个意义当中非常清楚地透显出一种智识气氛，在这种气氛中，工具论者（instrumentalist）对事物的态度延伸到人，并最终在整体上延伸到世界。

这个时代钟爱这种作为统治对象的意义，这个意义在理论上也是有用的起点，因为把工具论的态度扩展到事物领域之外这个行为，打开了一些裂缝，分析的楔子可以插入其中。因为，无生命的事物可以当作使用和管理的对象——即使在这种情况下，关于宇宙作为人的栖息地而非人之目的的无条件手段这个问题，关于自然（nature）容易受到亵渎这个问题，仍然潜藏在背景中。但是，作为统治对象的人必然会引发道德问题。

在 18 世纪，这个问题促使康德将人本身设定为一个目的，而绝不仅仅用作达到目的的一种手段。不是说这个假定完全合理，因为本身即其目的的人，已经失去他作为上帝形象（imago Dei）的身份，而这个形象是他不可侵犯的（untouchable）尊严的真正来源。本身就是一个目的的人，正朝着成为一个同时代的"生存"的方向前进，这个"生存"由自己控制（用存在主义者的行话来说）——但正因为"生存"的世俗主义扭曲，我们应该回想起，康德［哲学］形式的假定，是一种对心理控制的理论和技术的抵抗行为，不管这种抵抗多么模棱两可，而在占支配地位的工具论精神中，法国启蒙哲学家已经在18世纪中叶之后发展出这种心理控制。

随着工具论态度扩展到世界本身，我们来到问题的核心，即粗暴地对待（maltreatment）我们熟悉的超越符号。因为，如果"世界"是指作为统治对象的一片领土广域（expanse）——罗马的法律语言习惯用"地球"（orbis terrarum）指称帝国司法权［管辖］的区域，在这个意义上，我们遇到无界限的空间与帝国有限的边界之间的矛盾。可以肯定，帝国的理论家们能够克服这一矛盾——至少能让他们自己满意。

例如，在蒙古帝国的案例中，大臣假定"天下"的所有土地在法理上（de jure）都是帝国的部分；实际的限制仅被看作一种事实（de facto）情形。结果，蒙古帝国从未通过战争扩张；领土扩张［的行为］被铸成帝国处决叛逆臣民的法律形式。在西方列强与扩张中的苏俄帝国所谓的和平共存中，一种同类型的构建导致诸多困难。在赫鲁晓夫在一次采访中展开的著名的"现状"（status quo）概念中，苏俄帝国的设想变得清晰；"现状"意味着承认苏俄的革命性质，承认这种革命会不可避免地扩张到苏俄尚未吞没的地区，承认这个［吞没］过程不可逆转。在这个意义上，非革命地区可以变为革命地区，反之则不可。从精神上讲，这项构建比蒙古人精致一点，因为帝国扩张行为是解放战争，而非臣民的屈服（尽管至少非苏俄帝国的国家政府是蒙古人所谓的"战犯"），但本质上，这也是蒙古人设想的事实情形，到一定时候，这种情形将与法理上的情形一致。根据马克思的设想，这是内在于俄国革命的帝国发展的部分，而革命者则给这一发展贴上"亚洲中国"（Asiachina）的标签。

然而，即便最好的构建也不能消除所谓的世界帝国的空间局限。尽管如此，在具体的情形下，流行的世界概念使这种持续存在的矛盾模糊不清。以希波战争为例，如果希罗多德可以信任，那么，[波斯发动]攻击的动机之一就是这种观念：通过获得最后一块未被征服之地来统一全世界。如果波斯政体了解的"天下"（地球表面有人居住的地方）通过"世界"可以得到理解，这个观念就有意义。

然而，当实际的扩张过程证明"天下"比预期的要大得多时，这个观念便与现实冲突。这便是亚历山大进入印度时发生的事情，他推进到大洋（Okeanos）环绕的世界的边缘。在印度河流域，一块丰饶的次大陆仍在无限延展，亚历山大的部队在此哗变，因为，尽管他想要找出还有多少有待征服的世界，但士兵们对此并不关心。与此相反，我们当下关切的理论问题浮出水面。工具论者的态度在事物的范畴内运作，尽管世界不是一个事物；因此，工具论者是哲学上的字面论者（literalist），① 把超越符号转化为一种可以掌握——如果不是在当下——的给定物。

我已指出，只要空间的无边界性在经验上被保持在意识的水平之下，而且，在这种普遍的无意识中，只要地球上有人居住的陆地的实际范围在相当程度上不为人所知，那么，各个世界帝国的建设中隐约显现的字面论就仍有意义。到罗马帝国时期，这种类型的字

---

① ［译注］在沃格林看来，字面论将符号"实体化（hypostatize），成为关于对象的命题，从而使符号同经验相分离"，一方面"威胁到年轻人的人性"，另一方面"阻碍人通过对神性显现的开放来塑造人性"。参沃格林，《秩序与历史·卷四：天下时代》，叶颖译，南京：译林出版社，2018，页89-91。

面论基本已经丧失自身的力量。罗马的"地球"（orbis terrarum）可以与邻近的萨珊世界帝国共存，也知道印度和中国更大的天下广域，但这些都不会给罗马人带来什么情绪困扰。在不放弃世界帝国思想的情况下，这种接受表明，除了工具意义上的统治，其他因素也进入创造一个世界［的过程］，我们将立刻专注于这些因素。

　　然而，首先，我们必须仔细考虑字面论在现代的复兴。人们可能会认为，现代科学创造的宇宙图景，将抑制统治领土广域这一字面意义上的世界帝国的观念。然而，这种想法仍然可以识别出来，首先是在全球控制时期，其次是在所谓的太空时代。

　　诚然，西方有许多民族国家，以其中某个国家的大都市为基础，形成了多种帝国创造物，但这些创造物具有多元的特征，而这种多元性排除了其中任何一个国家对全球的单独控制。尽管如此，人们仍可以谈论西方对世界的控制，因为西方国家尽管存在对抗和战争，却实现目标的统一，这种目标体现在势力均衡原则中，1713 年《乌得勒支和约》与 1815 年维也纳会议之后的欧洲协调建立起这一原则。19 世纪的确曾见证一个西方的世界帝国（imperium mundi），尽管比起［当年］全神贯注于眼前事物的帝国缔造者们，今天的我们可能会更加意识到这一点，因为我们今天身处对西方的反抗之中，承受着他们以"世界"的形式从事的活动的后果。

　　太空时代的字面论更复杂。通过火箭探索太空，具有合理的利益、科学和军事上的前景；但还有一个使人们梦想着征服太空的情感动力的背景。不过，我们必须问，就太空而言，一个人能征服什么？地球已被用尽；在原则上，自大发现时代以来，地球就被如此认知，并变成一个有限的"天下"。地球上不再有古代天下具有的"世外之地"（beyond）。在什么意义上，太空可以成为地球的可征服的"世外之地"？

　　对这个问题，我们在梦的层次上找到奇妙的答案。我们的地球在太空天下的幻觉中获得一种想象的"世外之地"，从科幻小说和连环漫画这类文学样式渗透到对其他行星上的生命的推测，并使自己在下述现象中突然呈现出字面论的具体形态：比如，威尔斯（Orson Welles）的火星人入侵——两名大学教员为了观察这一事件，紧急赶往假定的现场——［造成］的群体恐慌；或者，物理学家们实际操作的实验，向其他有"人"居住的天体发送信号或接收来自那里的信号；又比如飞碟热。我们还没有充分探究这些现象的病理学原因；但即便在这个阶段，人们也可以说，那些人将一个可征服的"天下"形象投射于无垠的太空。

如果我们回想一下现代早期的一个中间阶段，当时，地球的全球性广域占据人的想象，那么，这类幻想要解决的问题将变得更清楚。在莫尔爵士的《乌托邦》（Utopia）中，我们听到环球漫游者向他的朋友解释说，他在家里的某个地方与在其他地方一样，因为每个地方与天堂的距离都相等。朝向永恒的基督徒旅行者（viator）即将成为穿越太空的漫游者；他还没有完全失去旅行的终点在这个世界之外的意识；但是，他已经变得相当不安，以至于不得不做出一个人可以就待在原地的结论——如果在此世漫游并不通往某处（Somewhere），而只通往乌托邦，即通往无处（Nowhere）。

我们如果考虑到莫尔在面对较小范围的地球广域时仍能区分"某处"和"无处"，那么，我们就能推估出精神季候的巨大变化。而今日的无垠太空，一个人可以随心所欲地在其中任何地方旅行，而仍像原先一样远离中心或边缘，面对这样的太空，大多数人似乎已丧失了这种感觉。当无垠的太空作为潜在的统治广域而被人所意识的时候，字面论的态度就揭示出自身本质上的无意义。

三

工具论是精神的堕落，字面论则是智识的脱轨。在多样的历史语境中，两者随时都可能发生。如果这两个特征同时出现，强得足以成为一个时期的标志，并形成自己的语言，那么，始于惯常用语的哲学分析就会带有严重的缺陷，因为起点的腐败本性让这种分析无法达到理论目标，也无法达到历史的目标。

这种分析在理论层面上就必然不完备，因为通过这种手段，我们无法从毫无指望的材料中提取出比材料自身更多的东西。如果帝国的最初概念是工具论的，那么，世界帝国的好些意义就是扭曲的——如果尚未［完全］丧失的话。如我所言，除了工具意义上的统治，其他要素也进入世界的创造［过程］。

不过，工具论的帝国概念虽然有缺陷，但本身就是一种历史现象。我们的分析意图主要是理论上的，但也附带描述了帝国概念的一段历史时期。然而，即便这样的历史描述也无法实现自己的目标。精神的堕落需要一个相对较低的意识水平，因而工具论概念并不包含对自身动机的明晰反思。因此，分析本质上依旧是没有明确意义的论证，这使现象的病理背景昏暗不明。

通过这些观察，进一步的调查必须依循的路线已经勾勒出来。第一步，必须引入世界帝国已失落的意义构件；我们必须找出使"世界帝国"有意义的"世界"概念。第二步，必须给不完整的历史描述补充来源，这种来源会让我们理解当代工具论的病理。

首先是"世界"这个术语的含义。这给哲学分析带来特别的困难。但我不会用技术性语言困扰你们。人们可以借助词典来深入问题的核心。词典会为我们划分"世界"一词的两大用法：西方基督徒的与古代异教徒的。

可能会让人惊讶的是，《牛津词典》给出的"世界"词条的第一个义项是"人类生存"的世界，引申至某个状态、阶段或模式的生存世界。这一义项显然源于基督教的背景，我们在其中谈论此世和彼世、世俗的和圣洁的生存、入世和出世、旧世界和新世界。然后，这一义项可以扩展到多种模式的生存，按历史时代可以划分为古代、中世纪和现代世界，按文明区域可以划分为西方世界、自由世界、布尔什维克主义世界和第三世界，按艺术创造可以划分为莎士比亚或巴尔扎克的世界。只有到了第二和第三个义项，词典才会列出更易与"世界"联系在一起的含义，即地球或宇宙的世界，人类、整个人类或部分人类的世界，时尚的世界，伟大的世界等等。

我用《希英辞典》（Liddell and Scott and Georges）来了解"世界"这个词在古典时期的含义。在希腊语中，kosmos 主要表示一种秩序。在这个秩序中，人们或坐或卧，或行动或不行动，事物存在（are）或不再存在；它可以是良好的行为、纪律、自然的或既定的秩序；此外，它还意味着秩序及其调节者或创造者，因而可以是一个设计精美的人造物，如装饰品；最后，它可指"宇宙"意义上的秩序：宇宙及其秩序、地球的秩序、天堂的秩序和冥府的秩序。在后来的希腊语中，kosmos 变得与"天下"（ecomene）——有人居住的世界——同义，比如尼禄在当时被称为整个 kosmos 的主人；与此同时，它还融入"此世"的基督教含义，这个义项在《牛津词典》中排在第一位。拉丁文 mundus［世界］展示出一条相似的意义链，从装饰扩展到宇宙的和谐秩序、天堂、地球、人的世界、人类和世界舆论。

古代和现代的意义集合（sets）都包括领土和人民的要素，这两种要素在世界帝国的工具论概念中占据主导地位；但是，这两套意义集合还包含更多内容。一种从语言上表达实质秩序的渴望似乎还活在其中，这种秩序遍及存在（being）的各个层次和整个存在。此外，这两套集合尽管有共通的欲望，想要渗透到存在的所有领域，但并非以同样的方式实现目的——似乎有不止一种构想世界的方式。我们更容易感知而非描述这种差异。

有人会说，也许这两套集合在特定的领域，如宇宙、天堂、地球、全人类，比在其他领域的交叠更明显；两套集合不相交的领域，恰恰是决定各自集合的意义调性的领域。在古代的集合中，重点在于可见的、外部的、卓越意义上的宇宙秩序；在基督教的集合中，重点在于人的内部秩序。意义的差异明显地反映出真实的历史进程，而在这一真实的历史进程中，在一位世界超越的（world - transcendent）上帝之下，人类的生存经验从最初更紧凑的、包含众神与人的宇宙的生存经验中分化出来。从语言学的角度看，我们正回到精神迸发现象——平行于超越宇宙论帝国层面的各个伟大帝国的创生，正回到有代表性的人性与人类的帝国代表的各种平行现象。

借助这些材料，我们就可以尝试更准确地阐述与我们的探究特别相关的问题。

需要分辨的一方面是"充满众神"的乾坤（cosmos）这一原初经验，另一方面是历史上产生的居于世界超越的上帝之下的宇宙（universe）这一次一级经验。为了充分表达这些经验，人们需要创造某些符号形式。乾坤的经验通过神话（Myth）表达自身，宇宙的经验通过哲学和启示的形式表达自身。在第一类经验中，重点在于可见的神性秩序，人必须把自己的生存融入其中；在第二类经验中，重点在于超越的神性秩序，人必须使自己的生存与之合拍（attune）。

然而，两者尽管各自的重点迥异，但仍是同一整体存在结构的经验：在乾坤的紧凑经验中，对仪式与神性秩序合拍的要求不亚于可见秩序的实际调整；在上帝之下的宇宙的分化经验中，可见秩序的实际调整是必要的，生存与"不可见尺度"（unseen measure）的协调也是必要的。在两种情形下，人类生存的真理都处于险境，既自愿理解也自愿接受人类处境（condicio humana）这种自愿意义上的真理，尽管这种真理要求向超越性存在（Being）的分化经验前进，以便明确地确立这一洞见——世界的秩序不单单是"此世"的秩序，还是"超越世界"的秩序。

因此，"世界"不仅仅是一种可见秩序，"世界帝国"也不仅仅是对领土和人民的统治。建立一个帝国是世界创造［过程］中的一种尝试，贯穿存在等级的各个层面。这种尝试往往通过生存与超越性存在的协调来与不可见的秩序发生关联，它通过参与超越世界的秩序，唤起一种内在于世（within the world）的真实生存。与"不可见尺度"相协调的这一唤起特征，使人类的帝国创造在类比的意义上与世界相称，赋之以"世界"的感觉，而帝国本身无法在质料扩张层面——无论多大程度的扩张——获得这种感觉。因为，质料的广袤终究有限，始终与可见宇宙的无限不相容。

四

最初的分析在理论和历史两个方面都必然不完整。尽管我只能勾勒出一个复杂问题的轮廓，但第一个缺陷已经得到修复：世界帝国的语言讲得通，如果把建立世界帝国理解为创造一个宇宙类比物，或像它偶尔得到的称谓——cosmion［小宇宙］。帝国秩序是存在结构的一个缩影，贯穿从物质到超越（the transcendental）层面的所有存在领域。

第二个悬而未决的问题便是当代世界帝国观念的病态背景。为了单独考虑决定性因素，我们必须简要地反思"世界"这一符号在我们的时代获得的意义层次。

我们所谓的"世界战争"是指一种历史形势，在这种历史形势中，战争涉及整个地球的民族和资源，或者说地球成了战场。这种用法可以追溯到天下作为有人居住的世界的经典表述，它仅仅意味着一种紧密编织的力场的增长，在这个力场中，任何点上的干扰都会产生全球性的后果。我们在"西方世界"和"苏联世界"这类用语中碰到第二层意义。现在，这个术语意味着两个"世界"——在两种不同概念的生存的显现的意义上，每个概念都试图化身为对领土和人民的可见统治。

因此，在全球意义上，世界战争同时也是不同世界之间的战争，每个世界都试图建立和保存自己，可能的话还要征服另一个世界。当权力斗争成为世界之间的战争时，它便获得一种新的致命危险，远远超出同一个世界之中的危险，后一种危险是以国家理由（raison d'état）或国家利益为准则的最严重的自相残杀的争斗，而新的致命危险在于，精神生存的问题也牵扯在内。若干世界的较量，每个世界都想成为统治范围与全球天下大致等同的唯一世界，这已经表明了第三层意义。

今天，生存中有一种清晰的意识，即在现代技术条件下，社会的经济依赖性和战争的破坏性要求一个拥有足够效力的政治组织，以便将冲突还原为同一个全球社会的内部争吵，以尽可能少的暴力解决冲突。如人们通常不假思索地认为的那样，全球天下还远远不是一个世界，而正在寻求［成为］一个世界。全球天下是否会成为一个世界，或者，现存的各个世界是否会达成毁灭的目的，直到只剩下有限的、被几乎无人居住的不毛之地分隔的各个社会，这便是我们时代的不祥问题。

这三层意义不能相互分离；三者的汇集（constellation）恰恰揭示出这种形势的病理学特征：（1）一个天下的生存；（2）天下尽管不是却应该是一个世界的感受；（3）天下内部各个竞争世界的“共存”；（4）没有征兆表明各个竞争世界中的某一个可以足够令人信服地夺取天下，并且不通过暴力就让自己成为唯一的世界；（5）没有征兆表明正在形成一个新世界，可以夺取天下并取代现有的多重世界；（6）在工具论的意义上，一个世界的概念与统治范围之间存在显然无法解决的联结；（7）随之而来的毁灭性的军事冲突的威胁。

此外，这些特征的复杂性超过历史上的偶在性（contingency），尽管偶在因素也进入具体情势；这确实是种意味深长的汇集，因为，天下尺度上的危险僵局是起源于西方文明的各种进程导致的结果。不管我们是否考虑地理探索和发现、科学技术的发展、工业和运输系统、殖民主义、政治扩张或新的军事潜能的创造，也不管我们是否考虑民族主义与民主、自由进步主义、实证主义或布尔什维克主义等主导观念，大约自 15 世纪中期以来，在西方的革命性扩张中，进入这种形势的各种要素，已经意味深长地与这些要素的共同起源联系在一起。

西方的进程已经制造并吞下全球天下。这个进程中有一个关键时刻：18 世纪中叶，这一进程的病理学特征变得明显，疾病的综合症状也变得清晰可辨。我将简要叙述的这些症状出现于 1750 年 7 月和 12 月杜尔哥（Turgot）在索邦的一系列讲演，以及他后来的普遍历史计划的断片。

杜尔哥把自己眼前出现的天下放进人类演化的语境。他假定历史中（in history）存在一个人类的一统，这个一统的社会参与到由三个原则统治的进程中。第一个原则是每个人的历史个性，以此为基础，整个人性（hummanitas）得以建立；其二是连接世代的因果［关系］的连续性；其三是通过语言和写本中的集体记忆而来的基底的积累。公共财富（trésor commun）积累起来，代代相传。此外，这种积累具有进步性质，是一条贯穿人类历史的进步之线（fil des progrès），而进步的标准可以确定为：（1）风尚（mores）的柔化，（2）心智的启蒙，（3）从前相互孤立的国家之间频繁贸易，最后至于全球交往的程度。虽然这一过程会遭受中断和延迟，但最终的结果是人类不断增进的完善。

杜尔哥这些假想之说的病理学特征显而易见，但他的教条已经彻底成为广为接受的智识氛围的一部分，因此，指出哪里出了问题，不仅恰当而且必要。

人类演化的教条是可疑的，因为这一教条将 18 世纪新兴的天下［观］投射到过去。从来不存在处于演化［过程］中的人类，人类的世代通过因果相联系，积累起集体记忆。从经验看，据我们所知，仅存在具体的社会，地理上广泛分布，交流不充分或根本没有交流。社会成员幸福地不曾知晓这种假定的事实，他们形成了一个积累着集体记忆的人类一统。因此，将历史中多种多样的社会——即便今天仍涵盖从新石器时代的部落群体到盎格鲁—撒克逊人的民主国家的范围——转变为共同演化的人类一统，需要大量富于想象的解释。

杜尔哥完全意识到这些困难，他找到一个值得注意的答案。他承认，进步之线并非一帆风顺，也会遭受中断和挫折；他承认，这一进程分布在许多并不都以相同速度运动的文明和国家中，有些甚至根本不运动；尽管如此，他坚持认为，人类的普罗大众（la masse totale）在向着日益增长的完善前进。借助"普罗大众"这个符号，他试图击溃桀骜不驯的现实。

据我所知，这是"总体"（total）这个词首次出现在现代政治思想中；即便首次出现，这个词也带有后来会充分展开的残忍含义。因为，"普罗大众"简直是人类过去、现在和未来的总和，被归并为一个将由百科全书派启蒙智识分子代表的社会。因此，有代表性的人性这个问题在全球天下的规模上再次出现，但是，孔子和佛陀、哲人、先知和基督徒已经被绅士的有代表性的人性取代，后者具有柔化的风俗、启蒙的心智和环游世界的机票。

到目前为止，这件事只是好笑而已，充其量是产生一种写书的诱惑，写作一本由有代表性的绅士组成的俱乐部的《匹克威克外传》（*Pickwick Papers*）。但是，启蒙智识分子的好奇心并非无害；他们是危险的狂热分子。他们严肃地对待自己，真切地相信他们代表人类，如果一个桀骜不驯的"普罗大众"坚持要形成于上帝的形象之中，他们将使用武力纠正错误并以自己的形象改造人。他们不满足于充分利用这个世界，而想创造一个最糟糕者的世界。因为，人类可能意识不到通过自己的代表实现的进步，除非得到适当的提醒；人类可能永远不会成为一个"普罗大众"，除非通过适当的治疗被制成一个［整体］；而治疗需要工具。

因此，在杜尔哥之后的一代人中，我们发现孔多塞（Condorcet）的假定：作为工具的新阶级，由"对传播真理而非发现真理更感兴趣"的人构成。他津津有味地描述他们的步骤：

> ［他们将运用］博学、哲学、才智和文学才能所能赋予理性的所有魅力；他们采用一切语言，使用所有形式，从客套话到感人之言，从大量学术性的汇编到小说或小册子。他们用面纱掩盖真相，以免吓唬弱者，并留下揣测的乐趣；他们善于迎合偏见，以便施以更有效的打击。他们既不同时攻击所有偏见，也不彻底攻击某个偏见。
>
> 有时，他们假装在宗教中只想要不完全的宽容，在政治上只想要不完全的自由，以此安慰理性的敌人。他们在与宗教的荒谬作斗争时，对专制持温和态度，在起而反对暴政时，又对宗教崇拜持温和态度。他们原则上攻击这两种祸害，而看似仅仅要惩罚一些不守规矩或荒谬的行为。他们把树连根拔起，而看似不过想剪去一些冗繁的枝叶。①

这些方法将产生天下型的普遍或公共意见。人们容易认出在我们的时代由德意志第三帝国和苏俄帝国发展至完美［程度］的方法，这些方法自 19 世纪中期以来就被称为革命"策略"。又一次，在一代人之后，杜尔哥的"普罗大众"成长为孔德［笔下］的实证主义

---

① *Esquisse d'un Tableaut Historique des Progrès de l'Esprit Humainte. Ouvyage posthum de Condorcet*, n. p. , 1795, pp. 243ff.

智识分子领导下的人类的"伟大存在"（Grand－Être），成长为不得寻求父亲（la recherche de la paternité est interdite）之人的兄弟会。

从经验来看，如我们所说，人类并非一个"普罗大众"。把这一观念投射到过去，是为了把历史解释为一个内在于世的（intramundane）进程，这个进程会不可避免地导致一个宗派主义智识分子领导下的全球天下，他们怀有内在于世的灵知派信念。内在于世的进程、该进程的必然性、该进程在灵知主义宗派分子领导下的全球帝国中达到顶点，诸如此类的观念的聚合，是从杜尔哥和孔多塞、经孔德和马克思到 20 世纪的灵知派帝国建立者们的不变因素。

在我们的时代，这种聚合已经成功地成为占支配地位的政治力量。这种成功有充分的心理学原因。暗含于"普罗大众"之中的人类的内在于世的部落主义（tribalism），对精神上和智力上不成熟的人有强烈的吸引力。这类人毋需服从精神和智力上令人不快的纪律，便能获得成为合格部落成员的情感效果。当生存的真理不再是每个人的义务，一个人可以毫不费力地参与到有代表性的人性之中。同样强有力的是对于坚强的人格的吸引力，他们可以满足自己成为人类领袖的"宰制欲望"（libido dominandi）。他们甚至可以如孔德所为，把自己树立为人道教的奠基人（Foudateurs de la religion de l'humanité），用孔德时代取代基督时代。

五

在这个关键时刻，没有人能够预测，在摧毁生存真理（唯有生存真理才能使世界为一）的同时把天下转化为一个世界的尝试如何结束。我们只能确定，这些尝试不会成功。然而，这并非对问题的盖棺定论，因为在确定性背后，一个"世界"不可能被创造出来——如果朝向超越性存在的定向被排除在这个世界的秩序之外。

还暗含一个问题：即便生存真理被包含在内，能否创造出这个世界？这个问题一开始听起来可能会显得荒谬，因为历史上这类世界确实存在过。不过，不能简单地忽略这个问题，因为这个问题在历史中被提出过，就在罗马征服之际。答案虽未经通透思考，但倾向于消极。因此，作为总结，我想先回忆一下此前对这个问题的关注，因为这可能对我们目前的处境将要导向的未来有所启发。

我们说过，在罗马企图征服天下的时候，这个问题变得尖锐起来。"天下"一词最初指已知的文明的、有人居住的世界。珀律比俄斯把统治天下定义为罗马征服的终点（telos），他是第一个在专门意义上使用这个词的史家。不过，珀律比俄斯尽管并非一流哲人，却是个有哲学教养的人——这是他不同于18世纪及此后的启蒙同行的地方，因此，他不得不问自己一个问题：普世统治有何意义。当统治天下的罗马建成，接下来又会怎样呢？总有一天，罗马自己会不会遭受她为迦太基准备的命运？

这类反思可以让我们回想起宇宙的各种节奏及其兴衰的宿命，但同时也传达出对宇宙秩序的幻灭，一种无意义感，不再接受终点这种节奏。这种悬疑揭示出珀律比俄斯呈现的问题所具有的令人不安的特征。此外，罗马的成功也没有缓解这种无意义的经验；相反，在基督的时代，这种经验以强大的力量吸引了罗马帝国的人口，使基督教提供的解决方案既可理解又可接受。在《马太福音》24：14，我们发现，传教的命令听起来像是针对珀律比俄斯的一个深思熟虑的文学回答——尽管几乎算不上一个回答：

> 这天国的福音要在全世界被传讲，对万民作见证，然后尽头才来到。

因此，珀律比俄斯质疑终点，质疑帝国扩张的意识，而福音则全面地把秩序的意识转移到基督教的扩张和天国的启示。珀律比俄斯把普世统治理解为一项不确定的事业，而圣马太则要求天下充满福音，以获得终点。在两者之间，他们获得一个洞见，所有人类行动的终点不在此世之内而在此世之外；柏拉图在他［笔下］对死者的审判中，将此洞见作为个人生存的保证，现在，这一洞见已经扩展，包含历史中的社会的终点。人类的完成是一种终末（eschaton），历史和终末论的大主题已经开启。

我努力将福音中包含的终末论的哲学意义单独呈现出来，因为在这个符号系统（symbolism）里，只有这一部分能够为政治科学提供某种永恒的相关内容。至于其他部分，此世之外的"终点"这一概念，仍然包裹在对新时代（aeon）、理应取代旧世界的新世界的启示录式沉思中。在这样的语境中，《马太福音》24：14 的终点意味着世界的转变、变形（metastasis）和新的安排。在新的安排中，世界帝国不会有任何问题——这一意义在紧接着提到但以理的启示时得到证实。

不过，这段话之所以与我们的探究息息相关，正是由于其中的启示性内容，因为，完美天下即将到来，这一启蒙运动概念（延续到最后的自由王国这一布尔什维克主义概念），虽然具有内在于世的多样性，却也是一种启示录式的沉思；基督教至少在一定程度上探索了启示录式终点的含义和"即将到来的天下"（《希伯来书》2：5）。但如果我们反思启示事件［发生］的日期，那么，这一概念的困难就显而易见了。如果未来天下的终点没有马上到来，那么，终点的到来对于在事件之前死去的人还有什么好处？这是为他们［而存在］的终点吗？

因此，圣保罗必须向信徒保证，基督再临会发生在当时活着的人身上；当死亡到来而基督再临并未发生时，他必须保证，那些在基督中死去的人，在不久的将来他返回时，会与他一起复活，这样，保罗就能平抑他们的骚动。

然而，这种安慰和让步只会在一个延续下去、没有基督再临的世界上，撕开历史和终末论的大问题。因为，历史的结构在经验上是非启示性的，任何通过启示性符号理解历史结构的企图，不论采取何种形式，都会同样推进那些棘手问题，而我们的集权主义帝国强行禁言这些问题，在我们所谓的自由社会中，智识分子的社会恐怖主义不让这些问题变得太明显而令人不适。这些问题就是：对于无法活着见到的人来说，完美王国有什么好处？活在世界被启蒙之前的世世代代的人们，他们身上会发生什么？人的功能真的是为一种未来世代的人将摘取好处的"进步"做贡献，成为即将到来的理性世界的垫脚石吗？人的目的真的是生活在神学的或形而上学的"历史阶段"，从而把孔德提升到实证主义的顶峰吗？人的目的真的是通过历史成为一名阶级斗士，从而使布尔什维克主义在 1980 年获得最后的胜利吗？

在造就这些问题的启示录式态度中，我们感受到对每个人的最深处的冷漠，除了那些当下之人（those present）；这是一种在杜尔哥的"普罗大众"概念中实现突破的原始残暴。"人类"似乎只存在于当下生活的这一代人，或者更狭隘地说，只存在于生活在各自的启示录狂热中的一群人。

变形的信仰虽然是一种历史力量，但必然会与非启示性的历史结构发生冲突。一个真正的终末论洞见如果被嵌入启示录式的符号系统，为了有效地继续存在，它就必须与延伸到时空之中、超越自身起始点的实在（reality）达成妥协。基督徒与实在的妥协已经采取教会的形式，而教会既非帝国，也不是一个生活在临近的末世期盼中的结合体，而是一个代表内在于世的终末终点的机构。

因此，基督徒对"世界帝国"问题的回答是，社会秩序内部的属灵力量与世俗力量的分离与平衡。不论这个解决方案在实践中有何缺点，这个构建至少极其相信，历史中的社会终结是一个终末论问题。但如果解决方案终究被证明是不稳定的，那就必须从妥协的缺陷中寻找根本原因。因为，教会从未使自己完全脱离启示性起源——教会因为其启示性的态度而冷漠对待历史中的人类，这严重地限制了它的智识眼界，以至于从来没有发展出一套充分的历史哲学。

最后，到了18世纪，我们对历史实在的认识与教会提供的有限理解之间的分歧，已经变得不可调和，以至于灵知派运动能够以复仇的方式涌进〔智识的〕真空。在历史性生存中，当新的运动坚定地站在此世的立场上，否认超越世界的实在，因而用内在于世的终点取代终末论时，长期遭到忽视的人类的实在，就不再仅仅局限于自身。如果占有终末的教会忽视对历史结构的探索，也忽略自身在历史结构中的位置，新的运动就会完全抛弃终末。那些新的运动从犹太教－基督教传统中保存下来的东西，是其中最可疑的元素，即对新世代的变形的信仰。

可以说，这种保存在理论上和历史上无可避免。因为，一方面，在基督教之后，人们不可能回到宇宙论，只能在终末的奥秘下，朝向一种对历史中的人类一统的更为分化的理解；另一方面，这一进程还要面对一种反叛的阻止力量，这种具有敌基督特征的反叛将终末连同启示的残余一起清除，这些残余在不断展开的历史实在面前已经变得过时。结果便是从启蒙运动的黑暗中浮现的可怕闹剧——一场无终末的启示的闹剧。随着这个闹剧一同出现的，是各种"哲学"名头下的历史启示录式的变形，这种变形随实用主义立场和环境的变化而改变；帝国问题已经缩减为永远无法成为一个世界的天下统治；"人类"已经成为启示录式集中营中的囚犯的同义词。

根据这些最后的思考，将有可能确切地阐述我们对世界帝国问题和人类一统问题的探究结果。

通过帝国组织来代表人类的尝试已有悠久的历史，最早的尝试是美索不达米亚和埃及所建的帝国。仅列举从属于过去〔时代〕的类型，我们就可以在这段历史中辨识出宇宙论的、天下的和正统的帝国。这些帝国虽然都打算将人类生存的普遍秩序纳入有限社会的特定秩序，但它们不仅仅是"世界帝国"这个种类之下的不同个体。因为，这些类型并非随机地前后相随，而是形成一个有意义的序列，每一个都以前一个为前提，这样，这个序列就成为一个不可逆的、关乎秩序问题的各种试验的整体。

第一种类型仍是紧凑型的，以宇宙神话的方式包含普遍秩序；后来的麻烦问题还没有出现。第二种类型获得了对人类生存真理的分化体验，同时帝国秩序发展出在天下范围内扩张的倾向；这两个会导致帝国"世界"丧失的分离运动，通过帝国秩序与有代表性的人性之间试探性的联系，再次结合在一起。最后，在正统帝国中，这种联系被理解为一种必然，并在长时期内变得稳定。到目前为止，这个序列有意义，而且这种意义不可逆转。

我们是否可以说，这一序列的现代续篇清楚地延续着这一意义线条？要回答这个问题，就必须考虑到全球的现代性革命起源于西方。基督教"蔑视尘世"（contemptus mundi），即忽视此世的结构，而西方有两个因素引人注目地回应了这种蔑视：（1）个人的反叛及其力量的释放——已偏离为灵知派的"宰制欲"；（2）社会的反叛及其力量在历史中的释放——已偏离为内在于世的启示。这些因素的结合决定了我们这个时代的帝国问题。

我们已经看到，一个帝国为了成为一个世界，需要使自身的秩序参与到超越性的存在之中。由于革命运动内在于世的特征阻碍这种参与，这些运动将天下转化为一个"世界"的企图注定失败；唯一能实现的就是启示录式的集中营。我们还应注意到，作为平行的发展，智识崩坏使我们时代讨论此类问题的水平，下降到珀律比俄斯之下。即便如此，无论智识崩坏还是政治灾难，都不能使我们对每一次革命皆有其原因这一事实视而不见。

我们必须承认，世界结构在自然和历史中的突破是意义的一种进步。现代的个人和社会力量的释放不可逆转，尤其是，我们永远不会回到早期和中世纪基督教的有限历史视野当中。有人甚至可能认为，在历史进程中，我们启示录式运动的极其滑稽的姿态，具有一种宣泄功能。启示问题从来没有在经验上或理论上得到过令人满意的解决；因此，内在于世的多样的启示录式运动，似乎正加速走向愚蠢至极的顶点，这个运动可能是个痛苦但不可避免的过程，经由这一过程，启示问题将被放逐给过去。

启示对自身采取的"归谬法"（reductio ad absurdum），也延伸到它想要创建的天下帝国。一个启示录式集中营如果并非一个世界，那么，出于同样的理由，它也不是代表人类的帝国，即便没有一个活人能够逃离其权力之所及。因为，杜尔哥及其后继者的启示已经向所有人非常清楚地表明即便以前哲人也并非不清楚的事，即人类不仅仅是同时生活着的全球的人类集体。

人类是历史中的人的社会，从未知的起源延伸到未知的未来。而且，任何时候都不会有凭借一个共同的权力组织来代表人类的捷径。因为，活着的人只能以其有代表性的人性来普遍地代表人类；他们的人性只有在朝向终末论的终点时才具有代表性。诚然，对于人和社会在此世的生存，组织是必要的，但是，没有组织能组织人类，即便组织的全球天下性（global ecumenicity）也不具有普遍性。普遍秩序的意义作为上帝之下的历史秩序出现时，通过帝国的世界代表普遍秩序的梦想便到了尽头。

我们可以如此概括这些主张：帝国时代即将在我们的时代终结。一段五千年的时期——特征是企图以一个当下的、有限的组织来代表人类——已经走到尽头，到达一个原初意义上的悬而未决的纪元。在这种悬而未决中，我们知道旧的形式正在消亡，但对于新的形式，除了我试图勾勒的那些征兆，我们一无所知。

古典作品研究

青年维特之欢愉

——维特君之烦恼与欢愉［前后各附对话］

（1775）

尼柯莱（Friedrich Nicolai）撰

温玉伟 编/译 孟 明 校

［3］人物：

汉斯（Hanns）：某青年

马丁（Martin）：某男子

对 话

［5］汉斯 嘿，《青年维特之烦恼》，那个家伙举着的这本书，让人叫苦不迭，令人血脉偾张，让人头上青筋闪闪，身下如坐针毡……

马丁 当然，就是这么一本书！写书的人大可以无忧无虑，并且无需忧心，百年之后某个书呆子会喋喋不休："喂，读者诸君，这本奇书，百年来难得一闻一见！"

［6］汉斯21岁，马丁42岁。

汉斯 维特是个多好的青年，善良、高尚，而且坚强。人们真是误解了他呦。你看那绿头苍蝇成群结队叮在上面，对他的所作所为大加挞伐。就连他的朋友阿尔伯特也错怪他，也对他充满妒意。唉，这个阿尔伯特可真有能耐！我可不要成为阿尔伯特，无论如何也不要成为他这样的人！

马丁 你不要成为阿尔伯特这样的人？汉斯，听着，当你成了阿尔伯特，那就是迈出了一大步。他难道不是绿蒂一心所爱的最耿直、最正派、最有用的男子？难道他应该眼睁睁看着，第三者在他的妻子跟前扮演致命的情敌，让她 [7]① 神魂颠倒，并因此让人说三道四？究竟阿尔伯特做了什么，让你不想成为他这样的人？

汉斯 惨不忍睹，你是没有读呦。当他看到可怜的维特毫无恶意地在她那里时，便醋意大发，对绿蒂说了多少刻薄话。

马丁 是这样吗？你头脑发热的时候，没有对任何人说过风凉

---

① ［尼柯莱批注］页 73：我现在知道的一切，阿尔伯特回来前我已知悉；我早就知道，我不能对她提出什么要求，也不曾提出——也就是说，尽管她那么可爱，我尽可能地不去追求她。而现在另一个人真的到来，夺走了他的姑娘，这个傻瓜只能干瞪双眼。（歌 86/87；中 33）页 147：每当我沉入梦幻，会禁不住产生这么个想法：如果阿尔伯特死了，那会怎样？（歌 158/159；中 65 – 66）页 184：维特开始了一段无关紧要很快便结束的对话，阿尔伯特随后向他的妻子询问一些事情，当他听说还未解决的时候，便朝她说了一些刻薄的话，让维特觉得特别扎心。（歌 222/223；中 93）页 187：哦，天哪，在这颗破碎的心中怒不可遏地到处游走，不时闪现过这样一个疯狂的念头——杀死你的丈夫！——杀死你！——杀死我！——但愿真的如此！（歌 224/225；中 94）［译按］译文版本参 Friedrich Nicolai, *Freuden des jungen Werthers. Leiden und Freuden Werthers des Mannes*, Curt Grützmacher 编，Fink 1972。尼柯莱在阅读《青年维特之烦恼》（*Die Leiden des jungen Werthers*, Leipzig 1774 年第 1 版）时随文做了批注。为了方便查阅，译者在方括号中注明了歌德"法兰克福版"全集卷八和卫茂平《青年维特之烦恼》（太原：北岳文艺出版社，2010）译本的页码，如（歌 86/87；中 33）。

话？难道维特没有过脑热的时候？难道他没有在心生恶意的时候，想要杀掉阿尔伯特以及绿蒂？难道维特怎样都可以，而阿尔伯特如何都错？维特自己也不愿这样。不是的，汉斯！你的英雄可能是维特，而我的则是作者本人。

汉斯［8］瞧瞧吧，你真是个老于世故、冷血、精明的家伙，你无法对维特和维特的烦恼感同身受。你不会喜欢充满激情和生机的、勇敢的年轻人，而只会去夸赞像阿尔伯特那样呆板、乏味、斤斤计较的人。

马丁 我真的这么冷血吗？我说了，我赞赏的是作者。难道不应该赞叹作者大手笔下的维特其人吗？谁不赞许，谁不喜爱这个充满激情、高尚的人，并且对他的命运——尤其当它如此精彩地被叙述出来、如此生动地呈现出来时——流下泪水？当读到他与阿尔伯特并肩而行，"摘着路边的花朵，精心编成一个个花环，然后——把它们抛入路旁流经的河水，［9］① 眼看着它们缓缓地向下游漂去"，难道你认为，我内心深处就不会热血沸腾？

汉斯 你若真喜爱维特，难道看不到，要是我们大家都像维特那样，都能意识到自己的力量，有多少力量便使用多少力量；不受制于法度和财富的规制。这样该多好！

马丁 汉斯，你瞧，如果我没看错的话，作者写青年维特之烦恼可不是为了达到这样的目的，再说这也不是你或你那一伙人的烦恼。作者很了解你们，你们这群翅膀刚刚长硬的小伙子（汉斯，你也是其中的一分子），就蠢蠢欲动，腾空而起②去窥探大千世界。你们这

---

① ［尼柯莱批注］页78：我和他并肩而行，摘着路边的花朵，精心编织成一个个花环，然后——把它们抛入路旁流经的河水，眼看着花环缓缓地向下游漂去。（歌90/91；中35）

② ［译注］此处的"腾空而起"（hohe Schule，英文：airs above the ground 或 school jumps）为马术术语，指一种高难度动作。

些愣头青什么都看不惯，你们比谁都清楚什么对这个世界有用，但是［10］偏偏不学，只因为这是糊口的营生。你们不愿意顺从前人建立的良好秩序，因为这是束缚。你们不愿做别人正在做的，你们想要标新立异、特立独行。长久以来，你们不在乎什么是律法、秩序、国家、王国、国王以及君主。你们想要罗马禁卫军，① 想要些许武力自卫权，想要武器和民族大迁徙。在人类身上还有一丝独立性，也那么缤纷多姿。哎！这难道不是可以引起你们注目的生活吗？你们眼睁睁看着一切如何发生，渺小的心灵为之一振，然后就可以振臂欢呼了：嘿，这才是力量和行动！

所以说，你们这些小青年除了的的确确在观望，并为此呼喊之外，便无所事事！即便这个世界上在发生什么，你们也无动于衷，你们松垮的小胳膊肘上没有［11］弹性，空洞的精神中也缺乏坚强。在那里夸口什么力量和坚韧，实为软绵绵、女子气、扭扭捏捏的小姑娘。信誓旦旦地谈什么约束、规制、打磨和模仿，却不舍得从自己的安乐椅去掉一小块软垫，或者从发兜②撕去一条饰带，以作出改变。当武力自卫权发挥效力时，你们这些公子哥可好，一定会逃离国家。你们这些愣头青要成为维特，倒没什么难的，不过你们却没有这能耐。

从这位善良的维特身上也可以进一步看到，就算有顶好的头脑和最高尚的心智，却总要离群索居，费尽力气，并且一心要离经叛道的人，会有怎样的后果。即便心灵里有力量和耐性（不过实际却

---

① ［德文编者注］罗马禁卫军（prätorianische Garde）：罗马皇帝个人防卫的精英部队，他们偶尔也染指政治事务。

② ［译注］发兜（Haarbeutel）：18 世纪兴起于法国（路易十四时期），流行于欧洲的一种系头发或者假发的袋子。可以在骑马时防止乱飘的头发影响骑手动作或者破坏发型，另外也可以防止头发上的粉末弄脏上衣。类似于我国古人使用的须囊。

没有，[12]① 这真是天大的滑稽），而种种不幸阻滞了本来会产生安慰和决心的来源，最终也不一定会有，正如作者一语道破的那样："这个忧心忡忡，寂寂一身，不断坠落的创造物，奋力向上却徒劳无功，用尽内心的最后心力发出了这声叫喊。"这对你们没什么好处，你们这些小马驹，时机还未到，就想成为骏马！静静地随着套在你们身上的缰绳走吧，让人们喂给你们草料，不要天真地以为，其实在森林里会更好。

汉斯 布完道了吗，道学先生？你一定认为，每个人都像蒙着眼睛在磨坊打转的马，却没有想过：溜之大吉，彼岸是光明和自由的跳跃。维特就是这样想的，就如同再也无法为继，就远离了这个[13]② 世界。这难道不是一大壮举吗？

马丁 一大壮举？汉斯，我说过，你要是真这么做了，那你就真的突破了自己。

汉斯 走开吧，你这心灵不健全的人，在你褊狭的心胸里，神圣的火焰只闪动着极微弱的火光。你尽管嘲讽这高尚之举好了。"只要我愿意，我能随时脱离这个牢狱。"这难道不是一种自由的甜蜜感觉？你能否认吗？

马丁 如果说身体对于心灵是座牢狱，是个不必要的工具，就算是吧，不过——

汉斯 不过，你真是心肠冷若磐石啊。难道你不惋惜维特，不从内心深处替他惋惜？

---

① ［尼柯莱批注］页 160：这难道不是他的声音："我的上帝，为什么离弃我？"这个创造物忧心忡忡，寂寂一身，不断坠落，奋争向上但徒劳无功，用尽内心的最后心力发出了这声叫喊。［德文编者按］引文出自马太福音27：46。［歌 180/181；中76］

② ［尼柯莱批注］页 19：尽管他身受束缚，心中却始终怀有自由的甜蜜感觉，只要他愿意，他能随时脱离这个牢狱。（歌 24/25；中7）

马丁［14］① 惋惜？是的，又爱又惋惜！如此多的高尚力量被全然用于不安分的懒散，没能发挥，日渐衰萎——而他本来能够去观察和达至多少目的——却听从了疯狂不止的激情，以至于天性在精疲力竭中耗尽，谁不惋惜！——但仅仅是惋惜吗？维特碰到那位身着破旧绿外套在崖石间寻找鲜花的疯人的时候，假若此人不是手里拿着鲜花，而是拿着手枪，并且正把枪口对准自己右眼上方的脑门，这时候他应该静静等着此人完成射击，然后耸耸肩说："人忍受不了自己痛苦的程度。"

汉斯［15］ 唉，当然……

马丁 当然是这样！维特归咎于他人的，反过来讲，难道不是更要归咎于自己吗？

汉斯 你站在那里，滔滔不绝如同一本智慧书！好像维特在烦恼泛滥之时还能谨慎行事似的！那会儿要是有人眼看死于高烧，你就不会像谐剧中的吕卡②那样说一句吗：为何不请人救治呢？那个笨蛋不能等吗，他死得太快啦。

马丁 很好，你承认了，想摧残躯体的人处于一种不自然的状

---

① ［尼柯莱批注］页14：……只是我不免要想起，我身上还潜伏着其他许多力量，没有发挥，日渐枯萎，不得不异常小心地藏匿起来。（歌20/21；中5）页80：他利用这个机会话越说越长，我终于不再听他讲些什么，陷于胡思乱想，以一个果断的动作，把枪口对准自己右眼上方的脑门。（歌92/93；中36）页85：这里，问题不在于一个人软弱还是坚强，而在于他忍受痛苦的程度。（歌98/99；中38）页96：我那充沛的精力废用后成了一种不安分的懒散。我不能游手好闲，但又无事能干。（歌108/109；中43）页100：你难道不是在自我欺骗？这种疯狂不止的激情有何益处？（歌112/113；中44）页163：我看到远处有一个人，穿一身破旧的绿色外套，在山石间爬动，像是在找草药。（歌184/185；中78）

② ［德文编者注］此处的吕卡为莫里哀喜剧《屈打成医》中的人物。［译按］中文参《莫里哀戏剧全集》（卷三），李健吾译，长沙：湖南文艺出版社，1993。

态，就如同得了热病。不过，我没有对病人说，别急，[16]① 等你的液体好转，血液降温，力量恢复了，再去死吧。我说的是：朋友！你眼下正蜗居在乌烟瘴气的斗室，开开窗子吧，外边是亲爱的上帝的明净空气，它使万物精神焕发。饮一口给你血液降温的朱利酒，斟一杯防止怠惰并能给人增添力量的金鸡纳酒。② 维特在这一点上也该责备自己，因为整个世界就在他面前。他难道是众多高尚者中某一位不用为世界做出贡献的人？他为何要孑然一身？当人们需要他，想要依恋于他时，只能与他同行一小段路。为何他不与众人再同行一段呢？这些人都是很好的人，仅凭这一点，他的心绪就会好得多。[17]③ 如果他参与其中并这样想：他们同我一样，都是人啊，那么，对当时沉浸在自我和激情当中漠然的维特来说，曾只不过是多彩奇观的各式人物、各路新人，就会变成疗效甚著的降温剂和滋补

---

　　① ［尼柯莱批注］页 14：我不知道，自己究竟有什么吸引人的地方。他们这么多人喜欢我，依恋我，正因为这样，我为我们只能同行一小段路而感到悲伤。（歌 18/19；中 5）页 88：这正像有人这么说：傻瓜，竟死于热病！他应该等待，等他力量恢复，液体好转，血液循环稳定后，一切都会正常，他会一直活到今日。（歌 102/103；中 40）

　　② ［德文编者注］朱利酒（Julep）：（波斯的玫瑰果，意味玫瑰浆）由烧酒、糖、绿薄荷以及冰块做成的冰镇饮品。金鸡纳酒（Chinatrank）：南美金鸡纳树树皮熬制的浆液。

　　③ ［尼柯莱批注］页 14。［译按］参本版页 14 注释。页 31："路易斯，跟这位表兄拉拉手。"小男孩非常爽快地听从了，我由衷地亲了他，根本没顾他的小鼻子上还挂着鼻涕。（歌 40/41；中 13）页 116：自从我每天在众人间四处奔走，看到他们在做些什么和怎么做，我的情绪就好多了。（歌 124/125；中 51）页 117：最使人高兴的，是这里有足够的事做，另外，这里有各式人物，这些各类新的人物在眼前展现出一种多彩的奇观。［译按］卫茂平老师此处的日期标记错误，应为"11 月 10 日"。（歌 126/127；中 51）页 125：我也参加了这场游戏，不如说，我像一具木偶被人戏弄，偶尔抓到邻人的木手，便颤栗着退缩。（歌 134/135；中 55）

剂。要是他把那些未能发挥的力量得以发挥并利用起来，那么他至少会在很短时间内喜欢上这个世界，就像他无所顾忌亲吻的那个鼻子上挂着鼻涕的小家伙一样。世界就如同那位大大方方的小男孩，也会接纳他。

汉斯 一切都很好很美妙，不过，在维特这里于事无补。事情不可能有所改变，不得不必然如此进行。

马丁 [18]① 我懂得。如果维特在你眼中就像陶匠手里的陶器、诗人笔下的人物，那么，的确是铁板钉钉。作者当然可以用生僻的知识将这位狂热人物的所有特点如此组合到一起，用令人称奇的细腻笔法纳入所有微不足道的事件，然后如此导引，可怕的灾难自然而然会发生，还会让我们挤出一声凄苦的叹息。不过，你可以把维特设想为生活在社会中的人，他一旦要离群索居，并将周围的人视为异类，那就大错特错了。自从依偎在母亲怀抱起，他就享受到了社会带来的惬意，他就得为之负有责任。趋避则是不知感恩和道德败坏；负责才是美德和慰藉。[19]② 想到自己会是或不得不是人子、公民、父亲、一家之主、他人之友，只要他没有猛地关上门，即便已经写好了诀别书，安慰和满足还是会从各方面源源不断流入他压抑的心灵。

汉斯 你大概真不清楚，维特会有多幸福；照你的安排，他的烦恼永无尽头。

马丁 走着瞧。稍作改动就会大有改观，会带来欢愉、烦恼、失

---

① ［尼柯莱批注］页179：她的存在，她的命运，她对我的同情，从我枯死的心中挤走了最后的眼泪。（歌 210 – 217；中 90）［译按］由于现有中译本基本以《青年维特之烦恼》二稿版本（zweite Fassung）为底本，故未找到对应之处。"法兰克福版"《歌德全集》卷八为一稿版和二稿版对照的《维特》版本，两稿异同一目了然。

② ［尼柯莱批注］页190：六点半，他到了阿尔伯特家，发现绿蒂一个人，绿蒂对他的到来吃惊不小。（歌 226/227；中 96）

而复得的欢愉以及所有一切。比如，假设一下那个唯一的小细节：当阿尔伯特由于拖了很久的生意出门在外，维特最后一次拜访绿蒂，[20]① 这时阿尔伯特和绿蒂还未结婚，可以说已经订婚，婚期定在圣诞节期间。你会看到，我在想，因为场景是在沃尔姆斯附近，不像在勃兰登堡，人们说离婚就离婚了。② 地点在那里，这个我不改动。绿蒂也许与阿尔伯特住在一个屋檐下，或者紧挨着住，住在她的姨母家，或者随你想，让她住在哪里都行。

阿尔伯特回到家听说，维特昨晚瞅准时候，待了一个时辰。

那么，现在……

青年维特之欢愉

[23]③ 当阿尔伯特从自己的房间过来，忙上忙下收拾停当并检查过行李之后，就来到绿蒂这边，微笑着问道："维特想做什么？你清楚地知道，圣诞夜前他是不许再过来的！"

你一言我一语之后，像所有高尚的德意志姑娘一样，诚实的绿蒂承认了 [24]④ 昨天晚上发生的一切。说完，她也变得惴惴不安

①　[尼柯莱批注] 页40：阿尔伯特是个好人，我同他可以说已经订婚。（歌50/51；中17）页214：她结结巴巴地回答他，维特昨晚来了一个小时。他答道，他可真会选时间。然后就进了自己的房间。（歌256/257；中108）

②　[译注] 天主教地区的沃尔姆斯（Worms）视婚姻为神圣并且不可离异。而勃兰登堡属新教，离婚则要更容易些。

③　[尼柯莱批注] 页214。[译按] 参上注。

④　[尼柯莱批注] 页190－207：此处暗示维特会返回来，并一起朗读莪相的诗歌。（歌226－249；中96－103）页192：她反对阿尔伯特的奇怪想法。本想唤来女仆，但她纯洁的内心让她坚定了不要把她叫到房间来。在钢琴边弹过几支法国舞曲，舒缓些，让内心平静之后，泰然自若地坐到维特所坐的沙发上。（歌230/231；中96）

起来，担心自己出于无邪的撒谎会让阿尔伯特咽下许多苦水。

"不，"阿尔伯特很平静地回答，"你给我的心灵抹上了香膏。你并没有悖逆自己高尚的心灵。不过，亲爱的绿蒂，你只是些微欠考虑。我记得，你之前强迫他许诺，圣诞夜之前不许再过来。你想以此来安慰我，因为你知道我得出差，亲爱的绿蒂，你也觉察到了我的醋意，虽然我自己愿意把它隐藏起来。谢谢你（他吻她的手）！但是，维特违背诺言强闯进来，你就不该那么亲昵地和他坐在长沙发上，单独在一起看书。你信赖自己纯净的心灵，[25] 这对姑娘们来说是十分高尚的想法。但是那个好小子并不这么想，尤其在他的爱意受阻并且时机宝贵的时候。唉，女人呀！一旦让这个好小子知道，他就算背弃了诺言也不会受到惩罚，他就会背弃更多的诺言。亲爱的绿蒂，你就是这么做的，不假思索，以至于把自己锁在闺阁之中。——那个场面太不像话了……"

绿蒂哭得很伤心。

阿尔伯特抓住她的手，不无严肃地说："亲爱的姑娘，放心吧。你爱那位青年，他也很值得你去爱。无论是把话挑明，还是眉目传情，并不两样，你都已经传达给他了。"

绿蒂泣不成声地打断，反复承认不再爱他了，在 [26] 发生过的那一幕之后维特只配得到她的恨，她极憎恶他……

"憎恶？亲爱的绿蒂，这听起来似乎是你还爱着他呀。若你镇定自若地说，那个小伙子对你来说很无所谓，那么我完全无话可说了，也不会对你说，我不愿破坏这种两相情愿的爱情，我……所有的要求……"

"大能的上帝啊！"绿蒂抽泣着喊道，边说边用手绢挡住脸面，"你怎么能如此无情地嘲讽我？我难道不是你的未婚妻么？是的，如你所愿，他对我来说无论是什么都无所谓！可恶至极！无所谓，就像……"

"就像我吗？"阿尔伯特激动地反问道，"这样对我来说更好，但是对他却不是。对我来说，在这样的情况下……"

[27]① 说话的当儿，侍僮走了进来，递上维特的字条，维特要借用阿尔伯特的手枪。

阿尔伯特读过之后，自言自语道："真是个怪人！"然后走进房间，拿下手枪，装上子弹后，递给侍僮。"给！把它带给你的主人吧！"阿尔伯特说，"告诉他，一定要小心，枪上膛了。请你转告我对他旅行的祝福。"

绿蒂觉得很惊讶。这时阿尔伯特一字一句地向她解释说，经过深思熟虑，他决定放弃对她的所有要求。他也不愿拆散一份温馨的相互倾心的爱情，不愿让他们以及自己过得都不幸福。但是他仍愿做她的朋友。他自己也愿意把维特这件事写信告知绿蒂的父亲，绿蒂自己也应该这样做，并且在她收到回信之前，先不要透露给维特。

[28] 经过反复思量以及女性常见的犹豫之后，绿蒂承认了对维特炽热的爱情，并很感激地接受了阿尔伯特的忠告，回自己的屋子写信去了。

正往屋子走的时候，她又折了回来，向阿尔伯特表达了对手枪的隐忧。

"放心吧，姑娘！那些向自己情敌借手枪的人，是不会自杀的。当他万不得已……"

他俩就此分开。

这边，维特收到了手枪，将枪举到额前，扣发扳机，立即仰翻倒在了地板上。邻人赶了过来，发现他还有些生机，就把他扶到了床上。

---

① ［尼柯莱批注］页213：于是，主人给了他一张没有入封的便条，内容如下：我打算出门旅行，您能把手枪借我用一下吗？再见。（歌 252/253；中106）

[29]① 另一边，阿尔伯特收到了维特写给绿蒂的最后两封信，还有写给他的最后一封信；与此同时，维特令人伤心的行为的消息也不胫而走。阿尔伯特对绿蒂隐瞒了这个消息；读完几封信，他毫不迟疑地赶到维特的住处。

他发现维特躺在床上，脸上和衣服上都沾满了血，身体偶尔抽搐几下，这会儿正安静地躺着，发出轻微的鼾声。

站在周围的人于是走开，让这两个人单独待着。

维特把手稍稍举起来递给阿尔伯特。"现在你胜利了，"他说，"我再不会给你添麻烦了。"

"我过来不是为了取胜的，"阿尔伯特心平气和地回答道，"而是来对你表示惋惜，[30]② 可以的话，我是来安慰你的。但是，你太操之过急了，维特……"

维特用身受重伤者近乎暴怒的语气，说了许多前言不搭后语的骂人脏话，以此赞颂那种只要愿意就能离开牢狱的甜美的自由感。

阿尔伯特 亲爱的维特，这就同打碎一只玻璃杯的自由一样，人们无须服膺于这种自由，因为它不会有任何裨益，反而徒增伤害。

维特 躲我远点吧，理性的人！你太过冷血，远远做不出这样的决定。

阿尔伯特 那好，我是冷血，而且我还相当乐在其中。估计你认

---

① ［尼柯莱批注］页 185：星期一清晨，这是 12 月 21 日，他给夏绿蒂写了下面这封信，这是他死后人们在他书桌上发现的。信已封好。有人把她交给了夏绿蒂……（歌 222/223；中 93）页 209：第二天早上，仆人听见他唤，把咖啡端给他时，看见他正在写什么。他在给夏绿蒂的信中又写了下面的话……（歌 248/249；中 104）页 218："阿尔伯特，我对不住你，请原谅我"云云。（歌 260/261；中 109）

② ［尼柯莱批注］页 19。［译按］参本版页 13 注。

为，这是高尚且伟大的决定？你天真地以为，[31]① 这其中兼具力量和行动？省省吧，你这优柔寡断的纨绔子弟。你好好省思一下，若从自然之母的抽屉中不知餍足地吃甜品，她一定会勃然大怒，你会想，她不再给你糖吃了。

维特 呵，多么智慧的理性思考啊！想必你也知道，那会儿无任何援助，我无法得到我所喜爱的。现在（他边说边用手拍打自己的脸），世界和自然跟我还有什么关系。

阿尔伯特 你这可怜的笨蛋，你把一切看得这么微不足道，是因为你自己如此渺小！那会儿你无能为力吗？那会儿没有任何援助吗？你是个勇敢的青年，我那么喜爱你，难道我不会把绿蒂让给你？要有勇气，维特！我现在就打算这么做了。

维特（半坐起来）为什么？你说什么？你本能够，你本想！闭嘴吧，你这倒霉的家伙！[32]——你的良药竟是毒汁。——毕竟，这又有何用？（说着又躺了下去。）不，无济于事。你这阴险的家伙。——冷血的人就是阴险。——你算计着，如何在我生命的尽头还要折磨我。

阿尔伯特 亲爱的维特，你这个笨蛋！冷静的抽象思维总比发热的幻想明智吧！——赶紧擦掉身上的血吧。我难道没看出来，你这个古怪的家伙企图践行自己的不良意图？我把一包鸡血塞进了枪膛，是一只我和绿蒂今晚要享用的公鸡的血。

维特一跃而起，大叫起来，"幸福啊！""欢乐啊！"喊个不停。他

---

① ［尼柯莱批注］页18：我知道你对此会说些什么，所以乐意向你承认，那些像孩子一样无忧无虑生活的人最幸福。他们拖着布娃娃四处乱跑，替它们把衣服脱下又穿上，要么就是乖乖地围着妈妈藏甜面包的抽屉打转，等到满心渴望的东西终于到手，便鼓着两颊大嚼起来，一边嚷嚷："还要！"真是些幸福的宠儿。（歌24/25；中7）页97：可怜的笨蛋！你把一切看得这么微不足道，因为你自己是如此渺小。（歌106/107；中42）

拥抱着阿尔伯特，还不敢相信，他的朋友竟能对他如此宽厚大度。①

阿尔伯特 [33]② 这谈不上什么宽厚大度。至多是些许冷静的理性，另外则是我喜欢像你这样的青年，在你们身上还有很多东西亟待完成。你和绿蒂的事情早已让我气不过来。其实我早就不十分开心，当你在那幽闭的小地方，在高高的山毛榉树墙背后，扑倒在她跟前。尽管你无所顾忌，尽管此事如此浪漫和庄重，但新郎不愿记住这些。我翻来覆去想过很多次。你一定还记得，当你周末做出不请自留的举动时，更是多么令人烦躁不安。我也思考过这些，并且 [34]③ 得出令人不快的结论：我的新娘对你青眼有加。维特，你认为我这个人冷漠，有的时候，我也的确会那样。但我也充满热情真心去爱，去要求对方真心的爱。我已经知道，我和绿蒂在一起不会幸福。成全你们，让你们幸福美满，这个决定我在路上就已经想好了，因为我自己并不会幸福。另外还有昨天的一幕，是绿蒂讲给我的！听着，维特，那个场景真是太过分了！我也读了你在写给绿蒂信中的描述。维特，事情是这样的……

维特（喊道）你在说什么！我的爱如太阳般纯洁，绿蒂是个天使，一切妒忌在她面前都哑然失色。

阿尔伯特 [35]④ 我相信。不过，维特，你听着，在最后一封信中，你要是写了这些那该多好，而你却选择了轻生。

---

① ［译注］"宽厚大度"（Großmut）一词是1756年前后尼柯莱与友人莱辛和门德尔松《关于悲剧的通信》中的一个关键词。中译见《关于悲剧的通信》，朱雁冰译，北京：华夏出版社，2010，尤参前言部分。

② ［尼柯莱批注］页108："夏绿蒂！"我叫着扑倒在她跟前，抓住她的手，成串的泪珠扑簌簌地将它打湿。（歌120/121；中47）页184：他欲离不能，一直挨到八点，心力愈加烦躁不安……（歌222/223；中92）

③ ［尼柯莱批注］页209。［译按］参本版页29注。另参页218。［译按］参本版页29注。

④ ［尼柯莱批注］页192及以下。［译按］参本版页24注。

就这样，两人说着便去共进晚餐了。

几个月之后，维特和绿蒂完成了婚事。他们终日沉浸在爱河，温暖、光明如他们终日沐浴其中的春日。他们仍一起阅读莪相的诗歌，但不再读塞尔玛（Selma）的吟咏或明眸如水的达尔图拉（Dar‑Thula）的悲情谢世，而是关于迷人的科尔娜‑多娜（Colna‑Dona）爱情的充满喜乐的情歌，"她的双眸好似轮转的明星，她的玉臂洁白如浪花泛起的泡沫，[36] 她的酥胸高高隆起，宛若平静的海面卷起的浪花"。

十个月之后，他们诞下一子——这是难以言表的欢愉的表达。

维特君之烦恼

[39] 生产十分艰难，给绿蒂产后造成了极大的痛苦，把她推到了生死的边缘。维特也因悲痛而无法自已。但这却不是一个人因为无法企及所希冀之物，因而意欲自我毁灭的自私自利的痛楚。它是一种社交的痛楚，以同情①为基础，既欲给予亦欲获得安慰。

绿蒂这位温柔的母亲由于过度虚弱而无法哺乳婴儿，所以请来一位奶妈。[40]② 一个出于兽欲、感染了隐疾的魑魅，害了孱弱的婴儿，这个无辜的小家伙继而又毫不知情地害了慈爱地爱抚他的母亲。

当维特从医生那里获知这一可怕的真相时，连连以头抢地喊道："上帝啊！你还留着我作什么！以前我以为，无法拥有绿蒂，这样的痛楚就是最大的了，就是强烈到人之天性难以承受的了！"

---

① ［译注］"同情"（Mitleid，张黎先生译"怜悯"），亦是"通信"中的核心概念，三位朋友之间的讨论可以说是围绕"同情"而展开的。尼柯莱在通信中的立场见《关于悲剧的通信》"编辑手记"。

② ［尼柯莱批注］页22：这加强了我的决心——今后仅以自然为本。（歌28/29；中8）

阿尔伯特安慰他道，你能承受这一更大的痛苦的，朋友。你以前是个懦弱的家伙，但现在已经是个男子汉了！时常被你轻视的社交也会赋予你力量。在你扣动扳机的瞬间，你只想着自己，全然不理会你的母亲会因之而心碎。

经过漫长且痛苦的治疗，绿蒂算是与死神擦肩而过，但是孩子却没有保住。［41］① 维特也经受住了这场灾难，适应了痛苦。是呀，他也得学着去承受悲戚和忧愁。维特从父亲那里得到的遗产少得可怜，而且未曾寻求开源节流。而母亲今已心力交瘁，他不忍心再向她奢求什么。妻子的患病使家里的生计变得拮据不堪。

维特不得不谋一份工作。机会不错，阿尔伯特帮他找到一份，并教他如何去经营。这里多一个连词或者少一个倒装，② 他现在也不关心了。他得去观照他人而不是反过来，这才是目前的正经。无论拉帆还是行船都需要力量，这样才能走得更远，这一点得到了证实，当然，他早已知晓。此外，他还认识到先前不懂的，比起疯狂不止的激情怂恿下［42］③（漫无目的地）爬一座陡峭的山峰，穿过一

---

① ［尼柯莱批注］页119：任何一个"和"字，任何一个连词都不能缺少，特别对我偶尔写出的倒装句，他更是恨之入骨。（歌 126 – 129；中 52）页117：相反，尽管软弱无力，但我们只要坚持不懈地紧张工作，就常常能发现，虽然信马由缰，避风躲浪，也比那有着风帆和桨橹的人走得更远……（歌 126/127；中 51）

② ［德文编者注］倒装句：句子中的词语倒换。尼柯莱在此讽刺天才时代和狂飙突进时期逆反的倾向，此为新生代表现性散文的标志，与唯理主义严格遵守语法规则的风格相对立（参 E. Trunz 注释，"汉堡版"《歌德作品集》卷6，1958，页 570 及以下）。

③ ［尼柯莱批注］页100 – 101：攀上陡峭的山壁，穿过无路可走的森林，在弄伤我身体、撕碎我衣裳的灌木荆棘中开出一条路径！这样，我的心中会好受些！（歌 112/113；中 45）页157：我痛苦万分，因为我已失去了生命中的唯一欢乐，而这正是我用来创造周围世界的神圣的、使人振奋的力量。（歌 178/179；中 74）

片无路可循的森林，穿越荆棘和灌木，并摸索出（通往虚无的）路径，承受公民不可推卸的社会关系则要耗费更大的精神力量。使尽浑身解数想要在周遭开天辟地的人，一旦发现自己只是个造物，便只有忧伤嗟叹了。那是钻心的痛苦，很少会使人有好的心绪。

绿蒂很为抑郁的维特担心，想让他与以往一样，每次注视她美丽的双眸，便可心胸开朗。而不是像眼下这样，见她怏怏不乐而不理会，这是从来没有过的。如今，维特不得不为生意而出差，整日守在他的小屋里。另外，他离开她也因为自己有些不愉快的心事，他不想使绿蒂伤心。

绿蒂是个善良的女子，只不过未能理解维特的用心，看他总不守在自己跟前，便闹起性子来。[43] 爱恨交加的她威胁说：亲爱的维特，你若是不常常伴在我身边的话，那我便自己另觅伴侣了。

就在这时候，出现了这么一位浪荡青年：① 饱读诗书，高谈阔论时能随手拈来，擅长饶舌，扯一些最时新的、第一手的见闻，各国民歌，② 历代戏剧，二十年的内容他可以浓缩在三分钟讲完，③ 真是个从魔窟里来的小精怪。④ 他也会经常批评巴托，⑤ 这方面维特自

---

① ［德文编者注］似乎是影射歌德青年时代的友人棱茨（Jakob Michael Reinhold Lenz, 1751—1792）。［译按］可参看后人毕希纳所写中篇小说《棱茨》，中译见《毕希纳全集》，李士勋、傅惟慈译，北京：人民文学出版社，2008，页 243 – 280。

② ［德文编者注］参尼柯莱《精致小年鉴》（*Eyn feyner kleyner Almanach*）。

③ ［德文编者注］影射歌德的《铁手葛茨》等作品，这些作品与传统的戏剧创作手法不同，以莎士比亚为榜样，创作人物的一生。

④ ［德文编者注］崇奉魔鬼的庙宇，撒旦的王国。

⑤ ［德文编者注］巴托（Charles Batteux, 1713—1780）：法国文艺、文学理论家，其作品在德意志广为流传，被文学批评视作准绳。贝尔特拉姆（J. E. Bertram）和施勒格尔（Johann Adolf Schlegel）将他 1746 年出版的《论美艺术》（*Les beaux – arts réduits à un mêmeprincipe*）翻译为德文（德文版，莱比锡，1769，

己也难望其项背。① 但是，这个家伙却无法和维特匹敌，既没有他脑子里的灵光，也没有腿上的脚力。他游弋在妇人中间，在这里脚没站定，又去那里蜻蜓点水，除了挠搔一下，手脚也不干净，从这里拿走一把香扇，去那边送上一副香奁。当然，他亲近绿蒂也是如此。

绿蒂会喜欢上这位五陵少年，在目前来看不是难事，但她想要的是让维特痛心，[44] 他应该同以前一样去博得她的芳心，但这已一去不复返。那位浪荡子恣肆无忌，以为自己占有了绿蒂；而维特十分愠恼，绿蒂竟会喜欢上这么一个无赖。不久维特和绿蒂发生了口角，绿蒂不依不饶，二人相互嘲讽，直到事情一发不可收拾，两人彻底分开，绿蒂去了父亲那里。

绿蒂成日成夜地流泪，因为她从灵魂深处爱着维特，不想对他不公。而维特则攥紧拳头敲打着额头："唉！这种凄楚真是难以名状，非此非彼！我拥有绿蒂，却不得不说她不再爱我了。还是她爱着我，而我并不拥有她的时候让人好受些。"

维特君之欢愉

[47]② 阿尔伯特因为处理侯爵的差事，在维也纳勾留了大半年。回来的时候，维特和绿蒂正好刚刚分开。

1770)，诸艺术在其中被限制在亚里士多德式的、对美的自然的模仿原则。巴托也曾翻译贺拉斯和伊壁鸠鲁（1750，1758）。他 1765 年出版的《美科学导论》(*Cours de belles lettresouprincipes*) 由拉姆勒（Ramler）译为德文，并附有注释，该作品在德国多次再版。歌德在《维特》中除了提及巴托，还提到伍德、德皮勒、温克尔曼、祖尔策以及海纳，这些人全部都是维特所轻视的理论家。因为对他而言，心才是最重要的感官。（歌 22/23；中 6）

① ［德文编者注］参《青年维特之烦恼》5 月 17 日日记。

② ［尼柯莱批注］页 192。［译按］参本版页 24 注。

　　他见到了维特，维特把脸埋在沙发里——就是在这张沙发上，他曾与绿蒂一起吟诵莪相的诗歌。

　　"现在，同你的妻子还好吗？"阿尔伯特问道。

　　维特（一见到是他，立刻叹息道）唉！不要再提女人了。都是虚妄的，一切都那么阴晴不定！（说着，他咬了咬自己的指甲。）

　　阿尔伯特［48］① 维特啊，你又要做傻事了！好像这一切都不是因你造成的！你真是个笨蛋，还把那可怜的绿蒂给骗得团团转。我太了解绿蒂了，这个善良的农家女，风趣、虔诚，会玩一些小游戏，会开心地跳舞，当然，也会给小孩子们切面包，深爱着家庭生活，似乎她老早便知道，那尽管不是天堂，但毕竟是难以言表的幸福的源泉。那时，我爱着她，想要拥有她，因为我需要的就是这样的女人。紧接着你出现了，给这种生活方式定下了不切实的高调：应该说，净是些内心的感触，强烈的神经质，不加限制，毫无顾虑。我们对待自己的心如同对待一个病弱的孩子，任其所欲，随其所为。生活在遥远的未来，在那里，一个巨大的朦胧的整体，静卧在我们灵魂前；我们渴望奉献出我们整个身心；［49］② 让那唯一伟大且庄

―――――――――

　　① ［尼柯莱批注］页12：我对待我的心如同对待一个病弱的孩子，任其所欲，随其所为。［德文编者按］尼柯莱在此引用了很能代表维特的一句话。文中的前一行是"限制"（Einschränkung）一词，特伦茨（E. Trunz）说，该词指出了"整部小说的中心议题。普遍来说，维特的病灶正是人之限制，他想要抓住无限的事物，但总是碰到其界限"（参"汉堡版"《歌德作品集》卷6，页564）。（歌16/17；中3）页30：她手里拿着一个黑面包，根据身边孩子们不同的年龄和胃口切成小片……（歌40/41；中13）页34：我最喜欢这样的作家，在他那里我能重新发现我的世界，书中的情形就像我身边的情形，他讲的故事使我感到有趣、亲切，和我自己的家庭生活一样，当然那不是天堂，但毕竟是不可言喻的幸福的源泉。（歌44/45；中14）

　　② ［尼柯莱批注］页46：一个巨大的朦胧的整体，静卧在我们的灵魂前，我们的感觉如同我们的眼睛在其中变得恍惚。啊！我们渴望着献出我们整个身心，让那唯一伟大而庄严的感情的全部欢乐充溢自己。（歌56/57；中20）

严的感情的全部欢乐充溢我们。温柔的女性贪婪地吞噬了它，当她沉醉于美好的幻觉时，便认定那是无上的幸福。好极了，善良的维特，倘若虚幻绝不会停息，那么它也会好过真实。但是，它如今在你这里停止了，而那位好姑娘仍不断地沉醉着。你还纳闷，你们为何无法生活在一起？亲爱的维特，过度的、走了样的感触在诗歌中无伤大雅，但它会让家务一团糟。可爱的小伙子！恋爱是人之常情，只是你必须像常人那样去爱，要考虑着你们的能力去爱，并且要把握好中道。你若一旦使姑娘有所渴望，她便会在享乐中自缚困厄。两年前也许就有人给你说过这些了，不过现在并没有什么两样。

维特［50］① 你这番无关痛痒的迂阔之论，带着它见鬼去吧！

阿尔伯特 如果我所说的是虚假的话，那就当作耳旁风吧。

阿尔伯特驱车前往绿蒂那里。

绿蒂（哭得极伤心，呼喊道）所有的男人都那么不忠，要是我曾料想过维特会抛弃我该多好！

阿尔伯特 好姑娘，镇静些，想想你自己，是否也难辞其咎呢？维特也不愿忍受乳臭未干的小姐啊。还记得当时维特追求你的时候，我心里的五味杂陈吗？绿蒂啊，你也有过错。男人是不喜欢被戏弄的，使小性子也不会让爱失而复得。你还像以前那么爱着维特，维特也爱着你，这样不好么？你还爱他吗？

页61：……我们应该像上帝对我们那样对待孩子，当上帝让我们沉醉于美好的幻觉中时，他也就使我们得到了最大的幸福。（歌72/73；中26）页22：这时来了个庸人，一个供职于衙门的男人，对他说："可爱的小伙子！恋人是人之常情，只是你必须像常人那样去爱！"（歌28/29；中9）

① ［尼柯莱批注］页83：我想中止谈话，因为没有比这种论调更使我气恼了。我是敞开心扉说话，而别人却用一种不关痛痒的迂阔之论来应付。（歌96/97；中38）

绿蒂 [51]①（又伤心地大哭）你问我是否还爱他？上帝呦……

阿尔伯特把维特接到了猎庄，绿蒂的父亲——那位侯爵的老管事，把维特数落了一番，绿蒂流着泪，原谅了维特。他们相互拥抱，然后冰释前嫌，一起返回住所。

吃一堑长一智，一些细小的操之过急使他们更加慎重，他们现在充分地享受着家庭生活带来的欢乐，这只可深深体味，难于言表。你侬我侬相互信任让他们的欢乐愈加幸福。维特又——天知道有多快活——挽着爱妻的胳膊，盯着她那真诚地洋溢着最坦率、最纯净的欢乐的双眸。他打理生意，绿蒂教育孩子，他们的生活就这样，如静谧的溪流缓缓流淌——虽然不似诗情般的画卷，或汩汩的激流，但对这对眷侣而言再相宜不过了。

[52]② 经过勤劳肯干和精打细算，十六年后，两人过上了富足的生活。维特如今又可以脱离辛苦的工作了，于是，他买了一小块农庄。这座庄园坐落在长满高大的榆树和经年的橡树的山腰上，那里只有间小屋，四围都是肥沃的农田，还有一块花园。花园里的参天大树下是一口井，向岩石往下约摸二十个台阶那么深，甚合维特的心意。他就在这里落了脚，再次享受着一个人把自己亲手栽种的卷心菜端上餐桌时的那种纯真快乐：此时可不单单是这卷心菜，还有播种的美丽清晨，浇水的可爱黄昏，那些为不断生长而感到喜悦的时日，这些都

---

① ［尼柯莱批注］页 39：我们跳着穿过队伍，天知道，我有多么快活。我手挽着她的胳膊，眼盯着她那真诚地洋溢着最坦率、最纯净的欢乐的眸子……（歌 48/49；中 16）

② ［尼柯莱批注］页 10：你走下一座小丘，来到一拱形建筑前，再往下走二十级台阶，便有一股清澈的泉水从大理石岩缝中喷涌而出。（歌 16/17；中 3）页 48：我真快活，心中还能感受到一个人把自己亲手栽种的卷心菜端上桌子时那种纯真的快乐：此时端上桌的，可不单单是这卷心菜，还有那播种的美丽清晨，那浇水的可爱黄昏，那些为不断生长而感到喜悦的时日，这一切都让我在这一瞬间再次享受到了。（歌 58/59；中 20）

在这一瞬间享受到了。因为绿蒂在菜地里种了蔬菜和根茎植物，这些东西摆满了［53］简单的农家饭桌。维特需要料理的是果园，孩子们则给自己种了一畦郁金香，还有可爱的银莲花。

一切本来都其乐融融，直到有一天来了这么一位先生：他曾浪游英伦，乘船渡过布里奇沃特公爵运河，① 游览过坐落在山下和厄威尔河（Irwell）② 之上的斯托（Stowe）庄园，听到过钱伯斯③讲中国皇帝的庄园如何如何，不可思议并且阴森恐怖，真是件乐事。此外，这位先生回来时并不比他出国之前精明许多。他腰缠万贯，想要搞一些原创性的东西：在不是东方的地方建一座东方情调的花园。如果他在吉达（Dsjidda）④ 生活的话，就会照着勒诺特尔（Le Nôtre）⑤ 的草图造一座凡尔赛宫出来。于是，他买了维特小屋上面的山头，⑥ 大兴土木，盖的尽是些与众不同、稀奇古怪的东西，比

① ［译注］布里奇沃特公爵运河是英伦最古老的运河之一，将沃尔斯利（Worsley）和曼彻斯特的产煤区和梅西河（Mersey）连接起来。

② ［译注］英伦兰开夏郡（Lancashire）梅西河的支流。

③ ［德文编者注］钱伯斯（William Chambers, 1726—1796）：1755 年起为伦敦宫廷建筑师，在英伦的园林建造中引入了东方风格，主要使用的是中国风。对于持情感美学立场的钱伯斯而言，园林与普罗的大自然的区分，应该像英雄诗歌同散文的区别。其广为流传的《论东方园林建筑》（*Dissertation on Oriental Gardening*, 1772）早在 1775 年便在 Gotha 以德文版面世。

④ ［德文编者注］吉达（Dsjidda）：或 Dschidda，红海沿岸的港口城市。

⑤ ［德文编者注］勒诺特尔（André Le Nôtre, 1613—1700）：路易十四时期的园林建筑师，法国巴洛克园林的建造者，强调严格的主轴线之规律性（比如凡尔赛宫、圣克卢宫、尚蒂利）。德意志的众多园林亦遵循此原则（如慕尼黑的施莱斯海姆宫、宁芬堡宫、维尔茨堡王府、无忧宫、美泉宫，等等）。

⑥ ［德文编者注］维特的小屋：在歌德这里，这一感伤主义的常用语出现在维特 5 月 26 日的信件开头：你早就熟悉我的脾性，愿在任何一个喜欢的地方搭座小屋住下，条件简陋一概不顾。特伦茨（同上，页 565）称"小屋"为"田园生活、温柔乡和自然生活的理想苑囿的图像主题"（也参 W. Rehder, Das Symbol der Hütte bei Goethe, 载 *DVjs* 15, 1937, 页 403–423）。

如，曲折的波浪形走道、深潭、庙宇、佛塔、荒寒景致。[54] 大功
告成之际，他还想让他的花园百兽成群，像中国皇帝那样，一切都
要真切自然。他买来许多狗，把它们装扮成狼，把塞浦路斯猫扮成
虎，给绵羊涂上黄棕色扮成猎豹，把鼬鼱扮成白鼬。这些野兽漫山
遍野撒欢，造访了维特的果园，在果树间蹭掉了挂在头上的面具。
好在这些动物可以被赶走，维特倒不是很在意。谁知道那位顽主又
开始了伟大的工程，他将山对面的一条河流用水车引到高空，这样
他便在这边有了一条从山上陡降而下的瀑布。这令他欢呼雀跃，乐
不可支，灵魂亦为之摇荡。看哪，波涛激荡的水流是如何自上而下
汹涌而至，在上百岁的橡树间流淌，越过岩崖泛起浪花。正如我们
所预料，维特的花园遭了殃，树木被悉数裹挟了去，那间小屋也被
连根拔起，[55]① 大水洗劫了肥沃的菜田和可爱的花圃。

　　绿蒂见状直扯自己的头发，孩子痛哭流涕，这时，经历过许多
事的维特已变得从容不迫。他讶异了一会儿，自言自语道：这家伙
确实是个天才！不过，我也发现，天才是个糟糕的邻居。② 天才自说
自话时，自己心旷神怡；一旦做出天才的举动，简直是他人的灾难。
瀑布的确活泼可爱，可我那间同妻儿一起享用黄油面包的小屋，我
的菜田、果树、花圃，也不赖呀。再说，我也乐见他们有这等口号：
胆大无边，气冲霄汉，奋力不懈，无所顾忌。多么悦耳！我们 [56]

---

　　① ［尼柯莱批注］页23：亲爱的朋友们，这是因为河岸两边住着些不动
声色的先生，他们担心自己的园亭、花坛和菜圃被毁于一旦，懂得未雨绸缪，
便于及时筑堤挖沟。（歌28/29；中9）
　　② ［译注］莱辛在1775年2月8日回复维兰德的信中重申此句。并指出
尼柯莱的维特虽然不比歌德的维特更好，但是更明智。值得注意，此处的"明
智"（klug）有实践智慧上的考量，即政治哲学意义上的 phronesis 或 prudentia
［审慎］。莱辛戏剧《更好的维特》的计划呼之欲出。关于莱辛的诗学正义可参
《汉堡剧评》第34、84篇。

也不愿妨害天才，因为那位爱好庄园山墙纹饰的家伙富贵逼人，抱怨也不起什么作用。要是我们可以避开天才该多好！

他拜访了这位富有的邻人，握了握手，然后从容不迫地说道，我的邻居，您看看您的瀑布在我的园子造成的破坏。我可以起诉您，但这又有何益处；您要是愿意买下我那庄园，我就搬走，随后您要怎样放任自流悉听尊便。

"说得好！"这位邻人惊呼道，"我明白了，您是位中意伟大事物的人！您看看那些树连根拔起躺在地上，那小屋的屋顶倾颓在一旁，卷心菜漂流其上！嚯，我的邻居，园中的自然远非那鄙陋的艺术所能比肩，这样一幅景象，让此刻的我——［57］① 除了您能想象并叫它炼乳之外——感到词穷。"就这样，在未作任何请求的情况下，他主动付给维特比庄园本身价值更多的报偿。

维特拿着钱，心里嘀咕：根茎长在地上，苹果挂在枝头，这也是自然呀。随后，他又买了一块庄园，房屋建得精美，屋前是个坪场，场中植有两棵菩提树，与瓦尔海姆教堂前的一模一样。今天，他仍与绿蒂还有他们的八个子女，幸福美满地居住此地。人生阅历和冷静沉着的考虑教会了他，不再反复去咀嚼命运安排给他的少许痛苦。相反，他怀着内心的感激之情，领受上帝倾注在他身上的欢乐。对并非盲目的［58］② 运命，而是善与正义的天命之路的思考，

---

① ［尼柯莱批注］页20：离城约一小时路程，有个去处，他们称它为瓦尔海姆。（歌26/27；中8）页6：我要，亲爱的朋友，我向你保证，我要改弦更张，不再如往常那样，反复咀嚼命运安排给我的少许痛苦。（歌10/11；中1）页159：不过，唉，我感受得到！尽管我们热烈地乞求，上帝不会赐予我们雨露和阳光！可为什么那令人想起就痛苦难熬的过去时光如此幸福？那是因为我如此耐心地等候他的圣灵，怀着内心的感激之情，领受他倾注在我身上的欢乐。（歌178/179；中74）

② ［尼柯莱批注］页159：人的命运除了注定要受完他的那份罪，饮尽它。页125：我的知觉多么迟钝！我的心灵没有一刻充实。页9：我感到自己除

使得维特迟钝的感官重又变得明快开朗，极度紧绷的神经也松弛下来，恢复了他以前曾享受过的心灵之充实。他又能够躺卧在飞流直下的溪水边和茂密的草丛里了，感到自己的心更贴近地上叶茎和千姿百态的小草之间无以计数、神秘莫测的各类虫豸，感受到全能者的存在，感受到博爱世人的上帝的气息，是他按照自己的形象创造了我们，支撑着我们，护住我们在永恒的欢乐中翱翔。重要的是，他不会走向毁灭，不会在这些景象的威力下慑服绝命。[59]① 因为绿蒂和他们的八个孩子——这上帝给他最好的馈赠——一直伴随左右，与他一同感受融融之乐。每当他火急的脾气中烦乱心绪要浮起来，一看到这些健康可爱的人儿幸福从容，为父的坚毅而高尚，做母亲的堪称欢乐和美貌的模范，便立即变得平静。他们又重新培育了其他的花圃，间以郁金香、水仙还有风信子。菜地在他们伴随着游戏的劳作下，也被郁郁葱葱的玫瑰花丛和茉莉花径围了起来，而园中小屋四周种着馥郁的香忍冬围篱，住房的阳面掩映在葡萄架下。

[60] 汉斯 哼，真该死！原来还可以这样结局。

马丁 那当然！还可以以千百种方式结尾呢。不过一旦人们一心要自杀的话，其他的方式就无济于事了。

汉斯 你的确在理，我不会自杀的！

———————

了那杯酒以外，还有什么？［德文编者按］不能确定尼柯莱的引用所指何处，也有可能指的是前面一处，参本版页 57 注。（歌 180/181；中 75）充满泪水的幸福时刻！（歌 134/135；中 54）心更贴近叶茎间这个喧嚷的小世界，贴近无以计数、神秘莫测的各类小虫。这时，我便会感到全能的上帝的存在，感到那博爱天下的上帝的气息，是他按照自己的形象创造了我们，把我们支撑，并护住我们在永恒的欢乐中翱翔。（歌 14/15；中 3）页 10：但我会由此走向毁灭，我会在这壮丽景象的威力下一命呜呼。（歌 14/15；中 3）

① ［尼柯莱批注］页 25：我告诉你，我亲爱的朋友，每当我心神不定，一看见这样的人，烦乱的心绪便会变得平静。这种人乐天知命，满足于自己窄小的生存空间，安度时日，看见树叶飘落，只会想到，冬日即将来临。（歌 32/33；中 10）

《青年维特之欢愉》与生命中的或然性

温玉伟　撰

> 在戏弄之中自有真理，我们看出有必要区分我们是什么和我们应当是什么。[①]
>
> ——布鲁姆

一

1774 年，青年歌德的小说处女作《青年维特之烦恼》（以下简称《维特》）问世后，立即在欧洲引起轰动，行伍之中的拿破仑对其爱不释手，即便行军打仗时也随身携带；该小说同时也引起许多青年人纷纷效仿主人公维特由于爱情的愁苦而自戕的做法。作为德意

---

① 布鲁姆，《巨人与侏儒》，张辉选编，秦露、林国荣、严蓓雯译，北京：华夏出版社，2007，页438。

志"狂飙突进"运动的代表性作品，《维特》小说所流露出的新的生命感觉反对"心灵的缩紧、逼仄"（见 5 月 17 日日记，Ach das engt das ganze Herz so ein），① 特别强调"心灵的充盈"、情感的自由、直觉以及本能。青年人过分夸大自身的能力和纯粹的天才原创性力量，将独特的个性和原始性置于美善的事物之上；蔑视习传的规则，意图凭借激情的强力来将其冲破，因为在他们看来，激情是唯一有价值的东西。

歌德的小说发表后引起一波模仿和讽刺的热潮，但是在后世研究者看来，唯有尼柯莱（1733—1811）的《青年维特之欢愉》（*Die Freuden des jungen Werthers*）最能与原作相比肩。有论者称，尼柯莱的这部作品所引发的争论一直持续到今天。② 另外，"法兰克福版"《歌德全集》卷八的编者认为，在众多对歌德的《维特》做出正面和反面评价的文本中，尼柯莱的这个小册子是唯一得到歌德本人认真对待并回应的，直到晚年写《诗与真》时，歌德对此仍有些耿耿于怀。③

尼柯莱是莱辛早年除门德尔松（1729—1786）之外，另一位最为亲近的友人。因父亲早逝（1752 年），不到 20 岁的尼柯莱便开始经营起父亲遗留下来的出版社。这位秉持启蒙精神的年轻人很好地利用了出版社这个平台，广泛吸纳有志于启蒙事业的志同道合者为其撰稿。除了主编当时影响深远的刊物如《论德意志当今美科学状况书简》（*Briefe über den itzigen Zustand der schönen Wissenschaften in*

---

① 参歌德，《青年维特之烦恼》，卫茂平译，太原：北岳文艺出版社，2010，页 5。

② Bernd Witte/Peter Schmidt 等编，*Goethe Handbuch*，卷 3，Metzler，1997，p. 64。

③ Waltraud Wiethölter 编，*Johann Wolfgang Goethe*，*Sämtliche Werke*，卷 8，Deutscher Klassiker Verlag，1994，pp. 909 – 925，938 – 960。

Deutschland，1755）、《论当下文学书简》（*Briefe, die neueste Literatur betreffend*，1759—1765），以及 250 卷的《大德意志文库》（*Allgemeine deutsche Bibliothek*，1765—1806），尼柯莱亦撰有大量戏剧、小说、哲学作品，其中尤以三卷本小说《诺特汉克硕士先生言行录》（*Das Leben und Meinungen des Herrn Magister Sebaldus Nothanker*，1773—1776）最为著名，同时代人称其为"德意志小说之魁首""首部德意志小说"。据说这部主要讨论地狱之罚的小说是对莱辛《莱布尼茨论永罚》一文的回应。①

《青年维特之烦恼》问世时，尼柯莱已经人到中年，而且也算得上是个名作家，他随即写了《青年维特之欢愉》。在这部戏仿之作中，尼柯莱笔下的马丁这样为青年人把脉：

> 汉斯，你瞧，如果我没看错的话，作者写青年维特之烦恼可不是为了达到这样的目的，再说这也不是你或你那一伙人的烦恼。作者很了解你们，你们这群小伙子翅膀刚刚长硬（汉斯，你也是其中的一分子），就蠢蠢欲动，腾空而起去窥探大千世界。你们这些愣头青什么都看不惯，你们比谁都清楚什么对这个世界有用，但是偏偏不学，只因为这是糊口的营生。你们不愿意顺从前人建立的良好秩序，因为这是束缚。你们不愿做别人正在做的，你们想要标新立异，想要特立独行。长久以来，你们不在乎什么是律法、秩序、国家、王国、国王以及君主。（《青年维特之欢愉》，页 9 - 10）

年轻一代的这些要求既体现了政治领域，也体现了（因在政治

---

① Astrid Dröse, Friedrich Nicolais satirischer Roman Sebaldus Nothanker und der Höllen – Diskurs der Spätaufklärung, 参 Frauke Berndt/Daniel Fulda 编，*Die Erzählung der Aufklärung*，Meiner，2018，pp. 254 – 267。

领域无法实现而转向的）精神和文艺领域对传统和权威的反抗。——这里的说法其实应该有所修正，因为归根结底，这些文学上的症候，比如所谓的"天才说"，都是政治性的。① 鉴于"狂飙突进"运动的诉求同政治的关系，将这场发生在 18 世纪 80 年代前后的运动视作现代自由主义的一次发作或者动员也毫不为过。②

有论者注意到，当歌德出生时，我国的曹雪芹正在专注于《红楼梦》的写作，而当歌德写作《青年维特之烦恼》时，曹雪芹已经离开人世。③ 因此可以说，自王朝鼎革、共和国肇造以来，我们从一开始接触西方文学，便一脚踏入了西方滋蔓的现代文学洪流之中。在彼时的时代氛围中，我国青年从《维特》身上找到了"种种共鸣之点"，并认为，"主人公维特的性格便是'狂飙突进时代'少年歌德自己的性格，维特的思想便是少年歌德自己的思想"。④ 这种认信般的赞同恰恰在某种程度上说明了维特热作为一种心灵上的病症在该时期具有普遍性，⑤ 也解释了为何《维特》小说问世之后竟引起欧洲诸多青年的效仿。

尼柯莱写作《青年维特之欢愉》的动机一开始就说得清楚，他

---

① 参 Jochen Schmidt, *Die Geschichte des Genie – Gedankens in der deutschen Literatur, Philosophie und Politik* 1750 – 1945. WBG 1985。

② Hans Gerth, *Bürgerliche Intelligenz um* 1800. *Zur Soziologie des deutschen Frühliberalismus*, V&R, 1976, p. 45、49；亦参 Panajotis Kondylis, *Die Aufklärung im Rahmen des neuzeitlichen Rationalismus*, Klett Cotta, 1981, pp. 25 – 26；"狂飙突进"运动作为大革命的预演，试联想朗特纳克侯爵对侄子郭文的批评，参雨果，《九三年》，郑永慧译，北京：人民文学出版社，2004，页 336 及以下。

③ 叶兆言，"我读《少年维特之烦恼》"，见歌德，《少年维特之烦恼》，张佩芬译，重庆：重庆出版社，2007。

④ 郭沫若，"《少年维特之烦恼》序引"，见氏著，《郭沫若全集·文学编》（卷15），北京：人民文学出版社，1990，页 310。

⑤ 参 Jochen Schmidt, *Die Geschichte des Genie – Gedankens in der deutschen Literatur*，前揭，p. 334。

并不是要质疑《维特》小说的艺术价值，而是该小说所引起的"维特热"，

> 吾欲达到以下目的：一则展示像阿尔伯特这样的商人亦可以有高尚的思想，相较于维特这类急性子年轻人，可以更仁爱地使用其抽象［理智］；一则也将维特置于婚姻中来，纯粹地使性子和多愁善感是无法胜任婚姻的。总之，我要从另一面来呈现此事……我一直以来都承认《维特》小说作者的伟大禀赋；我只是要避免该小说间接地造成——并且确实造成了——的危害，［因为］许多杂志已经报道了发生在欧洲的一些引人注目的情况。①

作为小说主人公原型耶路撒冷（Karl W. Jerusalem）的友人，莱辛在阅读过歌德小说之后也指出了该小说存在的不足，

> 您难道不认为，这部新作如果要促成更多善好而非祸害的话，还必须再加一段精辟冷静的结语？在后面要有些许暗示，比如，维特如何变成这样一位离奇的人物，其他天性中也秉有类似气质的青年又应如何使自己避免重蹈覆辙。因为，这些人会轻易地将诗歌的美误以为是道德的美，并且相信，那个令人们如此强烈地同情关切的人，一定是善好的。但是，他事实上并非如此。（致艾申伯格，1774 年 10 月 26 日）

在莱辛看来，尼柯莱的《维特》"尽管没有那么好，但是却更为明智"（致维兰德，1775 年 1 月 8 日）。为了让维特的文学形象变得更为"善好"，莱辛除了出版友人耶路撒冷的哲学文集之外，还计划

---

① 参 Leopold Friedrich Günther von Göckingk, *Friedrich Nicolai's Leben Und Literarischer Nachlass*. Nicolaischen Buchhandlung, 1820, p. 52f. 。

创作一部题为《更好的维特》的戏剧，据说莱辛去世前几个月还在着手处理这部戏剧残篇。[1]

二

在针砭智术师修辞术的《斐德若》中，[2] 柏拉图笔下的苏格拉底曾指出这类人的表演性修辞术不仅罔顾人类灵魂德性的差异，而且不顾正义和真实。他们的修辞术关注的是或然性的东西，"用言辞和符合礼法的生活习惯（给灵魂）传递你兴许希望的那种说服和德性"（270b5 - b10），换句话说，智术师的目的是基于公认的观点去迎合民众的意见（doxa），[3] 因为，

> 在法庭上根本就没谁关心这类事情［按：即正义的与好的事情］的真实，而是关心（听起来觉得）可信。这叫作或然，想要凭借技艺说话的人必须专注于这个。（272d5 - e5）

他们"把如今所谓'传媒'意见讲述为看似真实的东西，只要能让人以为是真实就行"（同上）。受到苏格拉底启发的斐德若恍然大

---

① 参 August Koberstein，"Lessings Werther"，载 *Weimarisches Jahrbuch für deutsche Sprache，Literatur und Kunst*，卷 2，1855，p. 470。莱辛，《更好的维特》（*Werther，der Bessere*），参 Herbert G. Göpfert 编 8 卷本《莱辛作品集》，卷 2，1971，p. 577。从后来对《维特》第二稿的大幅改动可以看出，歌德不仅希望赋予道德性解释以优先性，还希望澄清并批评维特以艺术的标准处理激情的做法。参 Peter Pütz，"Werthers Leiden an der Literatur"，载 William J. Lillyman 编，*Goethe's Narrative Fiction. The Irvine Goethe Symposium*. De Gruyter 1983，p. 63。

② 参《柏拉图四书》，刘小枫编/译，北京：三联书店，2015。

③ 同上，"导言"，页 20；亦参施特劳斯，《修辞术与城邦：亚里士多德〈修辞术〉讲疏》，伯格编订，何博超译，上海：华东师范大学出版社，2016，页 55 - 56。

悟，"那些谎称自己掌握言辞技艺的人觉得，这个［或然］才头等重要"，而在亚里士多德看来，这些"号称掌握了这门技术的人，要么是由于缺乏教育，要么是由于自夸，要么是出于人性的其他弱点"。①

根据现代柏拉图研究者施莱尔马赫，在这部对话作品中，人们可以看到苏格拉底对于政治书写的看法，这不仅涉及立法文告，也涉及城邦戏剧（《柏拉图四书》，前揭，页20）。而我们从这里的对话知道，"或然性"对于表演性修辞，或者说对政治书写而言的作用不可小觑。由此便不难理解，为何立足于城邦的亚里士多德会基于实践用途，以哲学方式来审视政治性的修辞术和诗术，并且在其《修辞术》中首次凭借"或然性"概念将修辞术列入认知种类和方法的系统之中。②

在《诗术》（旧译《诗学》）第9章中，亚里士多德区别了诗家与史家：诗家的职责在于，依照或然性或必然性原则，描述可能发生的事；而史家的职责在于描述已经发生的事。由于诗作更多言述普遍性的东西，历史言述个别的东西，所以，诗作比历史更富哲学意味、更为严肃。此外，诗作追求的是，从一般出发，什么样的人按照或然性或者必然性说什么样的话做什么样的事。由于诗作从普遍的一般性出发编织故事，故事中表现的个人（性情）就不同于历史中某个具体的人物，显得既具有"或然性"又具有"必然性"，从而令观众或者读者感到自己也可能有如此这般的性情。③

鉴于当时青年读者的"误以为""共鸣"以及尼柯莱和莱辛等人在

---

① 亚里士多德，《修辞学》，1356a25－30，见《亚里士多德全集》（卷九），颜一译，北京：中国人民大学出版社，1994，页339。

② T. van Zantwijk, Wahrscheinlichkeit/Wahrheit 词条，见 Gert Ueding 编，*Historisches Wörterbuch der Rhetorik*，卷九，Niemeyer 2009, p. 1291。

③ 参阿威罗伊，《〈论诗术〉中篇义疏》，刘舒汉译，北京：华夏出版社，2009，"中译本前言"（刘小枫撰），页15－16。

诗学上的反思和应对，在我们看来，由《维特》而引发的问题似乎涉及现实与诗的关系问题，具体来说，即诗的或然性问题（εἰκός/verisimile/Wahrscheinlichkeit/likelihood；亦译为"可然性"或"看似如此"）。

虽然亚里士多德在《诗术》中多达 18 次提及或然性对于肃剧、谐剧以及叙事诗的重要性，但实际上，或然性适用于所有以模仿为基础的广义的诗。① 亚里士多德在《亚历山大修辞学》中指出或然性事实的本质在于，听者思想对言者所述典型范例——亦即"公认的观点"——所产生的共识，"人们往往最能相信这类事情"（1428a25 – a35）。②

根据 18 世纪上半叶德意志启蒙运动的正统诗学，"诗性或然性"指的就是"虚构事物同平常现实发生的事物的相似性；或者情节同自然的若合符节"，③ 借助"假设性或然性"（hypothetische Wahrscheinlichkeit）这一界定性的概念，诗艺理论家哥特舍德（Johann Christoph Gottsched）考虑到虚构的另外一个"可能世界"（莱布尼茨），而且哥特舍德的老师沃尔夫（Christian Wolff）就曾认为，小说是"对某事的叙述"，"它在另外一个世界可能发生"。④ 根据学界的

---

① 参 Neil O'Sullivan, Aristotle on Dramatic Probability，见 *The Classical Journal* 91/1（1995），p. 47。

② 《亚历山大修辞学》，见亚里士多德，《亚里士多德全集》（卷九），崔延强译，北京：中国人民大学出版社，1994，页 578 – 579；也参亚里士多德，《修辞学》，1357a – 1357b；柏拉图，《斐德若》，272d – 273b。

③ J. Ch. Gottsched, *Versuch einer critischen Dichtkunst*, 第三版, 1743, 见 Joachim Birke/Brigitte Birke 编, *J. Ch. Gottsched. Ausgewählte Werke*, 卷 6/1, De Gruyter, 1973, p. 255。

④ Helmut Hühn, Wahrscheinlichkeit（äthetisch）词条，见 Joachim Ritter 等编，*Historisches Wörterbuch der Philosophie*, 卷 12, Schwabe 2004, 页 304 – 306；亦参 Jochen Schmidt, *Die Geschichte des Genie – Gedanken in der deutschen Literatur, Philosophie und Politik* 1750 – 1945, 卷一, WBG, 1985, pp. 11 – 12。

说法，被哥特舍德视之为模仿之法度的诗性或然性仍是古典意义上的。①

在这一时期的诗术看来，一切格格不入、天不收地不管的事物都是非或然的，比如游离于家庭之外的人会被视为一个恶棍。类似于人之为人和为善，家庭性和人之为人在本质上是一致的。从而，人之为人、家庭性以及为善的参照系统形成了作为符合人类生活本身的世道人情的或然性。② "世界的偶然性……同一种……秩序相连"，这一秩序的目的是"普遍的善"（《剧评》第 34 篇），在《剧评》其他地方，莱辛说得更加直白：

> 以邪恶为荣，这是违反天性的。作家热衷于表现某种炫目、恶劣的东西，使我们错误地以为人类的心灵从根本上倾向恶，而不是倾向善，因而作家应该受到指责。（《剧评》，第 30 篇）

他认为，诗人的"高尚使命"是向观众传达如下洞见："一切事物的永恒的、无限的联系……即智慧和善良"，是"永恒创造者的整体的投影；应使我们相信在永恒的创造者的整体里，一切问题都能得到妥善解决，在尘世的创造者的整体里也能做到"（《剧评》，第 79 篇）。③

因此，这一方面解释了莱辛在致艾申伯格的信中所要求的"诗歌的美"和"道德的美"的一致性，另一方面也让我们明白，为何莱辛的友人尼柯莱要将笔下的青年维特送入婚姻和家庭之中。

面对马丁的建议，年轻人汉斯仍然执着于小说的故事。因为古典的模仿观既意味着对现实性的模仿，也意味着对应然的再现，而

---

① T. van Zantwijk, Wahrscheinlichkeit/Wahrheit 词条，前揭，p. 1308。

② Alois Wierlacher, *Das bürgerliche Drama. Seine theoretische Begründung im 18. Jahrhundert*, Fink, 1968, 页 107。

③ 参莱辛，《汉堡剧评》，张黎译，上海：上海译文出版社，1982；北京：华夏出版社，2017。新版页 154，页 369 及以下，引用根据德语原文有改动。

古典的诗术理想在此时期仍占据主流地位,① 故而,汉斯便将其视为规范性的指导,

> 一切都很好很美妙,不过,在维特这里于事无补。事情不可能有所改变,不得不必然(notwendig)如此进行。(《欢愉》,页 17)

在懂得编故事的马丁眼中,小说或者广义的诗都是诗人根据或然性或者必然性所制作和描述的可能发生的事,由于它的可能性,因此它也极具可信性,②

> 如果维特在你眼中就像陶匠手里的陶器、诗人笔下的人物,那么,的确是铁板钉钉。作者当然可以用生僻的知识将这位狂热人物的所有特点如此组合到一起,用令人称奇的细腻笔法纳入所有微不足道的事件,然后如此导引,可怕的灾难自然而然会发生,还会让我们挤出一声凄苦的叹息。(《欢愉》,页 18)

马丁认为,小说"稍作改动就会大有改观",以此来消除青年维特的烦恼以及《维特》为人们带来的烦恼,

> 比如,假设一下那个唯一的小细节:当阿尔伯特由于拖了很久的生意出门在外,维特最后一次拜访绿蒂,这时阿尔伯特和绿蒂还未结婚,可以说已经订婚,婚期定在圣诞节期间。你

---

① 参 Alois Wierlacher, *Das bürgerliche Drama. Seine theoretische Begründung im 18. Jahrhundert*, 前揭, p. 106。

② 试联想亚里士多德《论诗术》第 9 章,参亚里士多德,《诗学》,罗念生译,北京:人民文学出版社,1962,页 28–32;参 Neil O'Sullivan,前揭;亦参 Manfred Fuhrmann, *Die Dichtungstheorie der Antike: Aristoteles – Horaz – "Longin": Eine Einführung*, WBG, 1992, p. 31。

会看到，我在想，因为场景是在沃尔姆斯附近，不像在勃兰登堡，人们说离婚就离婚了。地点在那里，这个我不改动。绿蒂也许与阿尔伯特住在一个屋檐下，或者紧挨着住，住在她的姨母家，或者随你想，让她住在哪里都行。（同上）

从接下来的叙述我们得知，尼柯莱笔下的马丁正是按照他所处时代的或然性规则去编织故事，他"把维特设想为生活在社会中的人"。作为社会性的人，维特"自己会是或不得不是人子、公民、父亲、一家之主、他人之友"，面对社会责任，维特若"趋避则是不知感恩和道德败坏；负责才是美德和慰藉"。"狂飙突进"时代所鼓吹的颇为诱人的"自由"观念，也曾令彼时的年轻人心神摇荡，汉斯也是中了"自由"之毒的一分子，

你一定认为，每个人都像蒙着眼睛在磨坊打转的马，却没有想过：溜之大吉，彼岸是光明和自由的跳跃。维特就是这样想的，就如同再也无法为继，就远离了这个世界。这难道不是一大壮举吗？……"只要我愿意，我能随时脱离这个牢狱。"这难道不是一种自由的甜蜜感觉？（《欢愉》，页 12 –13）

熟悉世道人情的马丁十分不屑这种空洞的自由，因为他认为健康稳定的社会生活的目的并不是什么自由，而是为人人为社会负责，这才是"美德和慰藉"。毫无社会经验、涉世未深的年轻人眼中的自由，在他看来"就同打碎一只玻璃杯的自由一样"，但是，"人们无须服膺于这种自由，因为它不会有任何裨益，反而徒增伤害"！顺便说一句，经历过法国大革命的德意志诗人维兰德（C. M. Wieland）颇为熟悉曾经流行的自由观念，他借"诸神对话"中女神朱诺严厉的口吻说道：

如今，人们借口要使人民享有他们的人权、淳朴的自由和平等，来诱使人民颠覆王权，那么，除了要么以持续的无主状态而把人民抛回到原始的兽性状态，要么给他们带来新的政制，以此，那些虚幻的自由和平等即便不是一开始，也肯定会渐渐地被修正和削减，直至相互之间⋯⋯差不多享有同等权利，除了这些之外，那些头目还有其他办法吗？很明显，高卢的蛊惑民心者不会荒唐到去选择第一个，但是，倘若不选择第一个，那么，那些强有力的咒语，自由平等——人们有预谋地赋予它们最宽泛最不确定的意涵——那么，这些咒语除了是动乱的口号，除了是纯粹的托词之外还会是什么？（*Für und Wider*，1793）

基于上述理由，尼柯莱让小说中的马丁为维特安排了受婚姻和家庭约束的另一种自由生活，它也同样会"带来欢愉、烦恼、失而复得的欢愉以及所有一切"。正因为如此，如莱辛正确指出的那样，尼柯莱的维特"更为明智"，或者如德意志诗术理论家马克瓦特所言，作为批评家的尼柯莱的诗术观更着重于实践，更注重诗术的功用。——诗人毫无羁缚的异想天开，在尼柯莱看来无异于纯粹的心魔，另外，诗人决不能无条件依循狂烈的创造热望。[1] 就尼柯莱恪守或然性规则这一点而言，他与好友莱辛一致。

汉斯以年轻人特有的怀疑和固执来质疑马丁倚借诗术所做的改弦更张，"你大概真不清楚，维特会有多幸福；照你的安排，他的烦恼永无尽头"。但是，当汉斯在小说结尾处看到维特的确过上了幸福的生活之后，便大为震惊地喊道："哼，真该死！原来还可以这样结局。"青年人汉斯所代表的恰恰是万千普通读者对诗作的一般态度，

---

[1] Bruno Markwardt, *Geschichte der deutschen Poetik. Bd. II*: *Aufklärung*, *Rokoko*, *Sturm und Drang*, De Gruyter, 1956，页 165。

他们为一时的激情所蒙蔽而不能认识到其他诸多或然性的事实。类似于基耶斯洛夫斯基（Krzysztof Kieślowski）《盲目的机遇》（*Der Zufall möglicherweise*，1987）中维特克（Witek）命运的不同结局，维特的结局也会有诸多其他可能性，正如马丁对惊讶的汉斯的回答，

> 那当然！还可以以千百种方式结尾呢。不过一旦人们一心要自杀的话，其他的方式就无济于事了。（《欢愉》，页60）

三

经由近代早期哲学和法国古典主义诗术的修正，古典诗术的或然性概念已经备受批评，在莱辛所处的时代，它不断受到其他如可能性、奇异性、崇高性等概念的挑战，这些概念所表现出的是拓展创造性的自由空间并将创作过程主观化的倾向。[1] 即便如此，或然性原则作为诗术的优先考虑，在这个时期仍然具有正当性，甚至理论家在为所谓的奇异性概念辩护时，也不得不与或然性概念取得一致。[2] 从《汉堡剧评》中对亚里士多德的研读成果来看，可以得知莱辛极其看重诗作中的或然性问题，[3] 而对该问题的讨论则从早年的谐剧创作开始，一直贯穿着莱辛的整个理论思考和创作生涯。[4]

---

[1] Jochen Schmidt, *Die Geschichte des Genie - Gedankens in der deutschen Literatur*，前揭，p. 12。

[2] Bruno Markwardt, *Geschichte der deutschen Poetik. Bd. II*：*Aufklärung, Rokoko, Sturm und Drang*，前揭，p. 120，114，117。

[3] Wolfgang Ritzel, *Gotthold Ephraim Lessing*，Kohlhammer，1968，p. 183; Max Kommerell, *Lessing und Aristoteles. Untersuchung über die Theorie der Tragödie*, Vittorio Klostermann，1970，第四版，pp. 130 – 143。

[4] Otto Hasselbeck, *Illusion und Fiktion. Lessings Beitrag zur poetologischen Diskussion über das Verhältnis von Kunst und Wirklichkeit*，Fink，1979，pp. 144 – 149.

一俟莱辛早期谐剧《犹太人》（作于1749；发表于1754）问世，便有同时代学者从诗术的或然性问题出发进行攻击，莱辛将反对者的看法总结为两点：

> 第一点是，公正和高贵的犹太人自在自为地是某种非或然性事物；第二点是，在谐剧中表现这样一位犹太人是非或然的。

反对者之所以认为莱辛作品塑造的犹太人有悖于或然性，之所以认为这样的犹太人不存在，理由是"这个民族处于一种被轻视和被压迫的状态，这一民族必然靠经商来生存"。在莱辛看来，"一旦造成犹太人生活状态的原因消失了"，这种非或然性便随即消失。但是在什么时候呢？也许只能在借助虚构的诗作中，或者在人们抛除偏见、受到启蒙的时候。以什么样的方式呢？莱辛认为，他的"谐剧就是为了减少这种偏见"。[①]

自从亚里士多德在《诗术》中立足于城邦为古希腊的诗教传统辩护以来，诗与史便一直处于或隐或显的张力之中。[②] 同样，身处现代民主初期的莱辛对诗的理解并不超然于政治性之外。在早年为《戏剧史和戏剧采录文丛》（*Beyträge zur Historie und Aufnahme des Theaters*）撰稿期间（1750），莱辛曾针对伏尔泰关于戏剧的表述发表过自己的看法。伏尔泰在"论谐剧"中直言不讳地宣称：

> 我不大欢喜读普劳图斯和阿里斯托芬的东西。为什么呢？因为我既不是希腊人又不是罗马人。那些词句的微妙，讽刺的含义，适时的隽语，所有这一切对于一个外国人来说，都失去

---

① 莱辛，《莱辛剧作七种》，李健明译，北京：华夏出版社，2007，页116。译文根据原文有改动。

② 参阿威罗伊，前揭，"中译本前言"（刘小枫撰），页13 – 18。

了意义。①

莱辛一方面猜测伏尔泰可能压根没有读普劳图斯和阿里斯托芬的作品，另一方面也适时地指出，

> 当然，比如要想阅读阿里斯托芬的东西，但对彼时雅典的政治状况不清不楚，那么，他就只会气急败坏地将阿里斯托芬的东西扔在一旁。②

针对同时代人对历史真实性的强调，莱辛站在诗教传统一边根据诗作的内在或然性为诗辩护。莱辛在《论寓言》（1759）中为寓言辩护时说，就说服力而言，诗性的寓言作品远胜于历史范例。因为，

> 既然仅仅是内在或然性使我相信一件事情的过去的真实性，而这种内在或然性也完全可以存在于一个虚构的事件中：那么，为什么前者的真实性就会比后者的真实性对我们具有更大的说服力呢？③

莱辛在这里的表述一方面令人想到他后来在《汉堡剧评》中的说法，另一方面也让人看到他的思考和亚里士多德《诗术》中第9章的说法黏结得很紧。

莱辛在《汉堡剧评》中首次具名地提及亚里士多德是在第19篇，从该篇开始，莱辛详细地探讨了作品与现实性的关系，亦即诗

---

① 伏尔泰，《哲学通信》，高达观等译，上海：上海人民出版社，2005，页 107 - 108。

② G. E. Lessing, *Werke und Briefe*，卷 1，Jürgen Stenzel 编，Deutscher Klassiker Verlag 1989，页 735。

③ 刘小枫编，《德语诗学文选》（上），上海：华东师范大学出版社，2006，页 33。译文根据原文有改动。

与史的关系，从而切入了亚里士多德在《诗术》第 9 章对史和诗作出的根本性区别——类似于亚氏的《诗术》，莱辛在这里也提出了区别的关键词：人物性格、情节，以及"内在或然性"。① 诗人并不排斥历史，但是对历史真实性的利用应该有其限度，不能逾越用来表现创作意图的情节：

> 诗人之所以需要一段历史，并非因为它曾经发生过，而是因为对于他的当前目的来说，他无法更好地虚构一段曾经这样发生过的史实。

诗人之所以需要援取历史，是由于他"当前的目的"之故，该目的在于更好地虚构类似于史实那样的情节。

> 如果我们愿意相信可能发生过的某些事情是真实的，那么有什么会阻碍我们把从未听说过、完全虚构的情节当成真实的历史呢？是什么首先使我们认为一段历史是可信的呢？难道不是它的内在或然性吗？至于说这种或然性还根本没有证据和传说加以证实，或者即使有，而我们的认识能力不能发现，岂不是无关紧要的吗？

因为如《论寓言》中所指出的那样，这种"内在或然性也完全可以存在于一个虚构的事件中"，所以，在诗性的考量上，面对诗性虚构，历史真实或者"历史的正确性"（第 32 篇）便退居其次，丧失了优先性。在莱辛看来，虚构的内容必须"自为地是或然性的"（第 32 篇），既不能被任何证据所证明也不需要这样的证据去证明。虚构作品的内在或然性，或者说诗性的真，具有一种内在的品质，是它赋予作品以可信性。这样来看，莱辛便为诗歌的正当性辩解重申了一条可资依赖的准绳。

① 莱辛，《汉堡剧评》，前揭，页 101。

不过，与哲人亚里士多德的看法一样，莱辛也对或然性有所保留：这种诗性的真"不可能盖有绝对真理的印记"（《剧评》，第2篇）。

四

最后，让我们再回到《维特》小说及其作者。

将莱辛同小说《维特》联系在一起的，除了小说主人公原型耶路撒冷之外，还有另外一个因素。我们从《维特》小说的结尾得知，主人公维特饮弹自尽前也许正在阅读莱辛的戏剧，"书桌上摊开着一本《爱米丽雅·伽洛蒂》"，小说中的这一幕也为后世的歌德语文学研究留下一桩悬案。[1] 小说主人公维特的自杀同莱辛的《爱米丽雅》有必然的联系吗？莱辛在致艾申伯格的信中并未提起两部作品的关联，但是如我们所看到的，他明确提出了一些诗学上的思考。既然诗人莱辛恪守的是自亚里士多德以来的古典诗术观，那么，难道说青年歌德另辟蹊径遵守的是另一种诗术？

每当时代风气变化、传统政教基础松动之时，新的写作形式或者诗术便会应运而生。我们只需联系昆德拉为拥有现代生命感觉的现代人所写的《小说的艺术》和《被背叛的遗嘱》，它们与其说是现代文艺理论家眼中的小说理论，毋宁说是政治哲学作品。[2] 因为，作者表面上是在"总结近代几百年来的小说叙事"，而实则是为"下一个千年归纳出他们觉得值得推荐的德性"。[3] 同样，现代中文语境

---

① 歌德，《青年维特之烦恼》，卫茂平译，前揭，页112；参 Bruce Duncan，"*Emilia Galotti* lag auf dem Pult aufgeschlagen": Werther as（Mis－）Reader，见 *Goethe Yearbook*，卷一，1982，pp. 42－50，尤见 p. 43。

② 参《德语诗学文选》（上），前揭，"编者前言"，页3。

③ 刘小枫，《沉重的肉身：现代性伦理的叙事纬语》，北京：华夏出版社，2004，页137。

中的状况也不两样。联想共和国新造以来我国文艺理论家的文艺理论或者理论史作品，比如朱东润先生就曾认为，西方"为艺术而艺术"（l'art pour l'art）便属于初唐盛唐诗论的一类。①

　　成熟时期的歌德曾在对话作品《论艺术作品的真实性和或然性》（1798）② 中表露过自己对诗术的思考。在这里，歌德否认歌剧，也就是艺术作品能够"把它所模仿的东西表现得具有或然性"，并且以"来自一部艺术作品的必然结论"的内在真实性（die innere Wahrheit）来反对纯然模仿的外在的真，也就是说以"艺术真实"来反对"自然真实"（同上，页41）。

　　随着18世纪末19世纪初德意志唯心主义美学的兴起，人们口中的或然性于是转变为所谓的"美学假象"（Schein）。当艺术作品被明确赋予了属己和独特的真理，亦即自律性时，有关艺术作品的似真性、或然性作为看似为真的事物的优越性思想就退居其次了。③由此可见，莱辛的"内在或然性"概念与歌德的"内在真实性"概念可以说是属于两个时代，不可同日而语。④ 后者可以看作和"狂飙突进"运动的"天才观"连贯一致。⑤ 摆脱或然性规范的创作，

---

① 朱东润，《中国文学批评史大纲》，上海：上海古籍出版社，2005，章培恒，"导言"。

② 歌德，《歌德文集（卷十）：论文学艺术》，范大灿、安书祉、黄燎宇等译，北京：人民文学出版社，1999，页38-44。

③ Helmut Hühn, Wahrscheinlichkeit（äthetisch）词条，前揭，页305。

④ 联想歌德与费希特在德意志思想史上的关联，并联想施特劳斯所提到的："一旦我们不得不与费希特一起嘲笑尼柯莱时，我们便已被启蒙"，转引自刘小枫，《市民悲剧博取谁的眼泪》，见《古典研究》，2010/冬，页65。

⑤ 参 Jochen Schmidt, *Die Geschichte des Genie - Gedankens in der deutschen Literatur*，前揭，页193-196。

正是自律性的体现，是对政治性的摆脱。①

　　二者的不同还体现在艺术创作的后果上：在《爱米丽雅》中，父亲奥多阿多通过重复历史上真实故事中父亲的行为，重建了伦理秩序，爱丽米雅之死重新确认了二人的纽带。而《青年维特之烦恼》中的主人公维特，通过暗示自己与爱米丽雅处境的相似性，展示给读者的却是他错觉的深渊，他臆想着他所爱的人（即绿蒂）使他解脱，从而进入了一个更好的世界。② 但是维特无所寄托的自由的后果却是更多的"祸害"而非"更多善好"。

　　有论者认为，文学本应弥合维特内心中的深渊，但是却使他跌得更深。一些读者被维特传染的事实说明，他那致死的病症极具传染性。自此，这种病症滋生得越来越厉害。可悲的是，直至今日貌似仍没有有效的药剂。歌德的《维特》——至少在第一版中——标志着德意志现代的开始。③

　　如果说启蒙等于脱离古典的理性，并以现代的理性取而代之，那么这样一来，也许我们可以将施特劳斯的注解转换为：一旦我们不得不与歌德一起嘲笑尼柯莱时，我们便已被启蒙。④

---

　　① 不过，也联想歌德的马基雅维利主义者身位，参刘小枫，《市民悲剧博取谁的眼泪》，前揭，页66。

　　② 参 Bruce Duncan, "*Emilia Galotti* lag auf dem Pult aufgeschlagen"，前揭，p. 48。

　　③ 参 Peter Pütz, "Werthers Leiden an der Literatur"，前揭，p. 68。

　　④ 歌德讽刺诗《少年维特的喜悦》见《歌德文集卷八：诗歌卷》，冯至等译，北京：人民文学出版社，1999，页84；《〈青年维特之欢愉〉轶事》(*Anekdoten zu den Freuden des jungen Werthers*)，见"法兰克福版"《歌德全集》（卷四），pp. 499–501；另参歌德，《歌德文集·诗与真》（下），刘思慕译，北京：人民文学出版社，1999，页626–628。

思想史发微

路德对世间统治的重塑

卡　迪（Jarrett A. Carty）撰

肖羽彤　冷昕然　译

导　言

　　路德对世间统治的赞美真诚而强烈：他称之为"尘世间最珍贵的珠宝"，认为它如同生命本身一样，是不可或缺的恩赐。[①]他也坚信，自己对政治思想的贡献代表着一个重要的分水岭。他自夸道，自远古以来，从未有人如他一般给予世间统治如此高的颂扬，或赋

---

　　① 德语、拉丁语的路德文本参考权威性的《考订版马丁·路德博士全集》（*D. Martin Luthers Werke*，*Krirische Gesamtausgabe*，Luther，1883—），即通称的"魏玛版"（*Weimar Ausgabe*，以下简写为 *WA*）；英语文本的参考引用，参《路德作品》（*Luther's Works*），由 Pelikan 和 Lehmann 编译（Luther，1955—1986，以下简写为 *LW*）。参 *WA*，vol. 30，1，p. 153；*LW*，vol. 46，p. 238；*WA*，vol. 30，2，p. 556。

予它如此引人注目的理念。① 路德以一名神学家的身份做出以上声明，而非一名地方法官，或严格地说，不是一名政治理论家的身份。因此，他的自夸虽有夸大之嫌，却是基于他的信念，他相信，他的神学改革正在恢复世间统治的荣耀，长期以来，这种荣耀已被他所认为的 16 世纪欧洲各式各样神学上的败坏消磨殆尽了。然而，这一自夸及隐藏其后的政治理论却仍未获得总体的审视。本文将提供对其自夸的解释，并由此阐释路德政治思想对重塑的强调。

路德作为政治思想家而声望高涨，这与他改革教会的运动密切相关，因为早在德意志宗教改革时，他就已经发现，若无世俗权力的支持保障，改革将无法完成。但罗马教会统治集团以及激进的改革者都拒绝世俗权威的介入；因此，路德便成了分析世俗地方执政官在宗教改革中的作用的理论奠基者。

基本上，路德认为，地上有 Zwei‑Reiche［两个王国］，均属神赐，所有基督徒都应服从。耶稣基督用他的言（Word）统治精神王国；然而，世间或世俗王国则由执政者凭靠法律和强制进行统治，以保证和平、秩序及生命的存续和繁衍。路德不同于许多其他后继德意志宗教改革者（如梅兰希顿［Philip Melanchthon］和布伦茨［Johannes Brenz］），他认为世俗统治本质上并不属于基督徒；不过他确实认为，这两个王国均由神意安排，符合《圣经》。这两个王国直接源自以下事实：保罗关于臣服世俗权威的建议以及基督"把另一边脸转过来"的命令均不可忽视。这两个王国是两种互补的神圣恩赐，上帝借此引导人类。但是，路德也在二者间作出了严格的分割：正如教皇与牧师不得插手人类法律，世俗权威也无权干涉教会事务。

不过，路德还认为，对世俗权威的限制在危急情况时可有例外，

① 参 *LW*，vol. 46，p. 95；*WA*，vol. 19，p. 624。

尤其是涉及激进分子或"教皇派"的时候。在此类时刻，一位世俗执政者可以凭着 Notbischof［危机主教］的身份，安排精神王国的事务。［该主张］的直接结果是，路德的政治理论为德意志新教地区的 cura religionis［教会管理］（教会的行政管理与领导）的发展提供了准备，正如众多学者此前已探讨的那样，在很长一段时间里，他的政治理念都有助于欧洲大陆的世俗政治力量的加强巩固，这种世俗政治力量涵盖了法律、教会和社会。

虽然其宗教改革政治思想的效果如此杰出，但路德在政治理论经典中的地位却经常遭忽视，无人理会。事实上，在宗教改革至今的几个世纪里，几乎从未有人认为路德对政治发表过举足轻重之语（见附录1）。只有在20世纪中期，随着路德研究的复兴，他的政治理论才开始在政治思想史中获得突出地位（见附录2）。然而，正是从那以后，时代错误和诸般曲解也流传了下来：路德总是被当作个人良知（individual conscience）及自由的早期现代先驱，或是持"政教分离"观的早期理论家，或是现代专制主义的先祖，甚或是德意志极权主义的老祖宗，这些看法都未注意到路德本人是如何审视政治权威的。

20世纪末三十年，几项出色的研究成果恢复了路德在政治理论上的杰出地位。这一路德热的复苏泰半应归功于斯金纳（Quentin Skinner）影响卓著的学术成果。斯金纳的第二部著作《现代政治思想基础》，致力于论述路德的政治理念及其在16世纪的影响。他认为，路德的思想中有两个主要的政治暗示：第一，教会并不具备司法权力；第二，由此必然得出，世俗政府必须行使司法权。[①]因此，斯金纳赞同菲吉斯（J. N. Figgis）的看法，认为路德拆分了"两把利

---

① Quentin Skinner, *The Foundations of Modern Political Thought*, Volume Two: The Age of Reformation. New York: Cambridge University Press, 1978, pp. 12–15.

剑"——政府（civil）力量和教会力量，因为他把强制权力从 sacer-
dotium［牧师集团］中剥离了出来。斯金纳还认为，路德的政治写
作包含了两个重要的原则：新约（尤其是保罗）是政治问题的终极
权威，而新约所指示的政治态度正是对当局权威的绝对服从（同上，
页19）。在下一章，斯金纳试图阐明，路德政治思想的主要影响便
在于支持统一的专制主义君主制，并使之合法化。

汤普森（James Cargill Thompson）的《路德的政治思想》是关
于这一主题罕见的专论著作，该书代表着对路德政治理论的阐释发
生了一个重要改变，即强调它的神学背景。他写道：

> 路德应对政治问题的方法，通常完全是神学的，而且是道
> 德的。

因此，路德关注的并非最佳政制，也非政府的起源或制度设
计。① 在汤普森看来，路德绝非自相矛盾、语无伦次，事实上，他是
一位极富条理的神学家。随着其政治生涯的发展，他的神学系统有
了明确的政治理念与含义，汤普森的著作便特别强调"两个王国"，
以说明这些理念。

自此之后，对路德政治思想的学术研究也开始重视在严密考察
16世纪教会与世间行政（magisterial）改革背景的框架内考察其神学
背景。在这一类新学术研究中，惠特福德（David M. Whitford）最近
提出，要想正确理解路德的政治思想，就必须考虑路德神学理论中
的几大核心要点，及其所处的历史环境。②

---

① 参 James Cargill Thompson, *The Political Thought of Martin Luther*, Sus-
sex：Harvester, 1984, p.5。

② 参 David M. Whitford, "Luther's Political Encounters", in *The Cambridge
Companion to Martin Luther*. ed. Donald K. McKim. Cambridge：Cambridge University
Press, 2003, pp.180 – 181。

首先，路德在其全部生涯中最关注的就是牧师事务与灵魂的获救。所以，就最基本的层面而言，他的政治写作是救赎性质的，因此，他不甚关注理想政制与制度设计。[①] 其次，路德的自由观充满矛盾，而且是宗教性的，任何对其现代的、自由主义的解读都是错误的。最后，惠特福德认为，对路德而言，《圣经》就是标准，他的神学也源自《圣经》，并持续影响着他的政治理念。例如，路德坚信政府是堡垒，可抵御为受造物招来灾祸的罪恶及混乱。世间统治是上帝的恩赐，借规则与法律的强制性给人类带来秩序，因此，世间统治必须提供关于罪的知识，并为传播福音提供安全环境。在受造物的序列里，政府扮演着关键角色，这也暗含着一个关于权威的理论：就像《圣经》中的父一样，君主与执政官员的权威直接来自上帝。

对路德政治思想的研究很大程度也应归功于埃斯特（James M. Este）的著作《和平、秩序以及神的荣耀：路德和梅兰希顿思想中的世间权威与教会》。[②]在此书里，埃斯特试图在宗教改革的历史语境及其发展过程的框架下全面审视贯穿路德一生的政治思想，并同时考察梅兰希顿的政治思想。埃斯特认为，在路德和梅兰希顿各自的政治生涯里，两人的政治理论互相影响了对方，因此，梅兰希顿也像路德一样关注"两个王国"的区别，同样，路德也像梅兰希顿一样对 cura religionis［教会管理］和地方教会理论的发展有重要影响。

不过，近来关于路德政治思想的研究，即便已经出现了关注其神学背景和历史语境的全新转变，简要评估路德的这一自夸——即

---

① 参 David C. Steinmetz, "Luther and the Two Kingdoms", in *Luther in Context*. Bloomington: Indiana University Press, 1986, p. 24。

② James M. Estes, *Peace, Order and the Glory of God: Secular Authority and the Church in the Thought of Luther and Melanchthon*, Leiden, Netherlands: E. J. Brill, 2005.

自从使徒时代后，就不曾有人像他一样这般赞美过世间权威——依然很有必要。路德夸下如此海口，此事当然早已为众多学者注意。事实上，汤普森著作的开头就是对这一宣称的讨论。但是，路德基于何种根据坚信自己配得上这一绝对的宣称，以及这一根据对清晰系统地理解路德全部的政治思想有何价值，这些问题仍常被忽视。

本文将探讨这一根据，它贯穿了作为改革者的路德的一生及其政治生涯，路德断然宣称，他的政治思想本质上是重塑。虽然他的政治理念在宗教改革的动乱期间有所改变和发展，但其政治构想的特征依然保持着惊人的一致：他要恢复世俗统治的天赐职权，即为世间世界带来秩序。

我们只需看看《论反对土耳其的战争》（*On the War against the Turk*）——此文正是这一自夸的出处。在文章导言中，路德对 16 世纪早期的政治思想评价很低（显然过于夸张了）。当时他正为《九十五条论纲》（*Explanations of the Ninety - Five Theses*）所作的声明进行辩护，该声明认为，对土耳其人作战就是在反抗上帝的惩罚，教皇利奥十世（Leo X）在其谕令《主起来吧》（*Exsurge Domine*）中明确谴责了这一说法。① 但是，这段文本不只提供了这一背景，路德对［当时］糟糕的政治思想状态的评价（排除其中存疑的历史准确性问题）突出地显示了他如何看待自己意图"重塑"的政治思想：

> 这正是那时万事的状态：无人教诲，无人聆听，无人知晓世间统治从何而来，何为它的职分与工作，或它应如何服务于神。那些最博学之人（我不应直呼其名）称世间统治为异教徒、普通人、不虔诚之物，好像它会损害将要来到统治者位阶间的救赎。牧师和僧侣就是这样将国王与君主逼至死角的，他们使

---

① 参 *LW*, vol. 31, pp. 91 - 92; *WA*, vol. 1, pp. 535 - 536。

后者相信，要想服务于神还得承担其他工作，比如聆听弥撒，祈祷和资助弥撒等。总之，国王和君主倘若想成为虔诚的人，就得认为自己的地位和职分毫无价值，也不可视之为对神的服务。

很明显，路德相信他试图改革教会的努力可以部分填补这种空缺，不过，直白的政治著作更能直接地应对这点。虽然路德的自夸是美化润饰之语，但也并非夸夸其谈：因为在他看来，他的政治思想力求使世间统治重回其合法位置，位列上帝最珍贵的恩赐之中。

一 神赋的世间统治

早在 1523 年，路德在写作《世间权威》时——即在德意志宗教改革动荡的早年间，就已全身心地投入重塑世间权威的计划。他的朋友和敌人一致认为，这是路德最重要的政治写作。路德在《世间权威》中提出了他关于"两种治理"（two regiments）的理念，并以二者的区分引出了其重塑计划中一个主要的方面。

乍一看，"两种治理"在基督教的政治思想史中并不十分独特。自早期教会始，教会权威与世间权威二元分立的各种变体理论早已遍及基督教世界。但路德与此前拥护帝制和教会会议至上的思想家不同，他的政治思想源自他的神学。正如路德在《基督徒的自由》（*Christian Liberty*）中写到的，两种治理和两个王国令世上的权力与权威对于［simul justus et peccator］同时是义人和罪人的人而言都变得合理，他认为，16 世纪的政治思想忽略了这种悖论式的情况。

另一点不同之处在于，路德口中的典型"二元论"其实难说典型。甚至只是草草读一下《世间权威》也能发现，路德的体系异于奥古斯丁的"两座城"，奥古斯丁的"两座城"是精神性的，由对上帝的爱或对自己的爱定义，这两座城在历史上始终形影不离地混杂在一起。的确，路德在作出 reich gottes［上帝之国］与 teufels reich［魔鬼之国］的区分时，采用了奥古斯丁式的二元论。这种区分与奥古斯丁"两座城"的相似显而易见；［人们］可以根据各城的臣民所爱和侍奉的对象判断他们属于哪一城。路德对 Reich［王国］一词的使用方式主要有两种：它既可指称上帝（或魔鬼）治下的王国，亦可指上帝的统治本身。无论是哪一种意义，两个王国的力量和影响都不容忽视：在路德看来，所有人都是其中一国的臣民，因此都要与另一国争斗。这两个互相敌对的王国对路德的重要性怎么夸大都不为过。终其一生，路德都切近地感受着它们的存在，并将他所处时代的宗教与政治的冲突视作二者争斗的信号。

然而，与奥古斯丁的"两座城"不同，路德的"两种治理"显然是另一种与上帝之国内部的神圣统治有关的二元论。在《世间权威》以及其他著作中，路德都将 geistliche Regiment［宗教统治］与 weltliche Regiment［世间统治］描述为地上的上帝之国的宗教与世间统治工具。这也是一个信息，标示着上帝仍然在世上显灵，无论其方式是由宗教统治所许诺的永恒的赎罪，还是由通过世间统治所提供的秩序和尘世需要。这两种统治权威都是上帝持续不绝的恩赐，路德相信，只要将二者重塑至各自的合法位置，就能化解其时代的危机。

路德对世间权威的重塑并非基于个人空想。不如说，他是从一个最寻常的起点开始的：解读经文。①《世间权威》分为三部分，对《圣经》的论说在第一个部分占据了重要的地位。路德写道：

　　首先，我们必须为民法（civil law）和武力打造可靠的根

---

① 参 Paul Althaus, *The Ethics of Martin Luther*. Trans. Robert C. Schultz. Philadelphia：Fortess Press，1972，pp. 43 – 45。

基，这样，就没人会怀疑这是上帝的意志与法规治下的世界。①

在《世间权威》的开头，路德引用了《新约》中的两封使徒书信。一封是来自《罗马书》的命令：

> 在上有权柄的，人人当顺服他。因为没有权柄不是出于神的。凡掌权的都是神所命的。

一封是《彼得前书》的劝告："在上有权柄的，人人当顺服他。"②

自《世间权威》始，路德毕生致力于构建的政治理论，以他认为可靠的圣经神学为基础。对路德而言，重塑世间权威，就要重新强调在他看来已遭忽视的《圣经》权威。在路德的整个政治生涯中，他都坚持这样的立场：即便世间统治并不赋予救赎的恩泽，但其目的与起源皆为神授。路德认为，自己立场的一贯性并非由于自己在政治事务上从未动摇过，而是由于《圣经》也一贯肯定世间统治的高尚目的。

早在写作《世间权威》前，在路德于维滕贝格关于《罗马书》所作的重要讲道（1515—1516）中，他就已从这封广为人知的保罗书信中发现了统治的神赋起源。保罗坚持认为，忠实的信徒都是在上的统治权威的臣民，因为这权威为上帝所立，无论它是否为恶人所行使（该书信为保罗在尼禄时期所写），glosses〔行间及页边的注释〕和 scholia〔延伸的成篇注解〕都对此进行了意义深远的思索。在行间及页边的注释中，路德断言，顺服世间政权是每一位基督徒的责任：

> 基督徒不应以宗教为托词，拒绝顺服于人，尤其是那些恶

---

① 参 *LW*，vol. 45，p. 85；*WA*，vol. 11，p. 247。
② 〔译注〕这句话只见于《罗马书》。

人……①

以保罗的思想为据，路德相信，所有的统治皆为神授。此外，他也同意保罗的教导，认为坏统治仅仅是那些篡夺而来的、不以神授予的方式掌握的统治，然而，尽管如此，它们仍在神圣的管辖之下。②因此，就其行使政治权力而言，人们"尤其"应当顺服于"恶"的统治，因为它是对信仰的考验，当尘世的个人利益驱策人们反抗"恶"的统治时，它可以检验人们是否相信统治的神圣起源。

在路德看来，《彼得前书》也肯定了世间统治的神圣起源。路德在 1523 年开始写作《世间权威》时，就《新约》的这封小书信写了一篇评论。该评论本质上以更简明、更少解释的方式论述了他此前文章中的内容。路德指出，在《彼得前书》的第二章中，上帝任命世间权威进行外部统治，令其约束罪行、维持秩序及促进和平。侍奉和顺服世间统治，是人们爱邻人的表现。③

其后，路德在一篇较为成熟的评论中重申了其早期《圣经》研究中的坚定信念。《论〈撒迦利亚书〉》（1527）就是一个著名的例子。第一章中，年少的先知回想起一次神视，他看见天使受上帝派遣，巡查尘世（《撒迦利亚书》，1：7－17）。路德论说道，上帝通过天使统治尘世；不过，这一统治权只是四重统治中最微不足道的部分。而世间权威尽管"在上帝的统治中最低下、最微小"（排在上帝、天使、使徒和牧师之后），却是上帝为了地上众生之至善而授予人类的恩赐。④ 在该评论中，世间权威包括婚姻和养育孩子，也包括执行法律、维持和平与秩序。毫无疑问，路德将《撒迦利亚书》解释

---

① 参 LW, vol. 25, p. 109；WA, vol. 56, p. 123。

② 参 LW, vol. 25, p. 109；WA, vol. 56, pp. 123 – 124。

③ 参 LW, vol. 30, pp. 73 – 81；WA, vol. 12, pp. 327 – 335。

④ 参 LW, vol. 20, p. 172；WA, vol. 23, p. 514。

成了对他所处时代宗教统治与世间统治相互混淆的状况的尖锐批评。

然而，《圣经》还提出了一个主要的神学 – 政治问题：世间统治需要惩处不法行径，但基督教福音中的许多重要教导要求忠实的信徒不要抵抗恶，爱他们的敌人，把另一边脸转过来让敌人打（尤见于耶稣的"山上宝训"，《马太福音》，5：25）。福音的要求与世间权威必需的［责任］之间存在着显而易见的冲突，这并不仅仅是一个学理性的神学问题，而是宗教改革中最大的政治挑战之一。

据路德所言，捍卫教皇权威、认为其高于世间权威的人，似乎格外要求服从一切权威，他们将福音的要求解释为"给那些能变得完美之人的忠告"。[①] 同时，有的宗教改革者，如闵采尔（Thomas Muntzer）、卡尔斯塔特（Andreas Karlstadt）以及再洗礼派等，已开始激进地号召放弃一切政治活动，或者将政治权威转化为一种新形式的教会。居于这两个极端之间的则是贵族诸侯和他们的受基督教福音管辖之下的臣民。没有好的忠告，民众感到自己在无条件地顺服或反抗之间难以选择，而诸如萨克森选帝侯坚定的约翰（John the Steadfast；1468—1532，《世间权威》的题献者）这样的贵族，则陷入了维持秩序和履行基督教责任的两难中。

路德关于两种治理的观念直接源于以下事实：保罗所说的服从一切权威的劝告和基督"将另一边脸转过来"的命令，二者均不可忽视。这两种治理是两种神赋的证明，它们看似冲突，实则作为上帝引导地上众生的两种不同的方式互相补充。在宗教治理中，上帝以基督的福音统治；在世间治理中，上帝通过律法、尘世的权威和强制性的顺服进行统治。

克拉乌斯（Johannes Cochlaeus）将路德视作异端，他与当时许多人都持同样的看法，认为《世间权威》是对诸侯权威的极大冲击。

---

① 参 *LW*, vol. 45, p. 82；*WA*, vol. 11, p. 245。

克拉乌斯认为，由于路德对《新约》的德语翻译遭到了几名贵族的禁止，这部著作"燃烧着熊熊怒火，并以毁谤的笔锋对着世间权威咆哮"。乔治公爵（Duke George）和勃兰登堡选帝侯约阿敬（Joachim）抗议道，这部著作攻击的是他们个人及其作为贵族的权威。① 尽管这些批评者极尽所能地反对路德，但他们的异议也并非全无价值。某种程度上，《世间权威》确乎在慢慢地推动基督教放弃一切政治权威。路德写道：

> 就基督徒对自己的看法而言，他们既不臣服于律法，也不臣服于武力，他们也不需要这二者。②

不过，按上述方式总结《世间权威》，就严重地歪曲了其意旨，因为这部著作至少有三分之一的篇幅都在肯定权威乃上帝赋予，致力于论证所有人都应臣服于它。此外，路德对两个王国/两种治理的区分，也呼应了他在《基督徒的自由》中讨论过的人身上"内"与"外"两种悖论性的天性，这一区分因而对尘世的基督徒生活具有重大的意义。没有人是完完全全的基督徒或义人，因此，即便过着信仰的生活，在其地上的一生中，每个人都是有罪的受造物，需要世间统治管辖、控制并纳入秩序之中。当基督徒是基督徒时，他们不需要世间权威，但作为有罪的人，所有人都要臣服于世间权威，以维持外在的和平。

路德强烈主张，宗教统治和世间统治在世上都无法单独地具有效力，彼此缺一不可：

---

① 参 Martin Brecht, *Martin Luther：Shaping and Defining the Reformation*, 1521—1532. Trans. James A. Schaaf. Minneapolis：Fortress Press, 1990。

② 参 *LW*, vol. 45, p. 91；*WA*, vol. 11, p. 251。

二者都应留下；其一制造正义，另一维持外部和平和防止恶行。①

两种统治权威都应该得到恰如其分的尊重，它们能使人身上的两种自然天性和谐共处，因为"你要同时满足内在的上帝之国和外在的尘世之国"。②因此，《世间权威》警告道，如果不能维持两种分立的统治，或没有尊重任何一者的重要性，就会导致宗教和政治的危机。

据《世间权威》所述，这正是 16 世纪早期所发生的事。宗教统治颠覆了世间统治。《世间权威》零散地提到了罗马教皇和教会的等级制度，路德认为，此二者都错误地试图取得对德意志世间政权的统治权。不过，《世间权威》也对世俗政权侵入宗教事务提出了批评。当然，某几位贵族禁止路德的《新约》德语翻译，这是促使路德将《世间权威》的写作放在首位的直接原因。③ 但抛开克拉乌斯的指责，路德反对此禁令，远不仅是为了捍卫自己的翻译，也不仅仅是要反击那些反对宗教改革的贵族：他认为，世俗权威在宗教统治中错误地行使了其权力。

二　重塑世间权威

路德所反对的，并不是世俗统治由于深入宗教领域而力量得以扩张。事实正好相反，路德认为，由于行使了其并未（出于上帝自身之设计）合法拥有的宗教权威（例如，借助强制手段阻止教会改革），世俗权威的统治对其分内之事有所妥协，因而威胁到了福音事业。同时，宗教统治也正在对世俗政权刨根问底，还命令贵族诸侯

---

① 参 *LW*，vol. 45，p. 92；*WA*，vol. 11，p. 252。

② 参 *LW*，vol. 45，p. 96；*WA*，vol. 11，p. 255。

③ 参 *LW*，vol. 45，p. 83；*WA*，vol. 11，pp. 246 – 267。

执行宗教事务。

对于诸侯而言，他们错误地获得宗教权威，这是对世间统治所获的神圣恩赐的侮辱。在路德眼中，这种获得是一种冒犯，违背了两种统治的神圣安排。他警告道，这一冒犯的后果，就是激起上帝的愤怒。路德写道（改述自《诗篇》107：40），对于那些不尊重其职分的界限与责任的世间权威，上帝将对德意志的诸侯浇下他的蔑视。他认为，上帝将通过农民起义或土耳其人的入侵，对那些刚愎自用的世俗统治者降下惩罚。① 在他看来，这是无法逃避的："除非诸侯自己表现得像个君主，并重新体面而明理地统治。"②

《世间权威》界定了世俗统治的界限和边界，路德认为，这些界限会帮助世俗统治回到其作为上帝所安排与保存之物的恰当位置。他将世俗统治的管辖权限界定为"其覆盖范围不超过地上的生命、财产和外部事务的法律"。③ 其首要任务是强制施行法律的统治，并惩罚违犯者。因此，对于路德而言，世间统治握有神授的权柄，可以手持利剑，执行地上的正义。此外，他还认为，基督徒可以凭信仰和良知服务世间统治；因为，任何事情只要对于统治工作的完成不可或缺，也就一定是神圣的服务。因此，"巡官、刽子手、法学家、律师及其他具有类似功能的角色"，就其任务和工作能维护世间权威而言，他们都是上帝的仆人。

路德解放了世间统治的限制。独自拥有"人身"和"财产"的管辖权，这意味着在其控制的范围内，世俗权威拥有大量义务和责任。与传统法律相反，路德认为，婚姻、所有赋税和教育都应降格

---

① 参 *LW*，vol. 45，p. 116；*WA*，vol. 11，p. 270。

② 参 *LW*，vol. 45，p. 116；*WA*，vol. 11，p. 270。

③ 参 *LW*，vol. 45，p. 105；*WA*，vol. 11，p. 262。

归入世间统治的管辖范围之内。① 其次，也是更重要的一点，路德关于世间权威的理念在概念上和实际上都使其从对教会威权的屈从中解放了出来。世间统治的权威与约束力并不依赖于牧师的祷告、主教的许可或教皇的捐赠，它的权力并非得自宗教权威的中介。路德相信，世间统治的神圣约束力直接来自上帝，无需通过任何中介。《世间权威》的"两种治理"正是这一构想的核心。

16 世纪 20 年代中叶后，随着路德的政治思想逐渐成熟，他也从《世间权威》的"两种治理"概念中发展出了一种涵盖多方面的法哲学。在路德余生的写作中，他经常提到，世间权威用以规范人类外在天性的法律，以及那些已见于实证法与习俗之中的法律，都基于理性和自然法。②路德思想的这种发展是德意志宗教改革中一个更宽泛的智识运动的一部分。到 16 世纪 30 年代时，梅兰希顿和其他宗教改革者借助古代资源，重新提出了关于权利与自然法的问题。不过，梅兰希顿的法哲学虽与路德的思想基本一致，但却更详尽，更系统。③

在法哲学方面，路德的观点通常都零散而有所保留，但他这么

---

① 关于婚姻，参《教会被掳于巴比伦》（*The Babylonian Captivity of the Church*），*LW*，vol. 36，pp. 92 – 106，*WA*，vol. 6，pp. 550 – 560；关于赋税，参路德致什切青教会的信件（1523 年 1 月 11 日），*LW*，vol. 49，pp. 25 – 28；参魏玛版《通信集》，卷 3，pp. 13 – 14；关于教育，参《为设立与维持基督教学校致德意志各城参议员书》（*To the Councilmen of All Cities in Germany That They Establish and Maintain Christian Schools*），*LW*，vol. 45，pp. 339 – 378；*WA*，vol. 15，pp. 360 – 378。

② 参 James Cargill Thompson，*The Political Thought of Martin Luther*，前揭，pp. 79 – 90 J. T.；Mcneill，"Natural Law in the Thought of Luther"，*Church History* 10. 1941；Eugene Ehrhardt，"La notion du droit naturel chez Luther"，*Étude de théologie et d'histoire*，Paris：Fischbacher，1901。

③ 参 Harold Berman，*Law and Revolution II：The Impact of the Protestant Reformations on the Western Legal Tradition*，Cambridge，MA：Belknap，2003，pp. 77 – 87。

做是为了保存"两种治理"。例如，在论及自然法的主旨时，路德就显得小心翼翼，态度温和。虽然他在《〈诗篇〉101 章义疏》（*Commentary on Psalm* 101）中充分讨论了自然法，断言实证法源于理性与自然法，但他却同时警告，自然法与理性经常被用来捍卫那些声称对宗教权威拥有所有权的主张，这既会损害教会，也会损害世俗统治。

> 现在，人们开始称颂自然法和自然理性，称赞它是使所有成文法得以生成并颁布的源泉。当然，确实如此，这褒奖也恰如其分。但问题正在于，每个人都乐于认为，自然法就装在他的脑子里。[1]

路德唯恐自然法哲学遭到曲解，［因为］这会混淆两种治理，并有损他关于重塑的政治构想。

路德努力将他的政治重塑建立在一个哲学化的神学基础上，这在他经过深思熟虑后所坚持的立场中体现得最为明显，他坚称政治权威是上帝所立的"神圣安排"，其目的是对受造物的神圣管理，它与上帝对家庭和教会的安排是并列的。集中看看路德如何评价这三种安排，就可以总结出，这些安排都具有某种源始的地位，诞于创世之初，与管理世界的法则同时降生。

此处也表达了一种直接的、有意挑起论战的目的：通过将政治统治与家庭说成神圣的安排，路德便可反驳他所谓的教会特权，他认为，从助祭到教皇，从教区俗众到隐修院僧侣，教会长期以来都在其神圣安排中占据优先权，它自认是最纯洁的生活方式，最能称得上神圣的服务。路德坚持世间权威正是这样一项由上帝任命和指派到受造物序列中的神圣安排，他也因此宣称，他正在使政治统治

---

① 参 *LW*，vol. 13，p. 160；*WA*，vol. 51，pp. 211–212。

重回由上帝所膏立和召唤的合法位置。

路德的临终遗稿写于他逝世前几天，这份遗稿证明了将政治官员视作神圣安排的重要性。其中，他不仅肯定了关于受造物的三种安排，还承认，管理每种安排都将面临极其重要而艰巨的任务。

> 没有人能从《牧歌》（*Bucolics*）与《农事诗》（*Georgics*）理解维吉尔，除非他先前曾有五年都是牧羊人或农夫；也没有人能从西塞罗的信件中理解他，除非他曾有二十年都在参与重要的公共事务。这样看来，也没有人会自认已充分领会《圣经》，除非他曾与先知一起掌管教会近百年。[1]

在这段简短的遗言里，路德对比了教会任命与经济政治任命，这一对比十分引人注目。理解《圣经》和管理教会需要神迹：需要远超个人终身命限的经验，需要恩宠与谦恭的神赐。但是，理解并管理政治事务——即使这是一个神圣的安排——却是人类力所能及之事，因为人类的理性由哲学引导，而哲学由神调节（传统意义上的启示除外）。因此，路德会援引古代异教徒的材料，因其独具政治智慧，因为"上帝乐意将世间的统治权交给异教徒或理性"，并把世界交给亚里士多德这样的异教徒的"先知"，他对理解并保存世间秩序有所助益。[2]

除了异教哲人，路德还认为，《圣经》也乐于承认世间统治是神圣的安排，尤其在《创世纪》（*Genesis*）中。在其生命最后的整个十年间，路德都在维滕贝格给他的学生讲解《创世纪》。虽然由于其传播方式——都只是些讲课的便笺，附有评论性的插语，因此几乎无法精确鉴定日期——这些讲稿长期遭到无视，但最近，它们已被认

---

[1] 参 *LW*, vol. 54, p. 476；魏玛版，《桌边谈话》, vol. 5, pp. 317–318。

[2] 参 *LW*, vol. 13, p. 199；*WA*, vol. 51, p. 243。

定为探究路德总体思想的权威文本。①

在《创世纪》第七章关于挪亚（Noah）故事的注释中，我们可以发现路德对世间统治和这三种安排的最初讨论。路德称，挪亚的信仰值得称颂，因为他"对上帝的直接命令毫无增补，毫无改变，毫不减损，而是完全遵守他所听到的命令"。② 路德认为，所有年代都有一个共同的灾难，它一直在改变上帝的命令，或者把其他东西强加给这些命令，这一灾难也发生在他同时代的教会里。那些改变或附会上帝命令的人，他们并不尊重命令的起源，而只注意到命令本身，讨论它是否合理，它该如何解释等等。但挪亚遵守这命令，只是因为它来自上帝，即使这命令——即建造方舟，收集动物，以应付迫在眉睫的大洪水——似乎并不合理。在路德看来，挪亚遵从上帝的方式可能会被认为最微不足道，但正是在这些最微不足道的琐事中，上帝希望我们能服从，这些琐事还包括服务于政治统治。

> 管理国家，结成夫妇，养育孩子——天主教徒认为这些事无关紧要。然而，经验证明，这些正是最重要的收获，是人类智慧完全无法达到的；我们也看到，有时甚至最虔敬的人也会可耻地失败。那么，如果我们想想祂（Him）——那给予我们命令之人，情况就迅速清楚了：即使上帝的命令显得平常而琐碎，它们仍出自最高的安排，没有神圣力量的帮助，任何人都无法实行或完成。③

---

① 参 Heiko A. Oberman, *Luther: Man between God and the Devil*. New York: Image Doubleday. 1992, pp. 166 – 167；另参 John A. Maxfield, *Luther's Lectures on Genesis and the Formation of Evangelical Identity*. Kirksville, MO: Truman State University Press, 2008。

② 参 *LW*, vol. 2, p. 77；*WA*, vol. 42, p. 317。

③ 参 *LW*, vol. 2, p. 79；*WA*, vol. 42, p. 318。

路德对之后的诗句作了解释，他写道，混乱源于对命令的质疑，它不但偏离了对上帝和教会的正确理解，也偏离了对所有三个神圣安排的理解。因此，这个世界没有必要寻找新的启示或复杂的哲学及神学：

> 让教士在教堂里布道，让政府官员管理国家，让父母掌管家庭或眷属。这些人类的部门由上帝建立，因此，我们必须使用它们，而不是寻找其他的天启。①

路德的《创世纪》讲稿经常提及三个神圣的身份，与此同时，他还呼唤教会和政治统治都回归其合适的领域。他将世间统治和家庭的价值与雅各（Jacob）、约瑟（Joseph）等人的农民家庭故事联系在一起。在《创世纪》讲稿的最后一部分，路德宣称，同时代的"天主教徒"和"僧侣"忽视了这三种身份的日常的神圣性，因此给家庭、诸侯治下的王国和教会都带来了混乱。

> 但是，天主教徒傲慢地鄙夷所有这些事。"摩西十诫是什么？"他们说，"信是什么？所有这些都只是普通的知识。我将挑选更好、更高的事物。我将弃绝家庭、国家和教会。我将退隐至荒无人烟之处，诸如此类。"②

路德坚称世间权威具有神圣性，他认为，重塑世间权威对确保文明的正确存续至关重要。

重塑作为神圣安排的世间统治，意味着要抵抗路德所谓的针对政治的"僧侣式"态度。在《创世纪》注疏里，路德多次指出，僧侣和天主教徒是世间统治的敌人，不过，他的含义相当丰富，远不

---

① 参 *LW*, vol. 2, p. 83；*WA*, vol. 42, pp. 320 – 321。

② 参 *LW*, vol. 7, p. 311；*WA*, vol. 43, p. 530。

止他对同代教皇信徒和托钵僧团制度那些表面的、喋喋不休的指责。

在路德看来，在整个天主教会（Western Church）中，神职人员和俗人一样，仍然追求隐修生活，视之为基督徒最纯洁的召唤。路德对这种态度的关切首先是救世性的，但他对僧侣特权的攻击也是政治性的。他论述道，政治服务以及婚姻和家庭管理等被贬低为下等服务，被认为完全配不上神圣的人，既威胁到救赎（无法获得恩宠），也威胁到了政治秩序（无法视自身为神圣的服务）。但路德认为，要做好服务政府的工作，对于个人一生的命限而言相当困难；而不承认其神圣的地位则相当于间接表明，要成为一个完美的政府官员很轻松。① 正如结婚是"对信、望、爱、忍耐、祈祷的试炼，远比隐修院中的试炼更严厉"（对亚伯拉罕和撒拉的婚姻的评论），为政府服务的生活同样背负着十字架。②而这些困难对于路德而言正是最清晰的标志，既表明那种针对世间权威的"天主教徒"式的态度是极端错误的，也表明为政府的神圣服务乃由上帝任命，并对维持社会基本组织结构不可或缺。③

由于《世间权威》奠定的初步基础，路德重塑政治的思想，很快可以被用于解决德意志宗教改革中出现的各种杂七杂八的政治问题。因此，路德在《世间权威》之后直到其政治生涯尽头的政治写作，就开始展现出更实际的态度，而且他经常为一些被福音派运动仔细审查的具体民众事件写作。然而，这一转变并不意味着路德放弃了重塑的政治构想，相反，他的政治思想仍贯穿这些实际问题之中，他仍然坚持着这一解决方案：重塑世间统治的神圣使命。

----

① 参 *LW*，vol. 3，p. 217；*WA*，vol. 43，p. 30。

② 参 *LW*，vol. 4，p. 21；*WA*，vol. 43，p. 151。

③ 参 *LW*，vol. 7，p. 311；*WA*，vol. 43，p. 530；引用：*LW*，vol. 37，p. 365f.；*WA*，vol. 26，pp. 504f.。

三 象征世间权威

改革统治者与臣民间的关系，是路德重塑世间统治的首要关切之一。关于此问题，学者中主要有两种观点。一方面，基于路德早期的写作，有学者认为他主张完全遵从顺服世俗权威，因此给他贴上早期现代君主制国家专制主义者的标签。[1] 另一方面，路德最初勉强同意武力抵抗帝国军队（1530 年以后的观点），这令许多人认为，路德并非一直主张遵从世间权威，抑或经历过重大转向。[2]

从路德重塑政治的构想来看，这两种观点都具有误导性。路德从不主张完全服从世间权威，他始终坚持认为，俗世政治权威无权统治灵魂和宗教事务。因此，他可以主张一种政治的不服从，不遵守对他德语《新约》翻译的禁令，自 1521 年始，他本人也可以终其一生不遵从沃尔姆斯敕令。纵观他的一生和事业，路德对臣民及其责任持有坚定而一贯的观点。[3]

《路德对所有基督教徒抵御暴动和叛乱的真挚劝告》（*A Sincere Admonition by Martin Luther to All Christians to Guard Against Insurrection*

---

[1] 参 John N. Figgis, *Political Thought From Gerson to Grotius*, 1414—1625, London：Cambridge University Press, 1907。

[2] 参 Cynthia Shoenberger, "Luther and the Justifiability of Resistance to Legitimate Authority", in *Journal of the History of Ideas* 40, 1979；另参 Eike Wolgast, *Die Wittenberger Theologie und die Politik der evangelischen Stände*. Gütersloh：Mohn, 1977；Mark U. Edwards, *Luther's Last Battles：Politics and Polemics*, 1531—1546. Ithaca, NY：Cornell University Press, 1983, pp. 20 – 37；Brecht *Martin Luther：Shaping and Defining the Reformation*, 1521—1532, 前揭, pp. 369 – 428；Thompson, *The Political Thought of Martin Luther*, 前揭, pp. 159 – 202。

[3] 参 David M. Whitford, *Tyranny and Resistance：The Magdeburg Confession and the Lutheran Tradition*, St. Louis：Concordia Publishing House, 2001。

and Rebellion，1522）一文面向统治者及其臣民，而其基础就是路德的世间统治为神授的观点，该文明确提出，不允许反叛对抗合理膏立的世间权威。路德在《真挚劝告》中最迫切关注民众对教会渐增的憎恨，他渐渐认识到，在他不在场时，一些改革者变得暴力，或者开始鼓吹公开反抗教会及诸侯权威。与《致基督教贵族的公开信》（*Open Letter to the Christian Nobility*）一样，路德在写作《真挚劝告》时也相信，诸侯和贵族在教会改革中将扮演中心角色，其价值难以估量。① 此外，他还认为宗教权威的罪行已如此恶劣，令上帝之怒迫在眉睫。

不过，尽管《真挚劝告》明确提出臣民应当遵从世间权威，但路德认为这也不是无条件的：臣民可以"鼓动权威做某些事和下达命令"。②但在其他方面，他们仍要遵从其责任。即便世俗权威不愿作为，路德也决不让步，他并不认为这是暴动滋生的根据：臣民应当只承认他们的罪过，向"教皇的制度"祈祷，让他们的口成为上帝之言的口。③

《士兵是否也能得救》（*Whether Soldiers, Too, Can Be Saved*，1526 年）并不建议诉诸叛乱、武力抵抗或暴动，但它的确认可一种臣民可以不遵从世间权威的情况。路德肯定士兵的职分也是世俗权威所立，因此同样也是上帝为强制执行法律和促进和平而授予的神圣任命。但这篇文章的其余部分则集中在对战争正义性的讨论上。路德区分了反抗合法统治的战争（往往是暴乱）与反抗其他政权或公国的战争。对于他而言，抵御暴乱，而非参加暴乱，才是正义的，参加战争只是为了自卫而非侵略。战争的正义性取决于它是支持还

---

① 参 *LW*，vol. 45，p. 61；*WA*，vol. 8，p. 679。
② 参 *LW*，vol. 45，p. 61；*WA*，vol. 8，p. 679。
③ 参 *LW*，vol. 45，pp. 65 – 66；*WA*，vol. 8，pp. 681 – 682。

是攻击由上帝任命的世俗权威。士兵并不会自动假定他被命令参与的那场战争是正义的，因为正义应由上帝裁决，战争也可能是对这一正义的冒犯。因此，《士兵是否也能得救》允许士兵放弃其责任，只要他断定这场战争不正义；但只要维护上帝任命的世间权威，士兵在行使其责任时，就可以自信地认为他是在履行对上帝的尘世责任。

臣民可以不遵从败坏福音的命令，但他绝不能组织武装反抗合理膏立（因此也就是上帝认可）的世间权威。这似乎是路德从未动摇过的立场，直至 1530 年的托尔高（Torgau）会议时，他才勉强认同武力反抗帝国军队。路德几乎不强调这一认同，其中还有一些复杂的问题。下面这个例子十分贴切：路德此前认为诸侯与皇帝的关系是一种臣民之于统治者的关系，但随后他改变了看法，认为诸侯是对其上级（如皇帝）、神法、自然法和实证法负有诸多责任的政治个体，这些责任有时甚至互相冲突。路德充分意识到，在武力反抗"路德教"与"新教"诸侯（如其为后人所称）的天主教敌人一事上，他所作的有所保留的让步需要得到某种公开的辩护，而且，诸侯也鼓励他尽快写出这样一篇文章，尤其是腓力王子。①

路德对这一要求的回应便是《路德敬告德意志民众》（*Dr. Martin Luther's Warning to His Dear German People*，1531 年）。该文并没有严重偏离路德此前一贯的观点，他一直认为武力叛乱是非法的。路德在文中坚称，对基督教徒而言，叛乱无论如何都不被允许，他们唯恐使灵魂陷入危险当中。② 为了替那些联合起来对抗皇帝的公国辩护，路德提出，对帝国军队的反抗实际上并非叛乱。他的辩护并非修辞上的策略，他认为，帝国军队的侵略与联合都是非法的。它们

---

① 参魏玛版，通信集，vol. 5，p. 651 及 pp. 653 – 655。［译注］腓力王子即黑森的腓力伯爵（Landgrave Philip of Hesse）。

② 参 *LW*，vol. 47，pp. 13 – 14；*WA*，vol. 30，3，pp. 278 – 279。

对新教领土的侵犯违犯了神法、自然法和帝国法。①路德认为，帝国一方最明目张胆的越界之举是迫害侵犯新教公国，没有适当地聆听后者的立场，没有对后者过错的明确指控，也没有任何宣布后者的教义及行为违反了帝国法的权威公告，便向其挑起战争。在路德看来，武力反抗帝国军队更类似于自卫，而非暴力或叛乱。

因此，虽然路德在关于反抗帝国的问题上时常前后矛盾，但他一直致力于重塑世间统治。《路德敬告德意志民众》实质就是在重申民众在世间权威统治下的责任。民众应对世间权威持有应有的尊重，因为它是由上帝任命的统治。路德认为，强调这一对世间权威的责任及尊重，这是福音派福音的成果之一。倘若遵从教皇及皇帝，世间统治的重塑就会陷入很大的危机中。他警告德意志民众注意帝国的侵犯，这不仅出于对宗教统治起因的考虑，亦是试图保护世间治理在宗教改革中取得的成果。②

路德重塑世间统治，使其独立于教会的权威，这就向统治者提出了新的责任与义务。《世间权威》第三部分首次就统治者作了大量论述。该部分采取建议的形式，牧师对那些既希望能有力地执行其职分，又希望成为忠实的基督徒的诸侯提出建议。路德引用了一句谚语，他承认这只针对少数人："谁不知道贵族是天堂罕有的奖赏?"③ 剩余部分勾勒了一位好贵族的形象。路德认为，基督教诸侯应当考虑他的民众，向他们提供好的、有用的东西。他必须对他的顾问抱有警惕，不能完全信任他们，也必须小心奉承者。他在惩罚及战事上都应保持正义，以武力抵御武力，但在其他方面则保证要和平。最后，他应以基督徒的方式侍奉上帝。

---

① 参 *LW*, vol. 47, p. 21f. ; *WA*, vol. 30, 3, p. 284f. 。
② 参 *LW*, vol. 47, pp. 52 – 53; *WA*, vol. 30, 3, pp. 317 – 318。
③ 参 *LW*, vol. 45, p. 120; *WA*, vol. 11, p. 273。

无疑，路德认为基督徒统治者是最好的统治者：他将对其作为神赋的世间职分报以最恰当的尊重，而且最不可能因一己私利破坏它。不过，世俗权威都是上帝赋予，无论它是由异教徒王者还是基督圣徒统治。因此，尊重异教徒的世俗权威，也是路德对世间治理的重塑中一个非常重要的部分。

路德的《〈诗篇〉82 章义疏》（*Commentary on Psalm* 82，1530 年）坚称，即便暴君也应获得荣誉，赢得尊重。

> 上帝只会让忠诚的人拥有这一职分，并让他忠实而纯洁地行使它，它决不会被可耻及可憎地滥用！尽管如此，滥用并不摧毁其职分；此职分乃是真的，恰如世间统治也是真而且善的职分，即便它由无赖所有和滥用。①

尊重荣誉是对应于世间权威的，不论何人掌有其职分，对路德而言，这一原则便扎根于福音之中。路德声称，此前，世俗权威臣服于教皇及教会，宗教权威篡夺了上帝授予世间政权的圣职。

> 然而，福音现在已经显现。它明确地区分了世间身份与宗教身份，此外，它还教导道，世间身份乃由上帝授予，每个人都应服从并荣耀它。②

这并不是说路德不曾看见统治者和民众的不义，也不曾为他们影响而哀叹并期待他们能变好。但是世间统治不可能根除罪行，因为"人们过于邪恶，贵族不尊重上帝之名及上帝之言，不断可耻地滥用其［贵族权力］"。③ 但是，这一现实并不能抹去世间权威的神

---

① 参 *LW*，vol. 13，p. 49；*WA*，vol. 31，1，p. 196。
② 参 *LW*，vol. 13，p. 42；*WA*，vol. 31，1，p. 190。
③ 参 *LW*，vol. 13，p. 72；*WA*，vol. 31，1，p. 218。

赋恩赐，路德认为，在传达圣言的全体牧师之后，世上所存之物中，

> 再璀璨的珠宝，再绝伦的财富，再富饶的领地，再公平的捐助，再丰美的财产也比不上一位能制定和维系公正律法的统治者。①

在《〈诗篇〉101章义疏》中，路德写道，世间权威的神圣来源并没有文化或文明上的边界，异教徒的古代故事中可以看到大量有关这一神圣来源的例子。他以伟人为例充分讨论了上帝的工作，这些伟人具有统治的能力，能够明辨自然法和理性，因此得以成为伟大的政治家或政治思想家。此类具有政治智慧的伟人如荷马、西塞罗、居鲁士、亚历山大、李维和亚里士多德，或作为卓越的典范，或因其智慧的沉思，都可供模仿并/或阅读。②

路德认为，有两股切近的势力会危及政治改革，《〈诗篇〉101章义疏》即揭示了这两股势力。其中一个敌人一开始就已是肉眼可见的威胁。在路德心中，罗马教会一向轻视世俗权威，强夺其责任及事务，也一直忽视宗教治理。③ 但另一威胁却在宗教改革开始以后才显现出来。激进的再洗礼派改革者也会令宗教权威统治世间权威，他们中有些"分裂教会的灵魂"对作为神赋的世间权威完全视而不见。④

激进的改革者要么否认世间统治的必需性——他们或退出社会领域，或对世间权威视而不见，要么彻底改变了政治职分的内容，使之符合他们的教条。路德反对他们的观点，他捍卫世间统治，经

---

① 参 *LW*, vol. 13, p. 54; *WA*, vol. 31, 1, p. 201。

② 参 *LW*, vol. 13, pp. 154 – 165, pp. 199 – 121; *WA*, vol. 51, pp. 209 – 215, pp. 248 – 250。

③ 参 *LW*, vol. 13, p. 146; *WA*, vol. 51, p. 201。

④ 参 *LW*, vol. 13, pp. 146 – 147; *WA*, vol. 51, pp. 201 – 202, pp. 246 – 247。

常援助特定的德意志地区，或借写作反对那些采用了激进改革者的信仰及政治主张的城市。① 路德要挑战激进者那种将政治宗教化的倾向，因为这样一来，激进者也与"教皇党徒"一样，都混淆了宗教治理和世间治理。激进的宗教改革者几乎完全不区分这两种治理：他们所认为的福音及上帝的命令将统治一切，要么通过《圣经》，要么通过直接的天启。路德认为，这将是对教会和政府的双重毁灭，将宗教权威和世间权威这样混在一起，会陷灵魂于危险之中，并为世间世界带来混乱。

路德关于 1525 年农民战争的写作，也揭示了他对激进改革者政治观的反对态度。1525 年农民起义起因众多，在 15、16 世纪之交已散见先兆。但这次起义最重要的原因应是领主、贵族以及地主（其中许多为主教及修道院院长）在渐增的经济压力和其他压力下，为了集中他们对领地的控制权而废除了农民古老的权利。②

1525 年初，一队来自上施瓦本（Upper Swabia）的农民将要求写在一本小册子上，即《全体农民与受宗教和世间权威压迫的人民基本及合理的文章》（*The Fundamental and Proper chief Articles of All the Peasantry and Those Who Are Oppressed by Spiritual and Temporal Authority*），通常简称为《十二篇》（*Twelve Articles*）。总体上，《十二篇》是一个相当温和的文件：它肯定政府和税收的必要性，反对彻底革命，基于《圣经》提出其主张与控诉，还号召神学家和一些世

---

① 参 Brecht, *Martin Luther*: *Shaping and Defining the Reformation*, 1521—1532, 前揭, pp. 34 – 39。

② 参 Peter Blickle, *The Revolution of 1525*: *The German Peasant War from a New Perspective*. Baltimore: Johns Hopkins University Press, 1981; Brecht, *Martin Luther*: *Shaping and Defining the Reformation*, 1521—1532, 前揭, pp. 172 – 194; Grimm, "Luther, Luther's Critics, and the Peasant Revolt". *Lutheran Church Quarterly* 19, 1946, pp. 115 – 132。

俗权威裁断他们的观点。①但是，起初的和平抗议很快就演变为席卷德国和中欧若干地区的暴力与血的冲突。②

农民们声称他们依福音教义行事（不顾其他道德和法律主张），路德认为这样的激进改革犯了与罗马教会相同的错误：激进的改革者们没有传播福音，而是混淆了宗教治理与世间治理。路德的《诫和平书》（*The Admonition to Peace*）和《对施瓦本十二篇的回应》（*A Reply to the Twelve Articles of Swabia*）回应了《十二篇》的主张，对其控诉所根据的《圣经》基础作了批判。

路德从不否认农民在世间权威的统治下遭受着不公正的待遇，事实上，路德认为这些动荡是上帝对世间权威的滥用所降下的正义惩罚的一部分。③ 然而，路德否认农民反抗世间权威的起义和叛乱有任何《圣经》的依据。他考虑的核心问题是福音能否持续宣扬和社会公益能否幸存。路德担心起义会摧毁世间治理，随之危及《圣经》的讲道。农民出于自己的目的而擅用《圣经》，这是不正确且亵渎的行为，因为他们以上帝之名所号召的，乃是反抗上帝所立的制度和权威。对路德而言，这样矛盾的状况只能招致上帝的愤怒。

《反对抢劫及杀人的农民暴徒》（*Against the Robbing and Murdering Hordes of Peasants*）的严厉丝毫不亚于《诫和平书》这封公开信，这是一篇激烈而保守的文章。但路德在两篇文章中都一致激烈地捍卫世间权威，极力反对质疑世间权威者。路德亲身体验得知，起义已公然变得暴力且具有破坏性。农民们已违背了他们顺服世俗权威的责任，他们公然掀起叛乱，更反常的是，他们以上帝之名如

---

① 参 *LW*，vol. 46，pp. 8－16。

② 参 Euan Cameron，*The European Reformation*. Oxford：Oxford University Press. 1991，pp. 202－209。

③ 参 *LW*，vol. 46，p. 19；*WA*，vol. 18，p. 293。

此行事。① 路德建议世俗权威迅速采取行动。他坚称即便是对改革抱有同情态度的统治者，在祈祷以及尽和解之努力后，也应有毫不犹豫拿起武器的觉悟，这样民众才会因其使用它而自愿顺服他们。②

路德在《反对抢劫及杀人的农民暴徒》中的激烈言辞震惊了他的许多支持者。许多人认为，这篇文章鼓励世俗权威以最恶毒残忍的方式对待农民，以镇压起义。

> 能刺、能打、能杀的人就去刺、去打、去杀吧。如果你因此而死，那是为你好！你不会享有比这更受祝福的死亡了，因你的死遵从了《罗马书》十三章一二段的圣言及戒条，用爱侍奉了你的邻居，你把他们从地狱边界及魔鬼手中拯救出来。③

因此，这本小册子出版后不久，路德就被迫写了《就反对农民的激烈手册所作的公开信》（*An Open Letter on the Harsh Book against the Peasants*），以为他反对农民叛乱的臭名昭著的粗野激评作解释。《公开信》的道歉姿态更多是一种捍卫，而非悔过，该文重申了路德在早期著作中坚持的观点：农民的叛乱没有基督教根基，它攻击了上帝所立的世间统治。他也同样指责世俗政权的血腥残忍，但他再次强调，这并不仅是简单地基于一般的基督教教义。路德对世间政权在镇压起义时的放肆残忍的批评，始终建立在他关于世间统治的观点的基础上：世间权威乃神所立。毫无疑问，滥用世间职分是罪，此罪对世间权威的神圣来源形成了挑战。但更大的挑战仍来自农民。农民在失败后要求得到宽恕仁慈的举动，自私而毫无基督精神：他们毫不仁慈地攻击并意图毁灭世间权威，现在倒要求他们曾想打倒的诸侯的

---

① 参 *LW*, vol. 46, pp. 49 – 51；*WA*, vol. 18, p. 357 – 358。
② 参 *LW*, vol. 46, p. 52；*WA*, vol. 18, p. 359。
③ 参 *LW*, vol. 46, pp. 54 – 55；*WA*, vol. 18, p. 361。

仁慈和宽容。① 对路德而言，这些激进的改革者试图通过武力以福音统治世界，这一阴谋只能腐蚀《圣经》，并颠覆神赋的世间统治。

结　论

　　路德对其政治构想的推动与他对纯洁教会的促进是一样的：教会和世间权威都从各自的神圣任务和目的中解缆起锚。路德认为，在政治领域中，政治权力被教会权威，尤其是被罗马教皇篡夺，这已使得世间统治无法发挥作用，远离了此世维持秩序所必需的任务。纵观路德作为教会改革者的政治生涯，尽管其政治观点中带有明显的不一致，但他一直旨在重塑世间统治的荣耀，并界定该权威的合法范围。从其早期对保罗的研究，到后期对《诗篇》和《旧约》先知的注疏，从其早期攻击教会之越界和基督徒滥用其自相矛盾的自由，到后期激烈反驳"教皇党徒"和激进改革者，路德都在为他的政治理论辩护，他坚持重塑世间统治至高、神圣的使命，以反对他认为同代人具有的极端恶劣的越界和怠慢。

　　因此，路德的政治思想的基础，是一种不塑造神权政治的神学——对于德意志宗教改革者而言，这样的政治体系是可憎的。不同于他那些"教皇至上"的对手，对于路德而言，世间统治决不是教会独裁的臂膀。但路德的政治理论也并不主张通过世间统治把尘世转变为天上的王国，借以鼓吹任何乌托邦政治。路德认为，这就是再洗礼派和激进改革者有罪之所在。按当代术语来说——姑且不论年代学错误，路德对世间统治的重塑独立于各种基于信的现代政治运动之外，包括"基督徒的权利"（Christian Right）和解放神学（Liberation Theology）。对路德来说，任何政治运动若不真正将世间权威尊为神圣恩

---

① 参 *LW*, vol. 46, p. 70; *WA*, vol. 18, p. 391。

赐，不认为它既独立于教会又与教会相辅相成，就只会悲惨地结束。

路德的自夸虽然确实夸张，但却自有其根基，即他认为自己为16世纪政治理论所做的贡献：用神学反对他所察觉的时代之败坏，并通过揭露其中的政治含义，重塑世间政府的神圣使命。这个任务与他的神学立场和对教会的改革进行了亲密联姻。路德认为，仅靠信仰肯定人类的正当性，与承认地上的世间统治是神圣恩赐及其必要性，二者并不矛盾。因此，路德旨在通过宣讲关于正当性的神学解决其时代的危机，他认为教会及其权威都已严重地偏离了这种正当性。因此，他可以自称，自从使徒时代开始——或者大概自从圣·奥古斯丁开始，就不曾有人像他一样给予世间统治如此的褒奖。

附　录

1. 例如，艾伦（J. W. Allen）指责说，路德的政治理念"被极大地误解了，他对政治思想的影响既被误传了，也被极端夸大了"。① 艾伦的批评直指菲吉斯，后者认为路德提升了世俗国家的地位，而且是早期现代专制主义之父。② 一些社会科学方面的基础性著作，如陶尼（R. H. Tawney）的《宗教与资本主义的崛起》持有和艾伦一样的严厉态度。关于路德的"社会道德"观点，陶尼表示："若想看到条理清晰，前后一致的学说，那么，浏览它们毫无意义。"③

2. 韦伯（Max Weber）的《新教伦理与资本主义精神》（*The*

---

① 参 John William Allen, *A History of Political Thought in the Sixteenth Century*, London：Methuen & Co. 1928，p. 15。

② 参 John N. Figgis, *Political Thought From Gerson to Grotius*, 1414—1625, London：Cambridge University Press, 1907。

③ 参 R. H. Tawney, *Religion and the Rise of Capitalism.* New York：Penguin Books, 1947。

Protestant Ethic and the Spirit of Capitalism) 和特洛伊奇（Ernst Tro-eltsch）的《新教与进步》（Protestantism and Progress，特洛伊奇这本著作的德文标题为"宗教改革对现代文明发展的重要性"），这两部著作集中在现代文明与新教之间的关系上，其争议性的研究启发了大量关于路德的学术成果。特洛伊奇的《基督教的社会教育》将路德与专制国家和对威权的美化联系起来，从而引发了一场论战;① 由于德国法西斯主义和二战的创伤，这一职责又在战后十年重新提起。霍尔（Karl Holl）与另外两位杰出的德国神学家一同发起了"路德复兴"运动，即巴特（Karl Barth）和阿特豪斯（Paul Althaus），两人在魏玛共和国时期是两个敌对的神学流派的领导成员。② 最近重估德国历史上的威权主义，有人也将路德列入其中，关于这一点，可参布里克。③

---

① 参 Ernst Troeltsch, *The Social Teachings of Christanity*. Volume 2. Trans. O. Wyon. Louisville. KY: John Knox Press, 1992。

② 参 Holl, Karl, "Die Kulturbedeutung der Reformation". *Gesammelte Aufsatze zur Kirchengeschichte*. Tübingen: J. C. B. Mohr. 1932; James Stayer, *Martin Luther, German Saviour: German Evangelical Theological Factions and the Interpretation of Luther* 1917—1933, Montreal: McGill – Queen's University Press, 2000。

③ 参 Peter Blickle, *The Revolution of 1525: The German Peasant War from a New Perspective*, 前揭。

摩根索权力政治学理论中的韦伯和施米特

皮希勒（Hans – Karl Pichler）撰

陈洪娟　译

摩根索（Hans Morgenthau）著述的一个显著特点是其语言极具说服力。它引诱读者相信他的著述里的理论是国际政治运作"客观""真实"的反映。在摩根索的主要著作《国家间政治》（*Politics a-mong Nation*）中，他不断地提醒读者，他的作品是"对于实际（actually）存在的人类本质和实际发生的历史过程的理论关注"。[①]然而，摩根索的客观性与其说证据确凿，不如说是言之成理。他没有为他的客观性主张提供认识论上的解释。在 20 世纪头几十年，韦伯（Max Weber）在方法论上作出了著名的贡献，他批评并说明了社会

---

① Hans J. Morgenthau, *Politics among Nations*：*The Struggle for Power and Peace*, 第三版，New York, 1960, p. 4。除非有特殊说明，接下来的所有引用均出自该版本。感谢哈利德（Fred Halliday）教授将施米特（Carl Schmitt）的思想介绍给我，并鼓励我撰写本文。还要感谢科克尔（Christopher Coker）和图恩（Henrik Thune）博士许多富有成效的讨论，以及我的父母路德克（Karen Ludt-ke）、乔拉杜（Elena Jurado）和贝特玛（Anna Bertmar）所给予的帮助。

科学的"客观性"。①我们从摩根索的著作中知道，他是韦伯②的忠实追随者，奇怪的是，他声称国际政治中存在长期和客观的规律，但却没有为自己的主张提供支持或说明。③

本文旨在了解摩根索为什么以及如何会在《国家间政治》中，抛弃韦伯对社会科学客观性所施加的诸种限制，沉溺于纯粹的表述中。这一研究将表明，摩根索对社会科学价值决定论的解决之道在于，他把政治视为一个长期为了权力和统治而产生冲突及斗争的领域。在国际政治的这种解读方式下，所有国家领导人追求的最高价值目标即国家利益，就变成了国家的自我保存。这种单一价值的抽离构成了国际政治的一个关键特征，这让摩根索能够走出社会科学价值决定论的困境，在抽象层面"客观"地分析国际政治，并从中得出普遍的模式。

正如下文所示，摩根索关于政治本质和"政治事物"的观点来自德国政治思想家施米特（Carl Schmitt）。施米特在20世纪20年代提出了关于政治和"政治事物"的概念，当时摩根索还是个学生。到20年代末，施米特的政治和关于"政治"的思想已经得到了广泛

---

① Max Weber, *The Methodology of the Social Sciences*, New York, 1949. 另参 *Wissenschaft, als Beruf, Politik als Beruf* (Science as a Vocation, Politics as a Vocation), Mommsen 和 W. Schluchter 编, Tubingen, 1992。我之所以提及这个德语版本是因为它对于我阅读韦伯的源语文本很重要，英文引用出自我自己的翻译。

② Hans J. Morgenthau, "Fragment of an Intellectual Autobiography: 1904 – 1932", 参 Kenneth Thompson 和 Robert J. Myers, *Truth and Tragedy: A Tribute to Hans J. Morgenthau*, New Brunswick, NJ, 和 London, 1984, 页7。本文写于1976年，1977年首次印刷出版。

③ 参摩根索在美国的第一本书（*Scientific Man vs. Power Politics*, Chicago, 1946）和他的文章"The Purpose of Political Science", 参 James C. Charlesworth ed., *A Design for Political Science: Scope, Objectives and Methods*, Philadelphia, PA, 1966, pp. 63 –79。

关注，包括与施米特有私交的摩根索，他曾多次提到施米特。①

韦伯和施米特是德国魏玛共和国最有影响力的思想家中的两位：韦伯是一位科学哲学家兼社会学家，而施米特则因其对政治之本质与国家之作用的见解而闻名。摩根索的思想根植于魏玛共和国，他先后在慕尼黑大学和柏林大学学习法律。在慕尼黑，他接触到了马克斯·韦伯的学说。1929 年，他从柏林大学毕业，完成了一篇关于国际法的本质和局限的博士论文。② 1932 年，出于对纳粹政权逐步逼近的恐惧，他和妻子离开德国，搬到了日内瓦，在那儿的大学教书。五年后，他们移居美国。在纽约布鲁克林学院工作了一段时间后，摩根索在堪萨斯城大学获得了法律和欧洲政治方面的讲师职位。1943年，他在芝加哥大学找到了一份固定的工作，正是在这里他写下了他最著名的作品《国家间政治》，这也是本文大部分分析的立论基础。

国际关系方面的相关文献，已经阐明了摩根索、韦伯和施米特之间存在的思想关联。③ 基于这一研究基础，我将分别追溯摩根索与

---

① 摩根索在 "Fragment of an Intellectual Autobiography" 一文记载了他和施米特的会面。而且，Christoph Frei 在他关于摩根索的著名传记中仔细检查研读了摩根索未出版的日记和文章，且发现了一些他谈论施米特的手稿。参 Christoph Frei, *Hans J. Morgenthau: Eine intellektuelle Biographie*, 第二版, Bern, Stuttgart 和 Vinna, 1994。Frei 认为尼采对摩根索的思想也产生了重要的影响。这些影响当中他归因于尼采的是摩根索的生命中的"悲剧"概念，以及政治就像生活点滴是对生存或认可的永恒争斗的思想。正如 Frei 所示，摩根索的日记中提到了尼采。摩根索有一次曾经写道："一个人应该将每天读三次尼采作为一种日常活动，也许那时候一个人就可以活得更伟大，获得更多更大的成就"，引自 Frei, *Hans J. Morgenthau*, p. 102（我自己的翻译）。

② Hans J. Morgenthau, *Die internationale Rechtspflege, ihr Wesen und ihre Grenzen* (The Nature and Limits of International Law), Leipzig, 1929.

③ 相关讨论见 Alfons Söllner, "German Conservatism in America: Morgenthaús Political Realism", 载于 *Telos*, 72（1987 夏), pp. 161 - 177。关于 Weber 和 Morgenthau, 参 Jim George, *Discourses of Global Politics: A Critical (Re) Introduction*

韦伯、施米特思想的相似之处，并通过展示摩根索如何通过他的"政治"观念，并进而通过国际政治观念，解决了韦伯概括出的政治/社会科学价值困境。本文认为摩根索并非有意识地试图解决这一难题。本文仅可能作为一种强有力的例证，以证实摩根索国际政治理论的"客观性"来自他的方法论思想和"政治事物"定义的框架。

从方法论的角度来看，我的分析主要是从理论上和文本上比较摩根索和施米特，辅以有关摩根索与韦伯和施米特之间关系的传记资料。①我的大部分分析都基于摩根索的"政治现实主义六原则"中包含的主张，这可以视为他的思想体系的理论宣言。②

to *International Relations*, Boulder, CO, 1994; Stephen P. Turner 和 Regis A. Factor, *Max Weber and the Dispute over Reason and Value*, Tampa, FL, 1984; Michael J. Smith, *Realist Thought from Weber to Kissinger*, Baton Rouge, LA, 和 London, 1986, pp. 134 – 165。

① 真诚感谢 Christoph Frei 在摩根索的自传中提供了关于这两者之间关系的若干证据。

② 虽然六原则直到 1954 年《国家间政治》第二版中才出现，但是它们组成了摩根索作品所基于的认识论和本体论假设的总结。六原则的节选摘自《国家间政治》第二版，页 4 – 14。具体如下：

第一原则：政治现实主义认为，政治就像整个社会一样，由植根于人性的客观规律所支配。

第二原则：政治现实主义在国际政治领域里发展起来的主要标志是以权力界定利益的概念。

第三原则：现实主义并不认为，其关键的被定义为权力的利益概念具有放之四海而皆准的客观属性。利益的观念是政治的实质，不受时间和空间条件的影响。

第四原则：政治现实主义意识到政治行为中道德的重要性。它也同样意识到成功的政治行为与道德要求之间存在着不可避免的矛盾。

第五原则：政治现实主义拒绝把特定国家的道义愿望与普遍适用的道义法则等同起来。它就如区分真理和意见一样，它区分真理和崇拜。

第六原则：知性上，政治现实主义者强调政治学领域的独立性，正如经济学家、律师和伦理学者坚持他们领域的独立性一样。

我试图阐明摩根索的思想根源，但这并不意味着我在为他的理论或其合理性辩护。确切地说，深挖摩根索的思想根源就会发现，他的思想有可能包含着德国的知识传统，他不是一个纯粹的"美国"思想家。

客观性与价值问题

从《国家间政治》一开始，摩根索就向读者灌输了现实主义追求客观性的教条："政治，就像整个社会一样，由植根于人类本性的客观律法所统治。"因此，"为了社会进步，首先必须了解社会赖以生存的律法"。[①] 在客观性和客观律法之后，我们遇到了另一个有争议的概念：真理。摩根索未作进一步阐述就指出，政治现实主义"相信在政治中区分真理和意见的能力"（同上）。从"真理"中，摩根索衍生出"理论"，即

> 通过理性来确定事实并赋予其意义。正是实际事实及其结果对这一理性假设的检验，才使国际政治的现实具有意义，并使政治上的理论成为可能。（同上，页5）

摩根索认为，国际政治中存在着一种"客观"的秩序。它是"被定义为权力的利益概念，将理性的秩序注入政治的主体，从而使对政治的理论性理解成为可能"（同上，页5-6）。由此，摩根索将现实主义从方法论上定义成一种思想流派：

> 那么，现实主义的国际政治理论将防止两种常见的谬论：对动机的关注和对意识形态偏好的关注。（同上，页6）

---

① Morgenthau, *Politics among Nations*, p. 4.

换言之，现实主义为国际政治提供了一种价值中立的客观分析。摩根索用简洁有力的语言承认了韦伯的影响。为表达对韦伯的钦佩，他曾评价：

> 作为一个公民，他是政治舞台上充满激情的观察者和失意的参与者；作为一个学者，他冷静地看待政治，也不追求超出知识分子理解范围内的政治目的。①

正如弗雷（Christoph Frei）所示，1925 年，摩根索第一次接触到韦伯的学说，当时他正在阅读《科学作为天职》（*Science as a Vocation*）、《政治作为天职》（*Politics as a Vocation*）。韦伯的影响比摩根索传记中所写的还要大，他影响了摩根索的社会科学方法论思想，下文将对此进行讨论。

韦伯：科学与政治

韦伯认为，通过科学可以客观地理解世界。然而，这种能力的代价是世界的"幻灭"（disenchantment），即相信"原则上不再有任何不可理解的神秘力量"，而"原则上，人们可以通过推演（calculation）来掌控万物"。②在此处，他所指的科学是自然科学和社会科学。科学摧毁了那些关于人生意义和这个世界的宗教性奇幻思想，但又无法取代它们。

> 除了少数极其幼稚的人，尤其是在自然科学里，今天没有人会仍然相信在天文学、生物学、物理学或化学方面的发现能

---

① Morgenthau, "Fragment of an Intellectual Autobiography", p. 7.

② Weber, *Wissenschaft als Beruf*, *Politik als Beruf*, p. 87.

> 告诉我们生命的意义（meaning），或者更上一层楼，告诉我们：
> 如果这种"意义"真的存在的话，人该如何去寻找它的痕迹。
> （同上，页 92）

科学仅限于告诉人们世界的事实。与宗教不同，科学不能为这些事实的存在提供最终的解释。"从科学的理性和智性中解放出来，是沟通神灵的基本前提。"（同上）科学家们不会问"他们所描述的世界是否有存在的权利：它是否有'意义'，生活在其中是否有意义"（同上，页 94）。真正的科学家只专注于事实。他们只能说出一个人必须（must）做什么才能达到一个特定的目的，而不是一个人在道德意义上应该（ought to）做什么。科学家必须认识到，"事实的确定、数学或逻辑事实的判断"和"一个人在文化共同体和政治体内应该如何行动，是两个完全不同的（heterogeneous）问题……每当科学家开始引入他的个人价值判断时，就不可能对事实有充分的理解"（同上，页 97，98）。科学家也必须认识到关于这一问题答案的构造。因此，社会学家给不出常规的伦理建议。对于道德问题，"目的能否证明手段的正当性"？韦伯回答说：

> 如果不想成为蛊惑民心的政客，那他就只能限于强调这个
> 问题的必要性。（同上，页 103）

另一方面，政治是人们追求个人利益的领域。由于政客们根据自己的心思（Gesinnungen）来选择行为，而其意见总是由个人价值观形成，所以政治判断不可能客观。社会学家必须警惕政治牵连，因为"政治不属于讲堂，尤其是当讲师按科学方法从事政治活动时"（同上，页 96）。对韦伯来说，寻求价值中立的政治是徒劳的。任何政治问题能有几种解决办法取决于有多少种可用的价值目的。然而，科学和政治可以相互扶持。社会科学有责任通过理性和实证的方法，

批判性地评估政治家的实际判断，而政治则有责任让自己暴露在科学的批判之下。

　　所有行为，尤其是政治行为，都必须通过关于价值的辩论而被科学刺激，并通过对抗讨人嫌的事实而被修正。①

然而，在《社会科学方法论》（*On Methodology*）中，韦伯这种对科学的热情略有退潮。

　　所有经验知识的**客观**（objective）有效性完全取决于按照特定意义上**主观的**（subjective）类别对既定现实进行排序，即它们呈现了我们知识的**预设**（presuppositions），并且是基于那些仅凭经验知识就能给我们带来的**真理**（truths）的**价值**（value）的预设……应当记住，对科学真理价值的信仰是某些文化的产物，而不是人类本性的产物。（页110）

韦伯现在认为，对社会现实的分析不仅有具体的文化性，而且还受到社会科学家个人价值取向和利益的影响。社会现实由相关的人所秉承的价值决定。由于在分析社会进程时很难发现这些价值，而对社会进程的所有科学分析又都以这些价值为条件，所以这些分析总是无法做到客观。韦伯写道：

　　社会科学的"客观性"很大程度上取决于这样一个事实，即经验数据总是与评价性理念相关，正是这些评价性理念使这些经验数据有了意义，而这些经验数据的重要性也正是从这些评价性理念中衍生而来。（同上，页111）

───────────

　　① W. Schluchter, *Wertfreiheit und Verantwortungsethik*：*Zum Verhaltnis von Wissenschaft und Politik bei Max Weber*, Tubingen, 1971, p. 26.

　　然而，对价值有效性的评估超出了科学的能力范围。

　　　　这些评价性理念可以在经验上被发现……但它们的有效性不（not）能从经验性数据中推断出来。（同上）

　　这些观点似乎与《科学作为天职》《政治作为天职》的观点矛盾。如果价值既会影响人们的兴趣又会影响社会科学家的分析，科学分析又怎么能超越对事件的主观、有限的解释呢？这一难题可以通过限定韦伯的客观性概念来解决。

　　韦伯的客观性只针对过去。如果社会现实受到大量行为者价值变化的影响，就不可能预测社会现实将朝着哪个方向发展。针对历史，即已发生的事情，客观性便成为可能，因为事件不可能改变。因此，社会学家便可以仔细审察，去搜集和探索特定历史事件下所有动机的细节，直到一切足以解释历史的发展和意义。此外，对于过去的事件，社会科学家更容易厘清自己的价值取向对分析结果的影响，因为这一事件与自己的个人利益没有这么直接的关系。韦伯的社会科学是历史科学。它没有以科学相对主义为基础。用韦伯自己的话说：

　　　　现在，所有这些都［即他所说的社会科学价值决定论］不应该被误解成，不断追求新的观点和新的分析结构就是社会科学的正确任务。相反，最重要的是要强调这样一种观点，即对具体历史事件和模式的文化意义的认识是唯一的最终目的，此外，概念建构和对概念的批评也力求产生作用。（同上）

　　社会科学，只要它仍然是历史科学，就可以是客观的。然而，这种客观性只可能发生在某一具体事件上，而永远不会作为一种普遍的范式作用于整个社会现实。

摩根索关于社会科学客观性的可能性的观点与韦伯的观点基本一致。然而，《国家间政治》一书充满了对绝对客观性的主张。"政治现实主义六项原则"中的第一条开场白是："政治现实主义认为，就像整个社会一样，政治由植根于人类本性的客观律法统治。"① 下一小节将试图解释这一明显的矛盾。

摩根索：现实主义对客观性的追求

摩根索的观点与韦伯的观点的相似之处，在 1946 年出版的《科学人对抗权力政治》（*Scientific Man vs. Power Politics*）的一些段落中显而易见，这本书比《国家间政治》早于两年出版。《科学人对抗权力政治》可以被看作对美国社会科学实证主义传统的批判，摩根索在书中写道：

> 社会科学充其量只能提出一系列假设的可能性，每一种可能都可能在某些条件下发生。谁也不知道到底会发生什么。②

摩根索认为，社会世界过于复杂，无法通过科学规律来分析和理解。由于社会科学家没有充分了解在调查研究中参与特定社会过程的人的价值取向，他们必然仅限于猜测结果。他赞同韦伯关于价值观的本质及不可能对其进行科学判断的观点。只有独立的个体才能决定这些事情。摩根索 1937 年写过一份手稿，但未经出版，这份手稿有一个说明性的标题："我们这个时代还能创造一个客观的道德秩序吗？（Kann in unserer Zeit eine objektive Moralordnung aufgnellt werden?）"摩根索在手稿中写道：

---

① Morgenthau, *Politics among Nations*, p. 4（我的重点）。

② Morgenthau, *Scientific Man vs. Power Politics*, p. 130.

我们生活在形而上学意识的危机中……这种顿悟禁止道德进入那个领域，即人的灵魂，只有在这个领域里，道德才能客观存在。①

摩根索也赞同韦伯的观点，即社会科学家的判断受自己的价值观和他所处的社会环境的影响。

政治科学家的思想由他观察到的社会塑造……一个受社会制约的头脑所能掌握的真理也同样受社会制约。②

然而，在《国家间政治》一书中，摩根索谈到政治的普遍规律。这个明显矛盾怎么解释？我认为答案在于摩根索对国际政治本质的理解和他对"政治"的定义。"政治"的本质及其决定性特征是权力斗争中所产生的冲突。在《政治学之目的》（The Purpose of Political Science）中，摩根索认为：

为什么所有的人都渴望权力？……除了这些基本的哲学问题之外，政治学的内容是不能在先验（priori）和抽象中决定的。（同上，页75）

既然摩根索认为权力是人类与生俱来的欲望，也是社会交往的基本动力，那么权力斗争就构成了一个基本的生存问题。在随后的冲突中，弱者会为强者所征服。通过将权力斗争定义为政治和社会现实的动力、先验和根本，摩根索找到了解决社会现实分析里的客

---

① Hans J. Morgenthau, "Kann in unserer Zeit eine objektive Moralordnung aufgestellt werden?", 未刊稿, Geneva, 1937, p. 114; 引自 Frei, *Hans J Morgenthau*, p. 187（我的翻译）。

② Morgenthau, "Purpose of Political Science", p. 68.

观性问题的方法。他认为，在这种"社会互动的最低层次"上，对社会进行科学分析是可能的。①

国际政治也由权力斗争决定。由于没有国际政府，无政府状态决定了国家间的关系。这使得国际法在一个适者生存的混乱世界中被削弱为一种附属品。为了保证能够自我保存，国家必须将他们所有的资源用于权力最大化。由于国际政治仍处于权力斗争的基本层面，因此有可能对其进行客观分析。在《国家间政治》一书中，摩根索写道：

> 我们认为政治家们的思维和行动都是以利益为基础的，历史的证据证明了这一假设。这一假设使（allow）我们能够追溯（retrace）和预测（anticipate）政治家——过去、现在或未来——在政治舞台上已经采取或将要采取的行动。②

然而，摩根索还有更深层次的方式可以证明他理论的客观性主张。通过将国家自我保存和权力最大化作为所有国家领导人在国际政治中的最高价值目标（国家利益），摩根索能够克服社会科学和政治学的价值决定论问题，因为所有国家领导人都必须追求这同一价值目标。如果是这样的话，社会学家就不会因为社会动力学中所追求的价值取向的复杂性而分心，例如，追求"美好生活"这样的目的。权力斗争和自我保存的可能结果既与文化无关，也不取决于社会科学家的解释。只有两种选择：要么生存，要么灭亡。对国际政治的任何分析只能在这两个极端之间进行，而这两个极端很容易分辨。

虽然这揭示了摩根索呼吁权力最大化背后的逻辑，但仍有必要

---

① Morgenthau, *Scientific Man vs. Power Politics*, p. 130.

② Hans J. Morgenthau, *Politics among Nations: The Struggle for Power and Peace*, 第二版, New York, 1954, p. 5（我的重点）。

解释为什么摩根索将国际政治定义为为了权力而不断斗争的领域，并为国家的保存进行如此激烈的辩论。要回答这些问题，我们需要看看摩根索关于政治本质的观点从何而来。就是在这里，施米特映入眼帘。

摩根索对政治的一般观念，特别是"政治"观念深受施米特影响。这一论断基于两个事实。首先，摩根索和施米特对"政治"的定义非常相似。第二，摩根索认识施米特，我们从他的日记和文章中知道，他试图进一步阐述施米特在这个问题上的观点。① 1929 年，摩根索和施米特在柏林会面。据摩根索说，这次会面是一场灾难，施米特不停地讲话，摩根索实际上没有机会提出他的观点。后来，摩根索写道：

> 失望透顶。当我从施米特的住所出来时，我停在往下一层的楼梯上，自言自语道：我刚刚遇到了世上最邪恶的人。②

为了找到上述问题的答案，下一节将揭示施米特的观点，然后再比较摩根索的观点。

---

① 参 Morgenthau, "Fragment of an Intellectual Autobiography"。关于施米特更多的评论见未出版的手稿，其中有摩根索在日内瓦大学的就职演讲："*Der Kampf der deutschen Staatslehre um die Wirklichkeit des Staates*"（The Struggle of German Political Science for the Reality of the State），Geneva，1932 和 "Uber den Sinn der Wissenschaft in dieser Zeit und Uber die Bestimmung des Menschen"（On the Meaning of Science Today and the Vocation of the Human Being），Geneva，1934。所有这些均引自 Frei, *Hans J. Morgenthau*。

② Morgenthau, "Fragment of an Intellectual Autobiography", p. 16. 但是需要牢记，这个强烈的否定判断主要是受制于摩根索将自己和那些牵涉于纳粹政权的德国朋友隔离开来的努力。施米特就是其中之一，因为他 1933 年曾被 Goering 任命为"政府顾问"（Staatsrat）。

政治的本质

施米特关于"政治"的观点是对现代自由国家的总体回应，尤其回应了魏玛共和国议会民主制的困难。第一次世界大战后德国难以找到一个稳定的联合政府，而且面临所谓的社会主义威胁和由此产生的社会分裂，这给许多政治观察家造成了一种混乱感。他们担心德国可能无法恢复所谓的内部统一体和它在一战前所拥有的大国地位。施米特的思想应该被理解为某种情绪的强烈而精妙的表达，这种情绪在许多于一战前的帝国秩序下受过教育的知识分子中十分盛行。施米特和摩根索一样，担心政治正在瓦解，并将这一过程归因于自由主义的负面影响。

施米特：冲突是"政治"的本质

施米特对政治本质的思考源于他的一些担忧，其中就包括他认为 20 世纪早期的现代国家中的政治因素正在被自由的（即法律主义和多元主义）社会组织形式所取代。对此，施米特认为冲突和斗争是"政治"的本质。他写道：

> 政治只能在朋友和敌人两个对立面永远存在这一可能性的背景下理解，而不管这对道德、美学和经济意味着什么。①

虽然经济学可分类为有利可图或无利可图的，道德上是善或恶，"但政治概念的定义只能通过发现和确定特定的政治划分来得出，因

---

① Carl Schmitt, *Der Begriff des Politischen*（The Concept of the Political），Berlin, 1963，页 36。这个文本所有的引用均是我本人的翻译。

为政治确实有自己的划分"（同上，页36）。政治的决定性划分是朋友和敌人的对立。无论何时何地，只要有敌人，"政治"就存在。尽管敌人在道德上不一定是坏的或邪恶的，但它不仅是一个比喻意义上的敌人，而且是一个确实存在的敌人。

> 他是另一个派别，跟我们不一样，这就足够了，从一个很存在主义的意义上来说，他如此不同又性质相异，在极端的情况下，我们有可能与他发生战争……朋友和敌人的概念应该用具体的、存在的意义来理解，而不是作为隐喻或象征来理解。（同上，页27、28）

施米特的人性观是他政治思想的终极来源。他认为，"所有真正的政治理论都认为人是'危险的'和变化的"（同上，页61）。政治理论"不能将人类学上的'乐观主义'作为出发点。通过消除敌人的可能性，他们也将消除任何具体的政治结果"（同上，页64）。如果人性是好的，换句话说，"政治"也就不复存在。

"政治"只存在于社会内部和社会之间可能发生战争的地方。

> 一个最终消除战争可能性的世界，换言之，一个完全和平的星球，将是一个没有敌友划分的世界，因此是一个没有政治的世界。（同上，页35）

战争只在例外情况下发生，这一事实并没有削弱战争对政治的决定性作用。

> 政治集团关于朋友和敌人的构造所产生的最终结果只有在实际冲突中才会成为现实。正是从这种极端的可能性出发，人类的生活产生了特定的政治张力。（同上）

虽然平时的和平共存使人很难区分敌人和朋友，但平静表面之下总是存在着政治张力，并且随时可能在例外状态下爆发。

这些强有力的声明需要在施米特对自由主义的批判的背景下来解读。他指责自由主义思想混淆了"政治"，试图将其降低到如经济或文化等社会其他领域的地位。施米特认为，主张多元主义和国家中所有社团基本平等的自由主义论点源于这样一种观察，即个人在其私人生活中，在任何时候都生活在各种各样的关系和社团中。对施米特来说，这种类比是有缺陷的，因为它忽视了个人和国家之间的差异，否认了国家的政治统一性。

施米特并不是反民主的。他的批评针对的是其认为是自由派的政治观念。民主囊括了生活里的所有领域和政治进程中的所有人，使一切都政治化。而自由主义则试图将公共领域私有化。

> 在自由主义思想中，冲突的政治概念被转化为经济竞争和知识界的争论。取代"战争"与"和平"这两种状态之明确区分的是长期竞争和长期争论的动态。因此，国家变成了社会。（同上，页 70－71）

施米特认为这一过程是危险的，因为它忽视了内部或外部敌人的可能性。

如果任由自由主义发挥作用，国家的角色将缩小为"一个以个人自由及其关系自由的名义运行的协会组织，其从个人的角度来决定所有问题"（同上，页 45）。通过限制国家权力的范围，自由主义危及人民的福祉。在一个由自由原则统治的世界里，"可能存在着非常有趣的对立和冲突，竞争和各种阴谋，但这些力量的对立并不能证明，自由主义有正当理由要求人们牺牲自己的生命，赋予人们去流血和杀人的内在动力"（同上，页 35－36）。忘记这种斗争才是"政治"的本质，可能产生致命的后果。

如果一个民族害怕政治存在所带来的风险，那么很容易找到另一个民族，通过扮演"保护者"的角色来解除它的麻烦，从而获得统治它的政治权力。（同上，页 53）

施米特将这种极端情况定义为例外状态（Ausnahmezustant）。在面临这种迫在眉睫的生存危机时，需要有一个能够保卫社会和恢复秩序的主权者。在现代，这一责任落在国家身上，因为只有它才能建立捍卫社会所必需的政治统一体。国家决定敌人的存在与否，产生战争法（jus belli），具有决定公民生命的权力。对于极端危险的情况，施米特设想了一个"委托专政"，其职责是恢复和平与秩序。然而，一旦存在的威胁结束，独裁政权将把行政权力交还给宪政政府。对施米特来说，例外状态从来不属于常规，对法西斯主义和纳粹主义来说也是如此。①

施米特批评自由主义通过分裂社会破坏国家内部的政治统一体。

如果有必要，政治统一体必须要求牺牲生命。对于自由主义思想的个人主义者来说，这种主张是不可能实现的。②

如果社会统一体不再存在，"政治"也随之消失。这并不意味着国家人民生活的所有细节都由主权者和"政治"决定。经济、社会、文化和道德团体都是在法治下存在的。然而，

每一种宗教、道德、经济、伦理或其他对立面，如果足够强大到足以划分敌友，就会转变为政治对立。（同上，页 37）

---

① Paul Hirst, "Schmitt: Enemy or Foe?", in *Telos*, 72（1987, Summer）, p. 21.

② Schmitt, *Der Begriff des Politischen*, p. 70, p. 45.

换句话说，冲突的可能性、以及最终发生例外状态的可能性就暗含在各种社会生活形式之下，绝不能被排除在外。

然而，在施米特的"政治"理论和例外状态中，有两个根本问题没有得到回答：为什么冲突是"政治"的本质，为什么"政治"总是存在？这两个问题都在摩根索的"政治"理论中找到了答案。

摩根索："政治"作为客观的关键

摩根索最早且非常"施米特化的"一些关于"政治"本质的评论，载于他 1929 年撰写的关于国际法的博士论文中。文中，摩根索认为，

> 国际关系领域的政治问题是影响国家的个体性与其他国家的个体性的问题，也和诸国联合体的保存与宣言有关。①

他认为，国际法的范围必然有限，因为国际法没有政治执行力。据摩根索说，相信国际法将解决国际政治问题是对"政治"本质的错误理解，属于目光短浅之见。争夺权力的斗争将使各国陷入相互间的暴力冲突。

为什么"政治"被定义为导致冲突的权力争斗？为了寻找答案，摩根索转向个人。

> 存在的不能再细分的最基本的事实，是生命本身的事实……在人类所有的动机中，都有一种基本的力量：为生存和承认而

---

① Morgenthau, *Die internationale Rechtspflege*, pp. 59–60.

奋斗的对生命的冲动。①

摩根索认为，生存抑或承认目标的实现都需要权力，但有一个关键的区别：生存的斗争是缺乏权力的结果，但寻求承认是权力过剩的产物。两者都是天生的冲动。用摩根索的话说："争取权力的斗争在时间和空间上是普遍的，这是经验中不可否认的事实。"② 除了教条主义地提及经验之外，摩根索没有为这一人类学表述提供任何证据。他只是说："这是人类动机中最有说服力的因素。"③ 如果说权力斗争是人类天生的欲望，那么

> 政治就被理解为一种存在于个人内部的力量，而其必然以"权力欲望"的形式指向其他人。④

摩根索也没解决"权力"一词的具体含义。在《科学：仆人还是主人？》（Science：Servant or Master?）中，他说每个人都在为权力而奋斗，学者追求知识，登山者攀岩，诗人试图用语言抓住生命的本质。因此，权力斗争无所不在。然而，并非所有这些权力斗争的表现形式都是政治性的。

> 当他们（人民）选择其他人作为他们的权力对象时，他们才进入政治领域。⑤

① Hans J. Morgenthau, *Uber die Herkunft des Politischen aus dem Wesen des Menschen*, p. 10, 引自 Frei, *Hans J. Morgenthau*, pp. 132 – 133（我的翻译）。

② Morgenthau, *Politics among Nations*, p. 33.

③ Morgenthau, *Uber die Herkunft des Politischen*, p. 10, 引自 Frei, *Hans J. Morgenthau*, pp. 132 – 133（我的翻译）。

④ Morgenthau, *Uber die Herkunft des Politischen*, p. 9, 引自 Frei, *Hans J. Morgenthau*, p. 132（我的翻译）。

⑤ Hans J. *Morgenthau*, *Science：Servant or Master?*, New York, 1972, p. 31.

与权力斗争相反，"政治"并不总是存在。只有当争夺权力的斗争针对其他人而不是自然世界时，才会出现这种情况。在这一表述下，权力斗争获得了社会层面的解读。它从纯粹的私人化个体层面走向社会层面。作为人与人之间的一种动力，权力之争变成了社会冲突，即政治冲突。这解释了为什么摩根索将"政治"定义为"所有社会活动的参照点"。[①]

在以这种方式定义"政治"时，与施米特不同，摩根索既确定了"政治"的起源，也确定了它出现的条件。施米特认为"政治"只与国家有关，而不谈论它的起源。摩根索很早就意识到了这一缺陷。在1930年写的一篇未发表的文章中，他说，尽管他钦佩施米特"非凡的精神深度和可靠的直觉"，但遗憾的是，"他没有深入国家现实的最深层根源，反而半途而废了"。[②]

摩根索对"政治"的定义不是某种教条，而是一种保持在较高或较低程度的属性，就像人体保持体温一样。然区别在于：人们可以借助水银柱和标尺来量体温；在"政治"领域，并不存在这种客观标准。因此，具体的政治因素在于"国家活动与国家本身的个体有关的程度……国家存在的保存所依赖的问题显然与国家的个体有着最密切的联系"。[③]"政治"在不同程度上都有所表现，这一观点是施米特"政治"概念的延伸，后者仅限于划分敌友的标准。施米特对摩根索对自己学说做出的补充印象深刻，他以书面形式祝贺摩根索作出的理论发现。这一事件也是他们1929年在柏林会面的原因。[④]

---

① Hans J. Morgenthau, diary entry, 1930. 5. 31，引自 Frei, *Hans J. Morgenthau*, p. 180（我的翻译）。

② Morgenthau, *Uber die Herkunft des Politischen*, p. 25，引自 Frei, *Hans J. Morgenthau*, p. 124（我的翻译）。

③ Morgenthau, *Die internationale Rechtspflege*, pp. 70 – 71.

④ Frei, *Hans J. Morgenthau*, p. 169.

摩根索的"政治"思想在大多数其他方面与施米特的思想一致。首先，双方都认为一切都潜在地是政治性的。对摩根索来说，前提只是某人对权力的追求指向另一个人。无论这是发生在艺术领域还是政治领域本身（per se）都无关紧要。施米特的观点与此一致。①其次，两位思想家在批评自由主义时都使用了类似论述。摩根索或许借鉴了施米特的说法，他写道：

> 在 19 世纪自由主义的影响下，英美社会受到了某种哲学的强烈影响，有时甚至被这一哲学支配，这种哲学否认政治在诸种事物中的优先次序。政治作为利益冲突，通过权力斗争实现，但现在政治被视为一种短命的现象，一种贵族社会或资本主义社会的残余，暂时被推到一个被宪法保障隔开的角落，最终被彻底废除。②

最后，摩根索也赞同施米特对人性的负面看法。"生存、繁殖和支配的欲望为所有人类所共有。"

这种主张认为权力斗争具有普遍性，这同时也是他将国际政治界定为权力政治领域的基本论点。由于权力斗争是人类生活的一个基本特征，摩根索问道："国际政治必然是权力政治，这难道奇怪吗？"③ 在国际政治中，"没有任何形式的理性规章，暴力因此成为衡量一个国家地位的措施和手段"。④ 因此，在国际关系中，施米特的"例外状态"被定义为存在着冲突的情况，这已成为惯例。

---

① 在 *Der Begriff des Politischen* 一文中的 76 页，施米特写道："经济学的不同已成为政治的［事实］……表明政治可以从经济学和其他领域中理解。"

② Hans J. Morgenthau, *The Restoration of American Politics*, Chicago and London, 1962, p. 90.

③ Morgenthau, *Politics among Nations*, p. 35.

④ Morgenthau, *Die internationale Rechtspflege*, p. 77.

如果例外状态是国际政治的惯例，那么国际政治中的所有政治思想和行动指南都必须以国家的保存为目的导向。既然自我保存是通过权力来保证的，那么将国家利益与对权力的追求等同起来就有道理。通过权力最大化实现国家的自我保存成为所有国家、所有政治资源的核心价值和关键目标。摩根索写道：

> 在这个世界上，许多主权国家为争夺权力而相互竞争和对抗，所有国家的外交政策都必须以自己的生存作为最低要求。①

这就是他那一著名准则的根源："国际政治和所有政治一样，是一种权力斗争。"

国家领导人可能想要追求的所有可供选择的价值观，都服从于权力的最大化和自我保存的价值，倘若如此，摩根索就能够在他的分析中申明客观性。如上文所示，韦伯反对社会科学客观性的论点是，社会行为中追求的每一个目标都以相关人物的价值观为依据。对于所有这些不同的价值观，社会科学家既不了解也无法做出判断，因为价值观是超越科学把握的个人领域的一部分。

在摩根索的国际政治理论中，通过权力最大化实现国家的自我保存，是国际政治的根本定义中所包含的一种明确的、普遍的价值观念。国际体系中的一切行为都只为权力最大化的目的服务，以保证国家的生存。不同的人持有不同的价值观，诸如"什么是美好生活"这样的政治问题可以有各种不同解释，但与这类问题不同的是，国家自我保存则是一个根本的、普遍有效的存在性问题，只能有一种解释：国家要么生存，要么灭亡。两者之间没有余地。为了维系国家，国家领导人必须并将最大限度地利用国家权力。这样做符合他们自己的利益，因为国家保障他们的个人生存，就像保证社会的

---

① Hans J. Morgenthau, *Dilemmas of Politics*, Chicago and London, 1958, p. 66.

整体生存一样。正因为这些条件，关于社会事实的解释中的所有模糊性都消失了。①

就像国家领导人一样，社会科学家在面对自身生存利益时也不得不分享这一自我保存的最高价值。因此，既然社会科学家的分析与国家领导人的分析一样受相同价值的影响，而且现在只有一个可能的有价值的目的，所以分析具有客观性是可能的。

最后，还是有必要解释一下为什么摩根索在《国家间政治》中如此激烈地主张国家的保存。②

我认为答案在于他的道德观念及与之相伴的对国际政治本质的看法。摩根索相信普世道德价值的存在，认为"在明确的观念秩序下去维护永恒的道德伦理价值是当今人类精神的一种道德责任"，③但是，在以权力斗争为主导的无政府和暴力的国际体系中，没有利

---

① 对于这个运转逻辑，必须假定权利最大化是一个明确的过程，而且，国家领导人在履行公共职能期间，他们的所有行为一直要指向这个目标。摩根索对此表示沉默。但如果对这个可能性做出让步，即在国际政治中，国家领导人并不是所有行为均指向权利最大化的目标的话，那么问题就来了：社会科学家将如何区分哪些指向这个目标，哪些没有指向这个目标？这个两难处境，严重威胁了摩根索的国际政治理论和他的分析的客观性的主张。让我很奇怪的是，摩根索并未对此详述。但是，这不在我们本文研究的范围之内。

② 此处提及《国家间政治》很重要，因为摩根索的理论的国家中心性质在后面的著作中被削弱了。在写于 1958 年的 *Dilemmas of Politics* 中，他清楚地阐释了，国家的机构不是政治组织的一个永恒的历史表现，而是一个特定的历史表现："只要世界从政治上被组成为国家，那国家的利益就是国际政治的定论。"（p. 66）在 1970 年撰写的 "The Intellectual and Political Functions of Theory" 中，摩根索甚至对作为机构的国家进行了彻底的批评。他认为，在核时代国家将不再能充分保护它的子民。因此，一个新的政治组织需要建立。参 Hans J. Morgenthau, "The Intellectual and Political Functions of Theory", James Der Derian 编, *International Theory: Critical Investigations*, London, 1995。

③ Morgenthau, 'Kann in unserer Zeit eine objektive Moralordnung aufgestellt warden', p. 114. 引自 Fei, *Hans J. Morgenthau*, p. 187（我的翻译）。

他行为和道德生活的余地。这种生活只有在国家内部才有可能，因为制裁保证了对道德规范和法律的尊重。国家通过其为个人和社会提供的生存安全，形成了非道德世界中唯一的道德空间。然而，如果国家灭亡，这个道德领域也就消失了。因此，保存国家本身就是一种道德行为。

事实上，对摩根索来说，国家除了自身的自我保存之外，不允许追求任何其他目的，即使这只能通过不道德的手段来实现。在他的《捍卫国家利益》（*In Defense of the National Interest*）一书中，摩根索更加坚定地阐述了这一点：

> 最重要的是，永远记住，一个国家在与其他国家打交道时，遵循一个指导、一个思想标准、一个行为规范：**国家利益**。这不仅是一种政治需要，也是一种道德责任。[1]

如果政治行为遵循预定的目的，那么政治学又负责什么？在这一点上，摩根索有一个非常明确的见解：

> 那么，在我们这个时代，政治哲学的任务就是把政治的永恒真理应用于政治世界，以达到理解（understanding）政治世界和解决（solving）政治世界问题的双重目的。[2]

政治学就是扮演导师的角色，提醒国家领导人权力最大化的必要性，并设法摆脱对其他国家权力的"欲望"。总之，政治学的任务是帮助国家为生存而斗争。

---

[1] 引自 Sollner, "German Conservatism in America", p. 171.

[2] Morgenthau, *Restoration of American Politics*, p. 66（我的强调）。

结　论

本文力图实现两个相关的目的。首先，本文揭示了摩根索、韦伯和施米特之间的思想关联。通过仔细比较摩根索之前的思想家，就可以阐明那些遍布《国家间政治》中的教条主义、权力政治言论。其次，本文从他的社会科学概念和政治本质的逻辑出发，论证了摩根索对国际政治理论客观性的主张。

只要从例外状态的语境出发，也就是在国际体系中为国家自我保存而斗争的情况下来看，摩根索关于"政治"和国际政治的观点就有意义。除此之外就没什么可说，摩根索的观点没有为各国人民和国家之间的经济、文化、宗教或社会交流方面构建国际关系的一般理论。今天，众所周知，国际关系不仅仅是指国家之间的关系及其生存上的冲突。但对摩根索来说并不是这样。他从来不否认在社会内部和社会之间存在政治关系以外的关系，但最终，这些关系都服从于例外状态。这一点使摩根索能够断言，需要通过例外状态的逻辑来分析整个国际政治，因为例外状态要求穷极手段实现权力最大化。

摩根索的政治思想存在许多问题，这些问题也都引发了广泛的讨论。①然而，这些批评大多集中在摩根索理论的认识论和本体论上的不一致，而没有去寻找其哲学意义上的根基。这种宗谱体系启发读者把摩根索的思想解释为某个哲学连续体系的一部分，即二战前德国政治和社会思想的一部分，而不能孤立地理解。例如，20 世纪20 年代和30 年代，德国政治思想家中广为人知的一个观点是冲突构

---

① 参 George, *Discourses of Global Politics*,; Justin Rosenberg, *The Empire of Civil Society*：*A Critique of the Realist Theory of International Relations*, London, 1994.

成"政治"的本质，而且这一观点得到了广泛认同，部分原因在于施米特的影响。这解释了为什么摩根索不愿意为这件事的有力陈述提供细节说明。如前所述，对他来说，这种说明不仅是合理的，而且也是显而易见的选择。

摩根索长期以来一直被认为是一个美国实证主义传统中的理论家。本文通过展示他的作品如何试图将一个"典型的"欧洲权力及支配的哲学问题转接到一个被自由思想包围的美国政治体系中，进而引出对如此解读摩根索的怀疑。这些观念在被引入美国自由主义传统后又如何转变，则是值得进一步研究的问题。

译者单位：重庆师范大学继续教育学院

基金项目：国家社科基金"西方马克思主义视阈下'例外状态'社会治理及其应用前景研究"（17XKS016）阶段性成果。

旧文新刊

公羊榷論

徐　震　撰
潘　林　點校

　　下文八篇，明《公羊》之舊義，較董、何之新説，析家派之同異，辨是非之要歸，庶令《公羊》一家之學昭其本質，無使尊之者過其實，詆之者失其真焉。

　　中華民國十九年十月四日畢稿。越四日，武進徐震哲東父記。

題《公羊榷論》卷端

　　公羊氏之説《春秋》，事理多有違失，此由生於閭巷，不覩國史使然。要之所論限于人事，未嘗倡神道、箸圖讖也。觀其言"以《春秋》爲《春秋》"，① 但恨失于局狹，未嘗失於氾濫，如通三統、立五始、黜周王魯、爲漢制法諸説，皆陰陽家言。《公羊》尚不采摭

――――――――

　　① ［校按］語出《公羊傳》隱公元年。孔廣森《春秋公羊經傳通義》："以《春秋》之文，治《春秋》之事。"

羣經，豈有妄取陰陽家者？

大箸八篇，明董、何説皆非《公羊》本義，斯爲灼見癥結之言。自清道光以來，董、何之學，霧塞一世，得足下參伍比考，發見隱匿，真如排雲霧而見青天矣。

鄙人尚謂《左氏春秋》部袠重大，當時見之者希，而《鐸氏微》節略《左氏》，書少易傳，《吕覽》《韓非》徵引《左氏》，大氏多出于此。雖穀梁、公羊二子，蓋亦嘗窺其崖略矣。如改"矢魚"爲"觀魚"，"衛俘"爲"衛寶"，"大鹵"爲"大原"，是皆取《左氏傳》以改經，如漢儒"讀爲""當爲"之例。《公羊》稱"《春秋》伯、子、男一也"，義亦本諸《左氏》。如《内傳》云"在禮，卿不會公、侯，會伯、子、男可也"，①《外傳》云"伯、子、男有大夫無卿"，② 皆以伯、子、男爲一科，斯即《公羊》所取材者。若云文家五等、質家三等，豈徒非《公羊》意，亦并失《公羊》之語所自出矣。哲東心力精果，他日更能深求之否耶？

章炳麟。

攷源第一

《春秋公羊》之學，至漢景帝時始盛，漢以前授受淵源，鮮有言及之者。惟徐彦《公羊疏》《解詁序疏》。引戴宏説云："子夏傳與公羊高，高傳與其子平，平傳與其子敢，敢傳與其子壽。至漢景帝時，壽乃共弟子胡毋子都箸於竹帛。"如其説，則子都以前公羊家世世相承，別無他師傳，文中安得有子沈子、子女子等説耶？何休于隱二

---

① ［校按］語出《左傳》僖公二十九年。
② ［校按］語出《國語·魯語下》。

年"紀子帛、① 莒子盟于密"《傳》注云:"其説口授相傳,至漢公羊氏及弟子胡毋生等,乃始記於竹帛。"不言公羊氏受諸子夏,又不言公羊氏世世相承,亦不言公羊氏之名爲誰,則漢人所知公羊學淵源,止如是耳,戴説殆不足據也。

胡董第二

戴宏、何休皆言《公羊傳》至胡毋生始箸于竹帛,然《史記·儒林傳》云:"言《春秋》於齊則胡毋生,於趙則董仲舒。"猶云:"言《詩》于魯則申培公,于齊則轅固生,於燕則韓太傅。"皆區列分明,以見師承各別,家法不同也。《魯詩》《齊詩》《韓詩》既非一家,則其分叙胡、董兩家家法自別,亦猶《齊詩》《魯詩》《韓詩》之類耳。攷《漢書·儒林傳》云:"胡毋生治《公羊春秋》,爲景帝博士,與董仲舒同業,仲舒箸書稱其德。"亦以胡、董並言。惟徐彦《公羊解詁叙疏》云:"胡毋生本雖以《公羊》經傳傳授董氏,猶自別作條例,故何氏取之,以通《公羊》。"如徐彦説,董生乃胡毋生弟子矣。然與《史記》《漢書》皆不合,知徐説誤也。

胡、董既非一家,其《春秋》之傳宜各有書,何以戴宏、何休祇言胡毋生箸《傳》于帛,而不及仲舒耶?曰:"休固承胡毋氏之《傳》,其詳于本師宜也。"戴宏之師承,雖不可攷,要其推尊子都,謂其確得子夏之學,則亦承子都之傳者,亦獨詳本師耳。

胡毋生之弟子,在西漢時公孫弘最貴,其餘不見稱述。董生之學,一傳而爲嬴公,再傳而爲眭孟,三傳而爲嚴、顔。《漢書·儒林

---

① [校按]"紀子帛"從《左傳》,《公羊傳》《穀梁傳》作"紀子伯"。孔廣森《春秋公羊經傳通義》云:"《左氏》經作'子帛'者是,古文省'伯''帛'皆止爲'白',隸寫遂異耳。"

傳》及《公羊序疏》引鄭玄《六藝論》皆言嬴公之學出于仲舒，惟范曄《後漢書》謂"胡毋子都授嬴公"，與班、鄭皆不合。范氏在後，固不若班、鄭之確矣。自西漢中葉直至東漢之末，《公羊》博士大都承嚴、顏之《傳》。惟《後漢書·李育傳》言"育少習《春秋》"，而不著其爲嚴爲顏。《何休傳》云："與其師博士羊弼追述李育之意，以難二《傳》。"而何休《解詁序》又自言："略依胡毋生條例。"以此推之，李育、羊弼、何休皆承胡毋子都之學者，何休既承胡毋生之學，則其《公羊》經傳皆胡毋氏本也。嚴、顏之學既出于董生，則其《傳》亦源于董氏，此無可疑者。

今攷兩家《傳》文之異，如《春秋繁露·王道》篇"宋閔公矜婦人而心妬"一節，與今本《公羊》莊十二年《傳》文字有異。又《漢書·五行志》："隱三年二月己巳，日有食之。《公羊傳》曰：'食二日。'"《白虎通義》云："外屬小功已上不得娶，故《春秋傳》曰：'譏娶母黨也。'"孔廣森莊二十四年"夏公如齊逆女"注："《春秋》書娶者五，桓、宣皆娶于姜，桓母子氏，宣母熊氏，文公娶乎大夫，則非僖夫人之黨。得譏母黨，成、莊二公而已。未知《傳》文本在何篇內。"今本《公羊傳》皆無此文，則《漢志》及《白虎通》所引者，公羊家博士本也。臧琳《經義雜記》謂："《五行志》所引乃西漢儒說《公羊》之言。"臧氏誤也。如其說，不當直稱爲"《傳》曰"。又以《隸釋》所引《漢石經校記》與今本《公羊傳》相較，今本《公羊傳》與嚴、顏兩本並有異同，此足證今本《公羊傳》出于胡毋氏，故與嚴、顏本俱有不同也。惠棟《九經古義》以何休爲用嚴氏本，固非。近人王國維《觀堂集林·書〈春秋公羊傳〉①後》又謂何休兼用嚴、顏，"與鄭康成注《禮經》《論語》體例略同"。如王氏說，《解詁》中應有標明；即不然，《自序》中亦當言及。古人極重文字之異同，故有貨改蘭臺漆書之事。休若兼用兩家，不應無一語及之也。

---

① ［校按］據王國維《觀堂集林·藝林》原文，"春秋公羊傳"後脫"解詁"。

　　胡毋生箸定《公羊傳》外，尚有他書與否，已不可玫。何休《公羊解詁序》有"略依胡毋生條例"一語，胡毋生《傳》中不言撰有《公羊條例》一書，疑何氏所謂"條例"者，猶云義旨耳。又《公羊傳》中自有言《春秋條例》者，則用其傳本承其家學，因謂依其條例，亦無不可也。

　　然無論胡毋生有無他書，其所箸《公羊傳》獨存，先儒舊說在公羊家自必最可依據，凡《春秋繁露》中所言"三世""三統""災異""徵應"等說，《傳》中皆無有，則董生所自爲也。惟宣十五年"蟓生"適當"初稅畝"之後，故《傳》有云："上變古易常，應是而有天災，其諸則宜於此焉變矣。"原《傳》意謂適當變古易常之後而逢天災，則爲上者宜戒懼改過，"應"猶當也，此即畏天命之說，非謂天災必是變古易常所召。此仍主人事而言，與董、何之遠求事應，牽合五行者固絕異。假令胡毋生所聞舊說本已有之，何不箸之于《傳》？假令胡毋生雖爲此說，而猶不敢雜入《傳》中，則此諸說非公羊家先師所本有，亦可知矣。然則《春秋公羊》之學，固當以《傳》爲據也。

董學第三

　　董生之學具于《春秋繁露》。《繁露》中《五行相勝》篇，據五行相勝之義，推《春秋》某災爲某事之應，漢儒說《春秋》者多用之。然《春秋傳》中遇災異祇曰："何以書記災也？何以書記異也？"不言某災應某事、致某禍，如何與五行相勝合？則董生之說非公羊家所本有者矣。又戰國之世，孟、荀大儒皆不言五行災異之應，則非獨爲公羊家所無，亦儒者所不道也。《繁露》中又有數事與今本《公羊傳》義異。成六年"鄭伯費卒"，《繁露·竹林》篇說之曰："生不得稱子，去其義；死不得書葬，見其罪也。"今《公羊傳》無此文。又《繁露·滅國》篇下云：

曹伯之所以戰死於位，諸侯莫①憂者，幽之會，齊桓數合諸侯，曹小，未嘗來也。

今《公羊傳》莊二十四年："戎侵曹，曹羈出奔陳。"《傳》中無一語同于董義。凡此不見于《傳》者，不識董生《傳》文固有出于胡毋氏本之外者歟？將董生之説，乃由推求得之歟？《玉英》篇云："桓之志無王，故不書王。"今本《公羊傳》無此説，《穀梁》桓元年、二年、十年《傳》皆有之。《繁露·王道》篇云：

天王伐鄭，譏親也；會王世子，譏微也；祭公來逆王后，譏失禮也。

皆與《公羊傳》説不合。《穀梁》于桓五年"蔡人、衛人、陳人從王伐鄭"，《傳》云：

鄭，同姓之國也，在乎冀州，於是不服，爲天子病矣。

則董生所謂"伐鄭譏親"者，謂譏親者叛離之意，與《穀梁》合也。凌曙《繁露注》謂征伐當由方伯，譏天子親征。此説非董意。《王制》有"天子出征"之文，則天子自可親征，不必皆委諸方伯。董生之説當以《穀梁傳》解之，方有合也。《穀梁》于僖五年"會王世子"，兩言"天子微"，于桓八年"祭公來逆王后"，言"不正其以宗②之大事即謀于我"，皆與董説合。《玉杯》篇謂許止不嘗藥，故加之弑父之名，與昭十九年《公羊傳》謂"許止進藥而藥殺"異，與《穀梁傳》同。《王道》篇謂"召衛侯不能致"，與桓十六年《公羊傳》謂"不能使衛小衆"異，與《穀梁傳》言"天子召而不往"同。

---

① ［校按］據《春秋繁露》原文，"莫"後脱"助"字。
② ［校按］據《春秋穀梁傳》原文，"宗"後脱"廟"字。

凡此異于《公羊》而同于《穀梁》者，不識《傳》文有異歟？將采《穀梁》説以自益歟？仲舒與《穀梁》大師瑕丘江公同爲博士，又曾與之辨論于漢武之前，則仲舒自得聞《穀梁》説。夫仲舒既能合陰陽家于儒，何必不可采《穀梁》説以自益？既可推某災爲某事之應，何必不可在《傳》文之外別出己見，以發新義？由是可知，凡上所引與《傳》異者，皆非公羊家舊説，並可證三世三統亦皆董生所創，而非公羊家舊説也。

何學第四

何休《公羊解詁》有與《繁露》不同者，有與博士説不同者。成六年"鄭伯費卒"，《繁露·竹林》篇曰："生不得稱子，去其義；死不得書葬，見其罪也。"何注則曰："不書葬者，爲中國諱。"哀四年"蒲社災"，《繁露·王道》篇以蒲社爲殷社，何注則以爲"先世之亡國在魯竟"者。哀八年"吳伐我"、十一年春"齊國書帥師伐我"，《繁露·奉本》篇言："魯無鄙疆，諸侯之伐哀者皆言我。"何休于十一年事無注，于八年"吳伐我"注云："不言鄙者，起圍魯也；不言圍者，諱使若伐而去矣。"此與《繁露》不同者也。

《五經異義》引《公羊》説"天子駕六"見《毛詩·干旄》、《尚書·五子之歌》、《禮記》卷七、《檀弓》各疏中所引，而何注隱元年"乘馬、束帛"《傳》，謂"大夫以上至天子皆乘四〔馬〕"。又《白虎通·爵》篇説《春秋》"元年春公即位"曰："王者改元，即事天地；諸侯改元，即事社稷。"《白虎通》説《春秋》多用《公羊》義，則此亦公羊家博士説。今何注隱元年，《傳》云：

惟王者然後改元立號。《春秋》託新王受命于魯，故因以録即位，明王者當繼體①奉元。

是何氏謂諸侯無改元也，此與博士不同者也。

凡此不知何氏本於胡毋子都舊説歟？抑以意推説者歟？攷後漢
學風，經師號稱承某氏學者，往往止用其經傳本耳，義説多由自爲。
如馬融、荀爽于費氏《易》，鄭玄于孔氏《書》，皆是也。休生當其
時，固宜與之同術。且范氏《後漢書》又稱休“經緯典謨，不與
守文同説”。今觀《解詁》中隱三年“宋公和卒”注，則全用
《左傳》之文；昭三十一年“季孫隱如會晉荀櫟于適歷”注，則取
《左氏》之意；成元年“作丘甲”注，則兼取《穀梁》之意；定
十年“公會齊侯于頰谷”注，則采自《晏子春秋》：斯宜公羊家先
師所無者。由此可見，何氏固非能篤守師説。所謂“略依胡毋生
條例”者，或止用其經傳，如馬、荀之于費氏《易》，鄭玄之於孔
氏《書》耳。縱令胡毋氏説或有存於何氏《解詁》中，亦不得謂
何氏之《解詁》悉本于胡毋子都也。

何休《解詁》中言三世三統、黜周王魯，更詳于仲舒；其説陰
陽災異、引用緯候圖讖，亦更繁于仲舒。夫仲舒好采他家之學以自
益，又與胡毋生同爲博士，親接議論，如果胡毋之説詳若何休，董
生不應反多疏略。然則即令胡毋之説同於仲舒，亦止當如《繁露》
所言，必不能如何休之詳密繁瑣也。治《公羊》者，當知何休之學
有異於董，亦非盡得于胡毋子都。

何休《解詁》之失，雜采讖緯，侈言神怪，且不論其拘曲可笑
者。如莊十六年“邾婁子克卒”，何注云：“小國未嘗卒而卒者，慕
霸者有尊天子之心，行進也。不日，始與霸者，未如瑣。”莊二十八
年夏四月丁未“邾婁子瑣卒”，何注云：“日者，附從霸者，朝天子

---

① ［校按］據阮刻《春秋公羊傳注疏》，“體”當作“天”。

行進。”攷莊十三年齊桓爲北杏之會，郳人與焉。自莊十六年至二十八年間，凡齊侯會盟，郳皆不與。邵公何所據而謂克不及琪，豈非欲曲成其日卒與不日卒之例，作此無稽之談耶？

非獨此也，邵公於《傳》之文辭，且有未能明了之處。如叔術妻嫂事，孔廣森已譏其違反《傳》意矣。見《公羊通義序》。又如襄二十七年，“衛殺其大夫甯喜，衛侯之弟鱄出奔晉”事，《傳》述甯喜之言曰：“無所用盟，請使公子鱄約之。”述獻公之言曰：

> 甯氏將納我，吾欲與之盟。其言曰：“無所用盟，請使公子鱄約之。”子固爲我與之約矣。

述公子鱄之辭則曰：“夫負羈縶，執鐵鑕，從君東西南北，則是臣僕庶孽之事也。”觀此《傳》文，明明謂公子鱄從衛侯于外者，而《解詁》云“刺鱄兄爲强臣所逐，既不能救，又移心事剽，背爲姦約”，則邵公竟誤以爲甯喜使鱄約公，故以鱄爲在國內曾事剽，又背剽爲姦約矣。其與注叔術妻嫂違反《傳》義正復相同，謬誤錯出，隨處可見。而劉逢禄等猶奉何氏《解詁》若金科玉律，抑若真本於胡毋語，語皆有自來，不亦惑乎？

三世第五

《公羊傳》中言“所見異辭，所聞異辭，所傳聞異辭”者，一見于隱元年“公子益師卒”《傳》，《傳》曰：“何以不日？遠也。所見異辭，所聞異辭，所傳聞異辭。”其意謂時之遠近不同，故史之詳略有異。孔子筆削，雖出己意，而文則因乎舊史；舊史所略，孔子無由詳之。故曰“其文則史”，“吾猶及史之闕文也”。大夫之卒，例皆書日，而隱公之大夫有不書日者三人，時遠而史有闕略，《傳》意止如是耳。此遠近異辭之一義也。

又见於桓二年"公會齊侯、鄭伯於稷，以成宋亂"《傳》，《傳》曰："内大惡諱，此其目言之何？遠也。所見異辭，所聞異辭，所傳聞異辭。隱亦遠矣，曷爲爲隱諱？隱賢而桓賤也。"此謂《春秋》通例，時遠則辭顯，時近則辭微，然亦不可執一端而論，由尚有賢否之辨，此遠近異辭之又一義也。

又见于哀十四年"西狩獲麟"《傳》，《傳》曰："《春秋》何以始乎隱？祖之所逮聞也。所見異辭，所聞異辭，所傳聞異辭。何以終乎哀？曰：備矣。"此明《春秋》始于隱，終乎哀，事則聞見可徵，義則理道已備云爾。凡《傳》之所謂聞見異辭，即文自明，並無畫定之時期，亦無膠滯之條例。

及至《繁露·楚莊王》篇乃云：

> 有見三世，有聞四世，有傳聞五世。故哀、定、昭，君子之所見也；襄、成、宣、文，君子之所聞也；僖、閔、莊、桓、隱，君子之所傳聞也。於所見微其辭，于所聞痛其禍，于所傳聞殺其恩，與情俱也。是故逐季氏而言又雩，微其辭也。子赤殺，弗忍言日，痛其禍也。子般殺而書乙未，殺其恩也。

夫《公羊》一傳，其中所載前師之説亦多矣，其去孔子之世亦遠矣。既已無所避忌，何爲不可明白言之？既可明白言之，《傳》中所引諸師之説，奈何無一語及三世之義，而徒載此隱約之文乎？然則董子以前，無有以所見異辭云云爲當三世者，亦已審矣。且《公羊傳》云"定、哀多微辭"，使如董子説，《傳》胡不曰"昭、定、哀多微辭"乎？且如隱公被獲于鄭，而以"渝平"爲言隱諱深微，①

---

① ［校按］見《春秋公羊傳》隱公六年，《經》曰："春，鄭人來，輸平。"《傳》曰："輸平者何？輸平猶墮成也。……狐壤之戰，隱公獲焉。然則何以不言戰？諱獲也。""輸平"，《左傳》經文作"渝平"，《傳》曰："更成也。"

不下于"又雩",① 何必所見之世而後微其辭乎？渝平之説，《公羊傳》
誤，已于《三傳平義》中詳之。惟董氏既據《公羊》，則固當用《公羊》之義
以相稽。此爲破董説而設，非《春秋》之諦解。董生三世之説，又何以自
解耶？然董生之言三世猶止是耳。

至乎何休則條例滋多，其説三世云：

> 於所見之世，恩己與父之臣尤深，大夫卒，有罪無罪，皆
> 日録之，"丙申，季孫隱如卒"是也；于所聞之世，王父之臣恩
> 少殺，大夫卒，無罪者日録，有罪者不日，略之，"叔孫得臣
> 卒"是也；於所傳聞之世，高祖、曾祖之臣恩淺，大夫卒，有
> 罪無罪皆不日，略之也，"公子益師卒、無駭卒"是也。②

今即何説以攷之，《春秋》自隱至僖，大夫卒者七人，惟隱公時
益師、無駭及俠卒皆不日，其餘四人皆日，明不日者時，遠史多闕
略也。何休爲回護三世之例，乃于隱五年公子彄卒，莊三十二年公
子牙卒，僖十六年公子季友卒、公孫茲③卒，無不強生曲説。果如
是，《傳》于此日卒之四大夫，何以絶無一言以明日卒之義乎？且何
休以所聞世大夫有罪者不日，今攷文、宣、成、襄之世，僅有一叔孫
得臣不日，而其罪又不箸，《傳》亦不言其有罪。何休乃曲爲之説曰：

> 知公子遂欲弑君，爲人臣知賊而不言，明當誅。

此絶無根據之辭也。若然，仲遂之卒，何以反得書日？如謂仲
遂適因有事于太廟，而得書日，則公孫敖亦有罪矣，何以亦得書日？

---

① ［校按］見《春秋》昭公二十五年，《經》曰："秋七月上辛，大雩。
季辛，又雩。"《傳》曰："又雩者何？又雩者，非雩也，聚衆以逐季氏也。"
② ［校按］本段出《春秋公羊傳》隱公元年何休解詁。
③ ［校按］"茲"字從《左傳》《穀梁傳》，《公羊傳》作"慈"。

何氏附會三世之例，隨處牴牾，如此安可信乎！

何氏又云：

> 於所傳聞之世，見治起於衰亂之中，用心尚麤糲。故內其
> 國而外諸夏，先詳內而後治外，録大略小，内小惡書，外小惡
> 不書，大國有大夫，小國略稱人，内離會書，外離會不書是也。
> 於所聞之世，見治昇平，内諸夏，外夷狄，書外離會，小國有
> 大夫，宣十一年秋"晉會狄于欑函"，① 襄二十三年"邾婁劓②
> 我來奔"是也。至所見之世，箸治太平，夷狄進至於爵，天下
> 遠近大小若一，用心尤深而詳。故崇仁義，譏二名，晉魏曼多、
> 仲孫何忌是也。③

今攷《公羊》成十五年《傳》曰：

> 《春秋》内其國而外諸夏，内諸夏而外夷狄。王者欲一乎天
> 下，曷爲以内外之辭言之？言自近者始也。

此言《春秋》見治平之理，無時不然，無世不然。果如何氏説，
畫某公至某公世爲"内其國而外諸夏"，某公至某公世爲"内諸夏而
外夷狄"，某公至某公世爲"夷狄進至于爵"，則《傳》辭不當如是疏
略矣。且《傳》果以此與見聞異辭互明，則何不相承言之乎？

不寧唯是，又有與經、傳顯相背戾者。如隱二年書"紀履緰來
逆女"、八年書"鄭伯使宛來歸祊"、④ 桓十四年書"鄭伯使其弟語來

---

① ［校按］ "欑"，阮刻《春秋公羊傳注疏》作"槜"或"攢"，音
"欑"。

② ［校按］據《春秋公羊傳注疏》阮校記，"劓"當作"鼻"。

③ ［校按］本段出《春秋公羊傳》隱公元年何休解詁。

④ ［校按］"祊"字從《左傳》，《公羊傳》《穀梁傳》作"邴"。

盟"、莊二十七年書"莒慶來逆叔姬",紀、鄭、莒非小國乎?隱、桓、莊非傳聞世乎?而《春秋》皆書其大夫,此與經不合者也。昭二十三年《傳》曰:"不與夷狄之主中國。"哀十三年《傳》又曰:"不與夷狄之主中國。"昭與哀皆所見世也,依何休説,天下遠近大小若一,則《傳》不當猶存夷狄、中國之界矣,此與《傳》不合者也。

是故三世之時期定而《春秋》之義滯,三世之條例多而《公羊》之蔽深,以何較董,愈後而愈詳,愈詳而愈乖,將欲決滯而解蔽,則三世之誤不可不辨也。

三統第六

三統之説亦不見於《公羊》本傳,《繁露·三代改制質文》篇始言之,云:

> 《春秋》曰"杞伯來朝",王者之後稱公,杞何以稱伯?《春秋》上黜夏,下存殷,[①] 以《春秋》當新王。《春秋》當新王者奈何?曰:王者之法必正號,絀王謂之帝,封其後以小國,使奉祀之。下存二王之後以大國,使服其服,行其禮樂,稱客而朝。故同時稱帝者五,稱王者三,所以昭五端、通三統也。是故周人之王,尚推神農爲九皇,而改號軒轅,謂之黃帝,因存帝顓頊、帝嚳、帝堯之帝號,絀虞而號舜曰帝舜,録五帝以小國。下存禹之後於杞,存湯之後於宋,以方百里爵稱公。皆使服其服,行其禮樂,稱先王客而朝。《春秋》作新王之事,變周之制,當正黑統,而殷周爲王者之後,絀夏改號禹謂之帝,録其後以小國,故曰絀夏存周,以《春秋》當新王。不以杞侯,

---

① [校按]據《春秋繁露》原文及後文,"殷"當作"周"。

弗同王者之後也。稱子又稱伯何？見殊之小國也。

按，《小戴記》孔子論三代之制，各有去取之文，則不得云變周用夏，當正黑統。據《論語》言"吾從周"，云"文王既没，文不在茲乎"之文，則孔子於時制即以爲有當變革者，亦從周者多，用先代者少，不得謂之變周用夏。據《中庸》言"祖述堯舜，憲章文武"，《公羊》哀十四年《傳》言"樂堯舜之道"，則孔子上祖堯舜，下本周制，無三統循環固滯之説。據《尚書序》稱"禹"曰"大禹"，曰"禹"，不稱曰"帝禹"，則董生"紬夏號禹謂之帝"，其説爲無根矣。《史記》雖有帝禹之稱，而殷代諸君亦多稱帝，不當謂紬王稱帝出于孔子，又足徵儒家本無此義，而仲舒創爲之也。

又《繁露·爵國》篇云：

> 《傳》曰："天子三公稱公，王者之後稱公，其餘大國稱侯，小國稱伯、子、男。"凡五等。故周爵五等，士三品，文多而實少。《春秋》三等，合伯、子、男爲一爵，士二品，文少而實多。

按，《孟子》固長於《春秋》者，其言云："天子一位，公一位，侯一位，伯一位，子、男同一位。"與仲舒《春秋》爵三等不合，則《春秋》非有制爵三等之説也。又《繁露》所引《公羊傳》文見隱五年《傳》，《傳》意不過謂伯、子、男同爲小國耳。桓十一年《公羊傳》云："《春秋》伯、子、男一也。"謂其貴賤不甚懸殊耳，不當附會謂變五等爲三等也。觀夫秦、楚、吳同爲夷狄之國，秦爵爲伯，而吳、楚爲子，則周制以伯、子同爵，夷狄固已視若同等，又非《春秋》變周從殷，始以伯、子、男爲一等也。

至何休《解詁》，言三統者尤瑣而多曲説。如隱三年春王二月注云：

> 二月、三月皆有王者。二月，殷之正月也。三月，夏之正

月也。王者存二王之後，使統其正朔。

按，隱元年《傳》曰："王者孰謂？謂文王也。"如以二月、三月之王爲斥殷夏之王，則隱三年"王二月"下，公羊宜發《傳》以明之，見其異於正月之王專指文王。今公羊不別發傳，知《公羊》之義，凡稱王二月、王三月者，義亦同於正月，謂周制之二月、三月，非夏殷之二月、三月也。何説附會三統非《傳》意，則《傳》無三統之義也。莊二十七年《傳》注云："杞，夏後，不稱公者，《春秋》黜杞，新周而故宋，以《春秋》當新王。"僖二十三年注：

> 始見稱伯，卒稱子者，微弱爲徐、莒所脅，不能死位。《春秋》伯、子、男一也，辭無所貶。貶稱子者，《春秋》黜杞不明，故以其一等貶之，明本非伯，乃公也。

按，既云"《春秋》伯、子、男一也"，又以爲子降於伯，自相牴牾，灼然可見，猶欲曲爲回護，故語愈支而義愈不可通也。哀十四年春"西狩獲麟"注："河陽冬言狩，獲麟春言狩者，蓋据魯變周之春以爲冬，去周之正而行夏之時。"按，桓四年春正月"公狩于郎"，《傳》曰："常事不書，此何以書？譏。何譏爾？譏遠也。"桓八年春己卯烝，《傳》曰："常事不書，此何以書？譏。何譏爾？譏亟也。"此類之文如皆爲見用夏正，《傳》何不一發之，而轉以譏遠譏亟爲説乎？且桓八年五月丁丑烝，春祭稱烝，或可云用夏變周，夏祭稱烝，又作何解？是知《春秋》以不時之名書者，所以貶行不當禮，其例甚明，不當附會以爲用夏變周，曲成三統之説也。

何休之説已謬誤如是，至劉逢禄益張皇其詞。謂《易》終《未濟》，志商之亡；謂《書》終《秦誓》，《詩》終《商頌》，一傷周之不可復，一示周之可興《公羊釋例·張三世》篇；謂孔子告顏淵問爲邦，通三統而治道乃備，謂次《王》於《風》，終以三《頌》，爲新周故宋，"以《魯頌》當夏而爲新王"《公羊釋例·通三統》篇；謂孔子序《書》存《秦誓》、删《詩》列《秦風》，明代周者秦《公羊釋例·秦楚吳進黜表》。

按，《易》終《未濟》，《序卦傳》釋之云"物不可窮也"，則無與於商亡矣。《公羊》言《春秋》賢穆公，以爲能改過，《荀子·大略篇》亦有是説，則孔子采《秦誓》義止如此，豈不明白可據？言孔子知秦將代周者，惟緯書耳。不據《公羊》本傳及《荀子》，而用緯書之説，寧非大愚？《春秋》示是非之準、輕重之權，所辨者在理義，《論語》記孔子告顏淵爲邦之語，多屬制度之末節，何得曲加附會？且孔子之言既兼取三代，與變周用夏又不相容，則引《論語》此説適足以自破，何得反引之以證成三統之義？《豳》爲西周之謳，《王》爲東周之謳，列《王》於《風》以見國俗，不足爲黜周之證。魯、宋在春秋諸國中，文物最盛，《左傳》載范宣子言："諸侯於宋、魯，於是乎觀禮。"故二邦皆有《頌》，則孔子序《詩》固當采列之耳。若夫先魯於宋，尊本國也，猶次周後則尊周也，安在其爲當夏而爲新王乎？凡近世公羊家之説，愈演愈支離，愈後愈穿鑿，視《公羊》如圖錄，等五經於射覆，則是三統之説階之屬也，是又不得不辨也。

託王第七

昔孟子論《春秋》曰："《春秋》，天子之事也。"《史記》載董生之説曰："孔子知言之不用、道之不行也，是非二百四十二年之中，以爲天下儀表，貶天子，退諸侯，討大夫，以達王事而已矣。"子曰："我欲載之空言，不如見之於行事之深切著明也。"司馬遷申之曰：

　　夫《春秋》，上明三王之道，下辨人事之紀，別嫌疑，明是非，定猶豫，善善惡惡，賢賢賤不肖，存亡國，繼絕世，補敝起廢，王道之大者也。

　　其意謂《春秋》用治道以正當世之事，即行事以明褒貶之義，制王者所當循之法，以王者之道繩王，以諸侯之道繩諸侯，以大夫之道繩大夫，於所是所非，所褒所貶，或原心以定功罪，或據禮以明善惡，或一事而是非兼存，或一文而善惡互見，以示理之極致、義之微權，而一歸於仁。故孔子曰："吾因其行事，而加乎王心焉。"見《春秋繁露・俞序》篇引。言《春秋》之道，乃王道也。孟子所謂"《春秋》，天子之事"，義止如此。即董生所云"達王事"，史遷所謂"王道之大者"，引申孟子之說，亦甚善也。

　　惜乎董生不肯如是而止，必欲穿鑿推求，附會書法，則不可通矣。譬人有聖德，謂其德行堪爲王者可也，遂欲并其一舉一動，以爲悉合於王者之行事，則豈非誣妄之尤？今孔子據魯史以明治道，謂循道足以平天下可也，遂欲於文辭中一支一節求其託王之跡，則亦適成其誣妄耳。觀《繁露・奉本》篇云："魯無鄙疆，諸侯伐哀者皆言我。"以爲即《春秋》託王於魯，見道化之大行。然定七年、八年齊兩伐魯，皆言西鄙，依三世爲說，定、哀皆在所見世，何以書法又不合乎？夫三世誠不足信，而於書法中附會，託王於魯，亦無徵不信。兩皆不足信，而復自爲矛盾，益足見仲舒三世、三統、託王等義，亦未能自圓其說也。

　　何休本仲舒託王之說，附會《傳》義者觸處皆是，辨不勝辨。姑就數事論之。如隱元年《傳》注云："《春秋》王魯，託隱公以爲始受命王，因儀父先與隱公盟，可假以見褒賞之法，故云爾。"又隱七年《傳》注云："《春秋》王魯，託隱公以爲始受命王，滕子先朝隱公，《春秋》褒之以禮，嗣子得以其禮祭，故稱侯見其義。"又隱十一年《傳》注云：

称侯者，《春秋》託隱公以爲始受命王，滕、薛先朝隱公，故褒之。已於儀父見法，復出滕、薛者，儀父盟功淺，滕、薛朝功大，宿與微者盟功尤小，起行之當各有差也。

若然，《春秋》既以褒儀父，進滕、薛，明託王於魯之義，則《傳》何不於仲子之祭，見天子當用八佾之義，而反以見僭諸公之義？如曰"雖託王於魯，不以名號假魯"此包慎言《春秋》王魯論之意，則滕、薛因朝可進其爵矣，何爲又以名號假魯，如是之甚？夫滕侯朝魯在隱十一年，而隱七年經已有"滕侯卒"，明滕本侯爵，後降稱子耳，非以朝魯而《春秋》進之也。如《春秋》進之爲侯，則於隱七年滕侯之卒，正宜箸其爲子，以見由朝魯之故，進而稱侯，不當於未朝之時，先進其爵也。且《春秋》爲據魯史耶？爲據滕史耶？若據滕史，何休說或猶可解；既據魯史，則滕以見褒得以禮祭，非《春秋》所當詳也。然則如何休說，即文理亦不可通，胡論其他！

董、何之後，清人劉逢禄又爲之辭曰：

《春秋》之託王至廣，稱號名義仍繫於周，挫强扶弱常繫於二伯，何嘗真黜周哉！郊禘之事，《春秋》可以垂法，而魯之僭則大惡也。就十二公論之，桓、宣之弑君宜誅，昭之出奔宜絕，定之盜國宜絕，隱之獲歸宜絕，莊之通讎外淫宜絕，閔之見弑宜絕，僖之僭王禮、縱季姬禍鄫子，文之逆祀、喪娶、不奉朔，成、襄之盜天牲，哀之獲諸侯、虛中國，以事强吳，雖非誅絕，而免於《春秋》之貶黜者鮮矣。何嘗真王魯哉！吾故曰：《春秋》者，火也。魯與天王、諸侯皆薪蒸之屬，可以宣火之明，而無與於火之德也。見《公羊釋例·通三統》篇。①

---

① ［校按］本段出《劉禮部集·釋三科例·通三統》；又見《春秋公羊經何氏釋例·王魯例》，但内容稍異。

如劉氏説，則周仍爲王，魯仍爲諸侯，《春秋》因其行事，褒善貶惡，崇是黜非，各於其當以顯理義之準的，奚不可者，何必多一託王之説，自滋紛擾乎？然則劉説雖巧，終亦無裨於託王矣。夫託王之説，未嘗一見於本傳，而爲《公羊》之學者惑於董、何，曲爲回護，曼辭飾説，而卒不可通如此，學者亦可辨其是非矣。

原傳第八

公羊舊説存乎《傳》，故胡、董異派，而《傳》猶多相合。凡《傳》之所無，而《繁露》言之者，董氏之所加也；董氏所未詳暢，而何氏備言之者，何氏之所加也。明乎董、何之説不盡合於《傳》，而後《傳》之本真顯；《傳》之本真顯，而後公羊家舊義可得而尋。

吾於董學何學三世、三統、託王諸篇，既考論之矣，雖然，《傳》之説能盡得《春秋》之義乎？治《春秋》者據《公羊》一家之學，遂爲已足乎？此又不然也。按，《公羊傳》中，有言無聞者，如隱二年“紀子伯、莒子盟於密”《傳》、文十四年“宋子哀來奔”《傳》是也；有用兩説者，成元年“王師敗績於貿戎”《傳》是也；有用疑詞者，桓九年“曹世子來朝”《傳》、閔元年“齊仲孫來”《傳》、襄二年“葬我小君齊姜”《傳》是也；有引諸家之説，稱爲某子曰者，如僖五年、二十年、二十四年之引魯子，文四年之引高子是也；有稱之曰子某子者，如隱十一年之子沈子、桓六年之子公羊子、閔元年之子女子是也。《傳》以公羊名，而於公羊氏稱子公羊子，則凡稱子某子者，其本師也；僅稱某子曰者，非本師也。由是可知胡毋生、董生所箸於竹帛之《傳》，雖皆出於公羊氏，而公羊以前，師師相授，遞有加益，又復旁采他家之義，傳説譌誤，亦所不免。故《公羊傳》文雖有古義存焉，亦未可謂盡是也。如文九年冬“楚子使椒來聘”，《傳》云：“楚無大夫，此何以書？始有大夫也。”

然僖二十年①冬，經已有"楚人使宜申來獻捷"之文矣。此謬誤之顯然者，足徵《傳》亦未可盡從。是故謂董、何之説盡合《公羊》之義不可也，據公羊之《傳》遂欲以明《春秋》亦不可也。此通方之士所以必兼綜三《傳》也。

原載《國學論衡》1935 年第七、八期

---

① ［校按］據阮刻《春秋公羊傳注疏》，"僖二十年"當作"僖二十一年"。

评　论

置身古代的现代人

——格林《马其顿的亚历山大》简评

陈 彦 撰

1969 年，受魏登菲尔德和尼科尔森（Weidenfeld and Nicholson）出版社所托，格林（Peter Green）（得克萨斯大学奥斯汀分校荣休教授，古典学家）开始为该社策划的一套名人传记系列（包括恺撒、尼禄等）撰写一部亚历山大的新传记。携带古典史家的资料笔记和相关基础文献，格林来到一座当时依然人迹罕至的希腊岛屿，沉浸于一段现代人的幽思怀古中。

翌年，该书第一版出版，作为一本 coffee table book，删去了繁琐但必要的学术注释，附以"版面豪华"①的畅销设计，成为当时的畅销书。之后历经数载，几经还原、增订（1991 年修订第二版、2012 年第三版），终于呈现为如今由"后浪出版公司"策划翻译所

---

① C. L. Murison, "Short Reviews", in *Phoenix*, No. 2 (Summer, 1971), Vol. 25, p. 194.

基于的更为完善而优良的亚历山大传记版本。

忽略外部的出版因素，格林的写作本身无疑基于严谨的学术探究（尤其该书第二版的修订），但由于他同时以"作家"自诩（多有从事传记文学、报刊评论的写作），这种"跨界身份"不经意间也给这部"基于文本的史学尝试"的严肃作品招致了来自学界的可能的质疑。穆里森（C. L. Murison）在1970年该书第一次出版时就曾批评："不可避免，不能期待这样的书能经受住细节的精审。"（同上）

但是，或许一个并非完全牵强附会的辩护是：穆里森似乎忘记了一个亘古的"传记体"传统。古罗马传记体的开创者普鲁塔克就认为：人物"微不足道的行动、言辞和玩笑"，远胜过对"那些最著名成就"的考古辨析，能更好地刻画"人物灵魂的表征"，以达到"阐释美德和邪恶"的效果。[1]

历史细节的微雕甚或想象性的虚构，往往能更好地服务于一种被现代学术遗忘的史撰传统：那探达并塑造灵魂的"修辞家"。[2] 显然，精通古典史学和文学的格林深谙这一古典修辞学的奥秘，尽管该书或有"基于常识而非学术论证或共识"的描绘，但它通过宏观历史的考据和微观细节的联想达到了整体拼接的效果，不负博尔扎（Eugene N. Borza）的赞誉：此书堪称至今"对这位著名国王的最博学、最优美全面的现代评述"（页3）。此外，博尔扎还评论说，格林这种博学而优美的创作属于19世纪格罗特（Grote）、德罗伊森

① 格林，《马其顿的亚历山大》，詹瑜松译，北京：民主与建设出版社，2018，页4（以下随文注页码）。

② 对西方传记体及修辞关系的介绍，可参见林国华那篇出色的"史撰目录学"式的作品：《历史，没有灵魂的书写？》，见氏著，《诗歌与历史：政治哲学的古典风格》，上海三联书店/华东师范大学出版社，2005，页227-246。

（Droysen）、贺伽特（Hogart）等人的史撰传统，可谓点睛之论。①

亚历山大形象

其实，自亚历山大去世约三个世纪之后，他的相关传记作品才陆续出现，并且内容上或有扞格，这不仅源自史料真伪的杂多难辨，同时，也出于史撰者各自所处的"时代精神"的不同。古罗马帝国初期的希腊语史家阿里安（Arrian）曾说过：

> 事实上还没有一个人物像他（亚历山大）那样被这么多史家记述，而所记内容又这么不一致。②

这话或堪称亚历山大历代传记"书写史"的判词。

有关亚历山大生平事迹的史料，可简要归纳为两类源头：史撰（history）和传奇（legendary）。在此，我们简单回顾下这两种早期史料的来源：自亚历山大去世三、四个世纪后，一些今天我们主要采纳的源头性史料作品才陆续产生。尽管我们得知，最早的时候，亚历山大本人就有意在其远征途中，保留那些原始的或"粉饰"的行军记录。

但是，连同亚历山大的部将即后来的托勒密一世、亚里士多德的侄子卡里斯忒涅斯，以及同时代的诸如阿里斯托伯罗斯、卡瑞斯、奥涅斯克瑞托斯等人的回忆一起，这些"一手或准一手"材料都湮没在了历史的乱葬岗，只存片段或部分被采信于三个世纪后的狄奥多罗斯的《史籍》（*Bibliotheca historica*），四个世纪后普鲁塔克的

---

① Eugene N. Borza, *Classical Philology*, No. 2（Apr., 1973）, Vol. 68, p. . 139.

② 阿里安，《亚历山大远征记》，李活译，北京：商务印书馆，2004，页11。

《对比名人列传》（*Parallel Lives*）、《伦语》（*Moralia*）和约五个世纪后的阿里安的《亚历山大远征记》（*Alexandri anabasis*）等作品中。这些"吉光片羽"同托名卡里斯特涅斯（Pseudo‑Callisthenes）的传奇叙事、儒福斯（Quintus Curtius Rufus）等人的传记作品一道，构成了后人对"亚历山大形象"诸多想象的史料源头。[①]

随之而来的是"亚历山大形象"的变迁。如今，我们已习惯将亚历山大看作一位希腊半神式的英雄人物，其实，自亚历山大死后相当长的一段时间内，他仅被看作一个暴虐的侵略者和独裁者，"只会用暴力将自己的意志强加在他人头上"（页396）。据说，这种观念之深入人心，不仅绵延数万英里的"东方化"世界，连希腊本土也分享了这种看法。如当亚历山大死讯传到雅典时，演说家德马德斯（Demades）高声向民众说道：

> 亚历山大死了？不可能；要是那样整个大地就会散发出他尸体的臭味。（页396）

虽然古代世界一度试图恢复其"巨人、半神或者超乎凡人的传奇"形象，但正如格林所言："我们如今知道，在后世希腊化时代，他并不受欢迎。"（页397）

在中世纪漫长的希伯来传统中，通过诸如"圣经注疏"和"犹太律法"中的刻画，如《塔木德》3Ib‑32a，《米德拉什》以及《但以理书》7：8‑11、8：3‑26、11：1和《马喀比书》上1：10等，"亚历山大形象"作为异教的希腊王权和世界统治者的面向，部分得到了"恢复"。追溯犹太拉比们的工作始因，据说，他们看重的

---

① 对于亚历山大传记在古典时期（从马其顿到希腊化时期）的作品分类，可参考陈恒"亚历山大史料的五种传统"，见《史学理论研究》，第2期，2007，页65。

其实是通过比对亚历山大君临天下（overlord）的抱负，试图恢复犹太自身源头的"伟大和古老"。而且，这类书写除利用传统历史材料外，很大程度上源于历史悠远的拉比口传传统（oral tradition），而该传统可追溯至同亚历山大本人有密切联系的犹太人圈子。①

紧随这种"友好"的态度，中世纪诸多的传奇（Romance）文学也径直将"亚历山大形象"改造为一个"正直的犹太人"（righteous Jew），据说此风气后来渐漫至整个欧洲的非犹太文化圈。这种文学或传奇的"跨界"描绘，一方面根植于上述希伯来拉比传统，另一方面主要得自托名卡里斯特涅斯（亚历山大的御用史官）的《亚历山大传奇》（The Romance of Alexander）以及《普里利斯历史》（Historia de Preliis）的启发。这部有着多个校订版（recensions）的公元 3 世纪汇编性作品不仅影响了后世包括乔叟在内的一批主要的英国中世纪传记文学家，也被翻译为俄、法等多种版本，成为基督、犹太和伊斯兰共享的"亚历山大形象"的源头之一。②

此外，中世纪还存在一个哲学化了的"亚历山大形象"，强调其战略战术能力所基于的智慧，从而试图将他塑造为一个希伯来式的圣人（sage）或哲人（philosopher）。当然，我们能猜到，这一形象主要源于他和亚里士多德的特殊师承关系。

随着时代变迁和历史理性的不同诉求，亚历山大的古典形象也在发生着改变。秉承阿里安"君主之鉴"的写作原则，近代以降的

---

① W. Jac. van Bekkum, "Alexander the Great in Medieval Hebrew Literature", in *Journal of the Warburg and Courtauld Institutes*, 1986, Vol. 49, pp. 218 – 226.

② 对于亚历山大在后世宗教中的不同形象，可参见卡特利奇，《亚历山大大帝：寻找新的历史》第十二章，曾德华译，上海三联书店，2010；更好的参照是 Dianna Spencer, *The Rome Alexander*: *Reading a Culture Myth*, University of Exeter Press, 2002。

史家、作家也开始将那尊泛着希腊异教荣光和希伯来救赎之光的马其顿征服者形象重新烧炼、熔铸进各自的"民族发明史"。自近代第一部亚历山大传记——德罗伊森笔下寄托了普鲁士统一梦业的《希腊化史：亚历山大》（*Geschichte Alexanders des Grossen*，1833）开始，① 诸如身处维多利亚帝国迷梦中的塔恩、历经纳粹统治的沙凯尔迈尔（F. Schachermeyr），他们各自笔下的"亚历山大形象"都散发着浓浓的"政治"气息（如塔恩倾向于亚历山大行动中的理想主义信念，而沙凯尔迈尔严厉地将其判为暴君），激发着"同时代人"和后来者更为敏锐的政制洞见和历史眼界。②

传记书写的"古和今"

随着 20 世纪考古铭文、钱币等的发掘，传统材料的可信性遭遇"疑古"的挑战，尤其自巴迪安、博斯沃尔斯（A. B. Bosworth）以来，亚历山大历史"编纂学"中的"现实派"逐渐成为这一领域的研究主流，那种对历史的理想主义和观念论的阐发，似乎部分得到了"纠正"，一种更趋实用的历史判断标准的"极简主义"，或一种"将自己置于道德之上，残酷冷血，极为现实"的新"亚历山大形象"正在深入人心。博尔扎甚至认为，格林的写作其实是为了取代塔恩，他和威尔金（Wilcken）、米尔恩斯（Milns）的作品一道，试图在当时重新确立一个凡人的、被拉下神坛的亚历山大新形象。③

格林的创作正是在这种学术"新动向"中展开的。在本书 2012

---

① 对德罗伊森的创作根源的论述，参见刘小枫"亚历山大与西方古代的大一统"，载于德罗伊森，《希腊化史：亚历山大大帝》，陈早译，上海：华东师范大学出版社，2017，页 1—35。

② 卡特利奇，《亚历山大大帝：寻找新的历史》，前揭，页 219。

③ Eugene N. Borza, *Classical Philology*, 前揭，p. 140。

年新版序言中，他这样感谢了巴迪安对他创作的"决定性"影响：

> 显然，若我之前没有发现那些文章的话，这（研究）绝无
> 可能开展，通过那些文章，巴迪安确立了他的诸洞见，而那些
> 洞见首先促使我去同他进行交流——无论方法论的完美还是历史
> 观点的方面，都比我曾在自己研究的这个时段所遇到的其他一般
> 主张更为令人信服。①

Il miglior fabbro［更卓越的匠人］（但丁语），这句艾略特之于庞
德的感恩献词，也赫然写在格林该书的扉页上。正是得益于巴迪安
的教海，在本书中，亚历山大被同样刻画为一个冷峻、慎思，且对
外界极端猜疑和谨慎的人。②如穆里森的评论所指出的：格林刻画的
亚历山大形象"是彻底现代的，缺乏（古人的）丰富情感……"这
使得对亚历山大在各种事件中的形象刻画似乎少了爱欲血肉，而显
得"不甚具体"（rather unspecific）。③

"现代人"是一种或许由马基雅维利或霍布斯所启示的新的人之
可能性，正如西美尔（G. Simmel）笔下的一段"古今之争"所描绘
的那样：

> 现代人们用以对付世界，用以调整其内在的——个人的和
> 社会的——关系的精神功能大部分可被称作算计（calculative）

---

① Peter Green, *Alexander of Macedon* 356 – 323 *B. C.*, University of California Press, 2013, p. 15.

② 对勘巴迪安对格林此书的点评："他笔下的亚历山大并非英雄式的领袖或德意志和英国神话传统中久远的哲人王：从其最新研究中呈现出来的亚历山大乃是一位现代的政治现实主义者和纯粹的军事天才、有血肉的战士—政治家。"in *The American Historical Review*, No. 5 (Dec., 1971), Vol. 76, p. 1525。

③ C. L. Murison, "Short Reviews", 前揭, p. 194。

功能……现代的这种计量、掂量和精打细算的精确性是其唯理智论最纯粹的反映，语言以精细的本能判断力把一个"算计的"人径直理解为就是在自私自利意义上"算计"得失的人……我们时代的这种心理特点与古代更加易于冲动的、不顾一切的、更受情绪影响的性格针锋相对。①

1968 年，格林在希腊孤岛上开始酝酿本书的初稿时，正值希腊右翼"军政府统治"（Dictature des colonels, 1967—1974）时期。——现代希腊自二战以来，长期经历内战和国内激进派系的互相倾轧，迫切需要一个稳定的政局，以实现作为杜鲁门和马歇尔计划中西方在巴尔干半岛唯一一处遏制苏联扩张的"前沿堡垒"的民主化期许。因一个多元政党对抗下的脆弱而"可控"的"王权—议会"结构，或许正是当时美国对希腊政策的核心要点所在。②

但 1967 年的陆军集团政变似乎打乱了这一进程，1967 年 4 月 21 日，为阻止帕潘德里欧（G. Papandreou）在总统大选获胜，陆军准将帕塔科斯（S. Pattakos）和上校帕帕多普洛斯（G. Papadopoulos）等人共同发动了兵变，他们不仅派人搜捕各主要政治领袖，并逮捕具有政治相关倾向的普通平民，希腊总理遭软禁，全国迅速落入军方手中。同年 12 月，希腊国王反抗政变失败，被迫流亡罗马，自此希腊政权完全落入该陆军集团手中（同上）。

这场被美国驻希腊大使称作"强暴民主"的激进变革，其本身却并没有被贴上"苏联反攻"的标签。一方面，革命新组建的政府所标举的"合法性"依然奠基于"君主授权组阁"和"清剿国内苏联派"这样传统的政治宣传和正当性之上；另一方面，考察该运动前

---

① G. Simmel, *The Philosophy of Money*, Routledge, 1978, p. 444.

② John S. Koliopoulos and Thanos M. Veremis, *Modern Greece: A History From* 1831, Wiley–Blackwell, 2010, pp. 141–149.

后的权力嬗替，不难发现其本质不过又是一场出于保护自身集团利益，以阻止对立派系通过大选上台的"作为积极防御的进攻"而已。

就是这样，世界乃"强者的利益"，它呼应着亚历山大临死前冰冷的政治交接遗嘱。在告别了 16、17 世纪以来，欧洲基督教共和国那因具有"平等认同"而更趋稳固的"公法和平时代"后，在重新坠入权力逻辑的新世界秩序里，是否还能召唤出普鲁塔克《伦语》中那个集"居鲁士的高贵心灵、阿格希劳斯的审慎、忒米斯托克勒斯的智慧、腓力的经验、布拉西达斯的无畏以及伯里克勒斯的辩才和政治家才能"于一身的古典美德的捍卫者？① 是否还愿意相信，并意欲着塔恩笔下那位"相信人类大一统的梦想家"、卡特利奇（Paul Cartledge）笔下"想要在一种永久和相对平等的基础上，把希腊人和东方人的合作推广到各个角落"的心怀大同的希腊哲人式英豪？

对格林而言，答案显然是否定的，至少大部分是否定的，就他的理解，古典文本中太多亚历山大的刻画，不外史撰者的书写策略或一厢情愿（页 397 – 405），如同他早已从其恩师——幸免于数次犹太人屠杀的巴迪安——那里明了的"真相"：

> 今天，在细微层面，无论我怎样想挑战（巴迪安的）这些结论，都是一种望洋兴叹，即对于恩斯特之于事实检审的透彻性，也对于通过艰难体认，他冰冷地认识到在（研究中）质疑权力时，人们的能力所及。②

是的，或许政治中永恒不变的只有权欲。当格林身处那座希腊陆军集团政府"用于放逐保皇派军官和那些拥有独立想法的思想家"的希腊岛屿时，当他听闻军政府正对新兵宣讲亚历山大乃一名伟大

---

① Plutarch, *Moralia* Ⅳ, Harvard University Press, 1962, p. 475.

② Peter Green, *Alexander of Macedon 356 – 323 B. C.*, 前揭, pp. 15 – 16。

的希腊英雄时，头脑中泛过的"亚历山大形象"，不过是那操着"不做我的兄弟，便做刀下鬼"的古代世界阴冷的"现代政客"，而他随之而来的感兴，依然追寻着培根（Francis Bacon）早已道出的作为历史冷酷法则的兴亡变异（metamorphosis），①还有那不变的，"权力意志"施加的永恒的"讽刺"。

未知的遗产

尽管格林的研究脱胎于"现代"视角，但他并没有完全贯彻现代理性人的逻辑俗套。尽管如博尔扎所看到的：格林笔下的亚历山大乃是一个"标准的征服者形象"，②但对于格林，或所有试图将亚历山大拉下神坛的现代作者而言，始终存在亚历山大不能被解释，也无法被某种解释穷尽的面向：作为一个"超凡的人"（extraordinary man）。而所有现代的怀疑论者都需要面对这一来自古典的发问：在接受过亚里士多德哲学教诲的亚历山大身上，是否可能存在一种凌驾于所有行动目的之上，即作为其"目的之目的"的更高意义的"善"（《尼各马可伦理学》1097b5）？——笔者认为，这也正是格林基于"实用主义"的"祛魅工作"所面临的最大挑战。

从普罗塔戈拉"人是万物的尺度"到柏拉图"神是万物的尺度"，从《伊利亚特》和《奥德赛》人神共契的荣誉征途到亚里士多德"自足（autarkeia）作为完美的生存"，接受过荷马史诗和希腊哲学熏陶的亚历山大，其爱欲生死的艰难与复杂，或许才显得如此强烈，又如此难以以常理度量。

---

① 比较培根，"Of Vicissitude of Things"，in Michael Kiernan ed.，*Essays 58*，Clarendon Press. Oxford，2006，pp. 172–176。

② Eugene N. Borza，*Classical Philology*，前揭，p. 140。

我们知道，终其一生，亚历山大不时流露出对"强者""荣誉"，甚至对"哲学"的赞许，更进而言，流露出对超越凡人的更高美德，甚至"封神"的渴望。①正如普鲁塔克曾告诉我们，亚历山大钟爱两句《伊利亚特》的诗句：

> 他是高贵和伟大的君王，及纵横沙场的无敌勇士。（《伊利亚特》，3.179）②

这提示我们：亚历山大内心除了驻守着一个勇武的阿喀琉斯，也驻守着一个可能的古代世界理想的君王，无论"他"是半神的赫拉克勒斯，还是某个只存在于"言辞"中的"哲人王"。而他自己又始终保有强大的自控力、行动力，总是在机运女神和智慧女神之间寻求着完美的平衡，因此才能一步步凭借区区数万兵士，完成让后世为之震撼的壮举。——并且，他也永远保持着一颗"哲学"般永无餍足的发现之心，朝着"已知和未知"的世界不断进发，直到丧失军士的信任，丧失自己的挚爱亲友，走向最后的毁灭。综合这一切，如果我们仅以"征服者"的形象或强调"美德"的"勇德"面向来评判亚历山大的举措，是否将失去古人对"王者"，甚至对古老而悠远的"君主教育"更明智而严酷的理解？

因为无论从色诺芬笔下的"小居鲁士"、柏拉图孜孜以求的"哲人王"以及"叙拉古之行"的君主教育雄心、西塞罗托梦的"西庇阿"和罗马帝国时期兴起的诸多帝王的传记史……古代世界围绕"王者"的各色书写，无不呼应着亚里士多德在《尼各马可伦理学》

---

① 需要提及的是，近年关于亚历山大是否下令给自己封神，西方学界存在争议，参 Chaniotis, "The Divinity of Hellenistic Rulers", in A. W. Erskine ed., *A Companion to the Hellenistic World*, Wiley – Blackwell, 2003, pp. 431 – 445。

② Plutarch, *Moralia* IV, 前揭，页 409。

所揭示的："美德"才是最核心的"统治"问题。而除却狄俄尼修斯所明言的古代"史撰乃是用生平事迹进行教化的哲学"的现代史学污名，诸多"言辞"中的"亚历山大形象"是否也应和了古代世界的君王们自我期许的某种无法回避的"真相"？

　　然而，德性/美德，或者"古典理性主义"所孜孜希求的基于"哲人智慧"的美德，究竟能否为我们打开理解亚历山大所有行为背后那扇最终的"目的"之门？——如同政治生活中，"理性和欲望""现实考量和理想诉求"是否真能在理性的"明智与审慎"中找到完美的支点？——又或者，"王者"和"暴君"的距离，仅仅只是一种"人为的"认知视角的转换？而是否只有当我们彻底放弃古代世界加诸"王者"的全部幻想，将"帝王心术"彻底置于"自利的理性人"的可推论的判准之下，才能平复历史现场一次次加诸的残酷与幻灭，平复我们对"古典理性"永难辨明的懊恼与愤怒？

　　也许，格林通过本书"祛魅"的努力，并没有拭去我们上述的疑惑，甚至也没有提供一个更为融贯而彻底的"现代君主"的解释定论，但笔者认为，这未尝不是一个契机——当我们从其优美的叙事和强大的细节推衍中回过神来，依然能够保有一丝希望——去寻找书中"那失去的"、一个属于自己"可能的"亚历山大……又或许，恰如格林在本书结尾处的留白所启发的那样：亚历山大的精神遗产，仿如诗人笔下遥无归期的尤利西斯，尽管或许我们难以望见"解释"最终的停靠和家园，但它仍然发出幽光，召唤着那样一些人、那些爱智的灵魂们——"去战斗，去寻找，去发现，且不要屈服"。

图书在版编目（CIP）数据

　　亚历山大与西方的大一统/娄林主编.--北京：华夏出版社有限公司，
2020.6
　　（经典与解释）
　　ISBN 978-7-5080-9924-8

　　Ⅰ.①亚… Ⅱ.①娄… Ⅲ.①亚历山大大帝(前 356-前 323)－人物研究
Ⅳ.①K835.407=2

　　中国版本图书馆 CIP 数据核字(2020)第 053899 号

亚历山大与西方的大一统

主　　编　娄　林
责任编辑　刘雨潇
责任印制　刘　洋

出版发行　华夏出版社有限公司
经　　销　新华书店
印　　刷　三河市少明印务有限公司
装　　订　三河市少明印务有限公司
版　　次　2020 年 6 月北京第 1 版
　　　　　2020 年 6 月北京第 1 次印刷
开　　本　880×1230　1/32
印　　张　10.125
字　　数　245 千字
定　　价　59.00 元

华夏出版社有限公司　　地址:北京市东直门外香河园北里 4 号　邮编:100028
网址:www.hxph.com.cn　　电话:(010)64663331(转)
若发现本版图书有印装质量问题，请与我社营销中心联系调换。

西方传统：经典与解释
Classici et Commentarii
HERMES
刘小枫◎主编

色诺芬的《会饮》 [古希腊]色诺芬 著

柏拉图注疏集

立法与德性——柏拉图《法义》发微 林志猛 编

柏拉图的灵魂学 [加]罗宾逊 著

柏拉图书简 彭磊 译注

克力同章句 程志敏 郑兴凤 撰

哲学的奥德赛——《王制》引论 [美]郝兰 著

爱欲与启蒙的迷醉 [美]贝尔格 著

为哲学的写作技艺一辩 [美]伯格 著

柏拉图式的迷宫——《斐多》义疏 [美]伯格 著

哲学如何成为苏格拉底式的 [美]朗佩特 著

苏格拉底与希琵阿斯 王江涛 编译

理想国 [古希腊]柏拉图 著

谁来教育老师 刘小枫 编

立法者的神学 林志猛 编

柏拉图对话中的神 [法]薇依 著

厄庇诺米斯 [古希腊]柏拉图 著

智慧与幸福 程志敏 选编

论柏拉图对话 [德]施莱尔马赫 著

柏拉图《美诺》疏证 [美]克莱因 著

政治哲学的悖论 [美]郝岚 著

神话诗人柏拉图 张文涛 选编

阿尔喀比亚德 [古希腊]柏拉图 著

叙拉古的雅典异乡人 彭磊 选编

阿威罗伊论《王制》 [阿拉伯]阿威罗伊 著

《王制》要义 刘小枫 选编

柏拉图的《会饮》 [古希腊]柏拉图 等著

苏格拉底的申辩（修订版） [古希腊]柏拉图 著

苏格拉底与政治共同体 [美]尼柯尔斯 著

政制与美德——柏拉图《法义》疏解 [美]潘戈 著

《法义》导读 [法]卡斯代尔·布舒奇 著

论真理的本质 [德]海德格尔 著

哲人的无知 [德]费勃 著

米诺斯 [古希腊]柏拉图 著

情敌 [古希腊]柏拉图 著

亚里士多德注疏集

《诗术》译笺与通绎 陈明珠 撰

亚里士多德《政治学》中的教诲 [美]潘戈 著

品格的技艺 [美]加佛 著

亚里士多德哲学的基本概念 [德]海德格尔 著

《政治学》疏证 [意]托马斯·阿奎那 著

尼各马可伦理学义疏 [美]伯格 著

哲学之诗 [美]戴维斯 著

对亚里士多德的现象学解释 [德]海德格尔 著

城邦与自然——亚里士多德与现代性 刘小枫 编

论诗术中篇义疏 [阿拉伯]阿威罗伊 著

哲学的政治 [美]戴维斯 著

普鲁塔克集

普鲁塔克的《对比列传》 [英]达夫 著

普鲁塔克的实践伦理学 [比利时]胡芙 著

阿尔法拉比集

政治制度与政治箴言 阿尔法拉比 著

马基雅维利集

君主及其战争技艺 娄林 选编

莎士比亚绎读

莎士比亚的历史剧 [英]蒂利亚德 著

莎士比亚戏剧与政治哲学 彭磊 选编

莎士比亚的政治盛典 [美]阿鲁里斯/苏利文 编

丹麦王子与马基雅维利 罗峰 选编

洛克集

上帝、洛克与平等 [美]沃尔德伦 著

卢梭集

论哲学生活的幸福 [德]迈尔 著

致博蒙书 [法]卢梭 著

政治制度论 [法]卢梭 著

哲学的自传 [美]戴维斯 著

文学与道德杂篇 [法]卢梭 著

设计论证 [美]吉尔丁 著

卢梭的自然状态 [美]普拉特纳 等著

卢梭的榜样人生 [美]凯利 著

经典与解释辑刊